本书获厦门理工学院学术专著出版基金资助

·宋婧婧 著

现代汉语口语词研究

XIANDAI HANYU KOUYUCI YANJIU

厦门大学出版社　国家一级出版社
XIAMEN UNIVERSITY PRESS　全国百佳图书出版单位

图书在版编目(CIP)数据

现代汉语口语词研究/宋婧婧著.—厦门:厦门大学出版社,2015.12
ISBN 978-7-5615-5824-9

Ⅰ.①现… Ⅱ.①宋… Ⅲ.①现代汉语-口语-研究 ②现代汉语-词汇-研究 Ⅳ.①H193.2 ②H136

中国版本图书馆 CIP 数据核字(2015)第 279819 号

出 版 人	蒋东明
责任编辑	曾妍妍
装帧设计	李嘉彬
责任印制	朱 楷

出版发行 厦门大学出版社
社　　址 厦门市软件园二期望海路 39 号
邮政编码 361008
总 编 办 0592-2182177　0592-2181253(传真)
营销中心 0592-2184458　0592-2181365
网　　址 http://www.xmupress.com
邮　　箱 xmupress@126.com
印　　刷 厦门市明亮彩印有限公司印刷

开本　889mm×1194mm　1/32
印张　9.625
插页　2
字数　263 千字
印数　1～1 000 册
版次　2015 年 12 月第 1 版
印次　2015 年 12 月第 1 次印刷
定价　36.00 元

本书如有印装质量问题请直接寄承印厂调换

厦门大学出版社
微信二维码

厦门大学出版社
微博二维码

前 言

汉语口语词是汉语词汇的重要组成部分,本书以现代汉语口语词作为研究对象,源于语言本体与应用双方面的考量。

与书面语研究相比,传统上口语的研究多处于弱势,难登大雅之堂。近100多年来,随着语言学理论的创新与实践的发展,学界认识到研究语言符号的符号——书面语,而非语言符号本身,是一种本末倒置的行为。因此口语在理论研究与实践操作上均有所发展,语用学的兴起、口语语料库的建设等,均是对口语研究重视之下的成果。

汉语的口语与书面语分歧较大,这使其具有独特的研究价值。吕叔湘先生认为,"在文字的保守力量特别强烈的场合,往往会形成文字和语言脱节的现象"[1]。因而口语研究更应独立于书面语研究,得到应有的重视。早在30多年前,吕先生就建议进行实地调研,把口语提炼成书面语。

然而,在传统思想、研究难度等因素的影响下,汉语口语研究长期受到忽视。王力在《中国语言学史》中评价现代语言研究时就进行了自我批判,认为:"王(王力)、吕(吕叔湘)、高(高名凯)三家还有一个共同的缺点,就是过于重视书面语言,而忽视了有声语言。"[2]张志公先生在为陈建民的《汉语口语》作序时提到,"从古代

---

[1] 吕叔湘.吕叔湘文集:第5卷[M].北京:商务印书馆,1993:12.
[2] 王力.中国语言学史[M].太原:山西人民出版社,1981:185.

到现代,人们研究语言一直是以书面语为准的。加以传统社会只重书面,不重口语,因而对口头语言的研究始终提不到日程上来。研究语言而不从实际的口头上的活语言入手,是个不小的缺陷"[1]。相对于书面语的研究,汉语口语研究数量有限,深度与广度也有所欠缺,这无疑与口语的研究价值之间形成了一对矛盾。李如龙先生归纳道:"口语词研究不景气,不但有学术理念和社会习惯方面的原因,也有语言自身的原因……对于汉语书面语词和口语词的研究关注不够、着力不多,这是由来已久、事出有因的。其原因贯穿着历史和现状,表现为理论和应用,关涉到语言本体和语言外部。"[2]

从第二语言教学角度看,早期的教学法如语法翻译法完全着眼于书面语,其后随着听说法的兴起,口语教学逐步受到关注,并带动了口语研究的发展,交际教学法的出现使口语教学更受关注。在对外汉语教学领域,自20世纪80年代起,口语教学就以独立的形式进入对外汉语教学体系。然而,从现有教学情况看,口语教学仍面临诸多问题。

例如从汉语口语习得环境看,现今世界上的汉语学习者已超过4000万,然而每年来华汉语留学生却不到40万(据统计2014年来华学习的留学生人数为377054万人,包括16万学历生),不到汉语学习者总量的1%。在海外的汉语学习者中,除了部分有机会与家人说汉语的华裔外,大部分人都缺乏课外的汉语交际机会。那么以词汇为例,除了课堂学习外他们如何掌握更多地道的口语词汇?当他们在影视作品中听到不熟悉的口语词,想在一般

---

[1] 张志公.《汉语口语》序[M]//陈建民.汉语口语.北京:北京出版社,1984:5.

[2] 李如龙.关注汉语口语词汇与书面语词汇的研究[J].陕西师范大学学报,2007(2):111.

语文词典中查找却没有结果时,又有何解决方法?如何帮助他们在非汉语环境下提高汉语口语交际能力?

此外,从学习者特征看,未成年人在口语尤其是语音学习中具有优势,但汉语却很少成为未成年人的第一外语。在英语非母语国家,未成年人学习的第一外语大多为英语,而在英语国家如美国,汉语还未提升到第一外语的战略地位。例如,据统计截至2014年,西班牙语仍然是绝大多数美国人使用最多的"非英语"语言,约有3840万人在家说西班牙语;中文则为第二大语言,在家说中文的人数达300多万,仅为西班牙语的1/10。与未成年人相比,成年人已过语言学习的关键期,在口语学习中更不占优势,掌握口语词面临更大的困难。

因此,本书选择了汉语口语构成要素——现代汉语口语词为研究对象,并遵循从本体到应用的思路开展研究。限于本书的篇幅与作者的研究兴趣,应用领域主要限定于对外汉语教学范围内。语言学是对外汉语教学的理论基础之一,其以人类语言为研究对象,探索了语言的性质、功能、结构、运用和历史发展,以及其他与语言有关的问题。关于语言本体研究与教学应用的关系,王宁曾经写道:

> 要提高对外汉语教学领域的教学质量,既要通过长期实践积累经验,又必须摆脱经验主义,加强教学的理性化,这就必须加强这个领域的语言学研究。在这个领域,教学方式不是主要的,教无定法,是谈话还是主要由老师讲、是先正音还是先理解和积累词汇……那要看对谁而言,可以有不同的处理;但教有定则,学理——语言本身的规律、人运用语言的规律,语言内部的联系,这是需要深入开掘的。教给外国人汉语,要让它们了解汉语的特点,

体会到汉语文化的独特方面。①

　　汉语语言学通过对语言现象进行描写与解释,为对外汉语教学的总体设计、课堂教学、教材编写及语言测试等各个环节带来了有益的指导,包括口语教学领域。在汉语词汇研究领域,现代汉语口语词的本体研究较为匮乏,故而对其进行研究就显得极有必要。此外,口语词的本体研究还将对母语教学、词典编纂提供借鉴与参考。

　　除绪论外,本书共分为五部分。第一部分从语体角度探讨书面语与口语的区别与共现,并将语体分为五级连续统,继而对口语词与书面语词进行来源、生成与音节分布等方面的比较,分析其异同与转换规律。第二部分基于口语及其他语料库,以定量的方法比较不同语体在词频、词类、音节与用字等方面的异同,并探讨了语体指标在语体区分中的作用,此类指标包括词汇密度、词汇变化性、合偶双音词、高低频词覆盖率以及口语关联词类等。第三部分立足于典型的单双音节口语词,探讨其在语音、语义、词法及用字等方面的基本特点。第四部分从本体转向应用,探讨了对外汉语教学语体研究以及 HSK 大纲口语词收录情况,同时分析了汉语第二语言学习者语体词习得情况,进而为对外汉语口语词教学提出建议。第五部分,以口语词的应用成果——口语词典为对象,首先借助海外资料,对早年间英美出版的汉语口语词典作了分析,探讨其出版情况与研究价值,并对国内汉语口语词典的收词情况进行了统计分析。最后,提出了编写汉语口语词手册的拟定思路、基本方法,利用参数进行了口语词分级的尝试,编制了《现代汉语口语词分级表(对外汉语教学用)》,该表对口语词的分级、口语词典的

---

① 王宁.《汉语双音复合词属性研究》序[M]//朱志平.汉语双音复合词属性研究.北京:北京大学出版社,2005:3.

编纂具有一定的参考价值。

综合看来,本书就现代汉语口语词这一主题进行研究,具有如下创新之处:

其一,新的研究内容。例如就共同语、而非单纯就北京话进行研究;在口语词上,进行语义、造词法等方面的研究;以单双音节口语词为主要对象进行研究;进行汉语作为第二语言学习者语体词使用情况的调查等。

其二,较新的研究手段。全书建立了多个分语体语料库及口语词典库,以进行各类数据分析与统计,最终生成100多个图表。尽管语料库已大量运用于语言研究,但将语体比较、词汇及定量统计三个维度相结合的研究尚不多见。Baker(2006)认为基于语料库的语体研究具有减少研究者的偏颇、增加语篇的叠加效应、展示对抗性和进行三角印证等优点。结合大量语料中反复重现的现象来确定词汇特征,并将特征与某一语体进行相关分析,这一研究方法可以减少研究者的感性偏误,并利用特征的叠加效应获得由定量到定性的结论。

其三,新的研究材料。除了搜集、自建各类语料库外,本书还搜集了词典语料以及汉语学习者的语体偏误材料。吕叔湘先生认为,"认识问题的复杂性,我想,该是走向解决问题的第一步。第二步呢,就是要占有材料。……必须占有材料,才能在具体问题上多做具体分析"[①]。各类小型语料库、词典语料及学生例句,就是宝贵的研究材料。

其四,新的研究视角。本书力求在比较中认识口语及其使用词汇的特征,对口语、书面语及其他类型语料进行了多角度、多方位的比较;结合书面语词、口语词的历时演变与共时发展,探讨了

---

① 吕叔湘.汉语语法论文集:增订本[C].北京:商务印书馆,1984:271.

它们之间的差异与融合；从基于语料库的定量统计结果看，一方面，汉语书面语与口语中存在大量交叉的词语，它们是书面语与口语的通用词汇，高频常用；另一方面，口语和书面语在词类、音节及用字等方面依然存在差异。此外，本书还尝试建立语体指标，如词汇变化性、词汇密度及合偶双音词覆盖率等，以证实语体指标在语体区分中的作用。

尽管进行了一些尝试，但由于汉语口语的复杂性及个人能力所限，本书依然有诸多不足及可开拓的空间。此书只为抛砖引玉，希望能得到更多有识之士的支持，合力完成口语研究。

目 录

第一章 绪论 ·········· 1
第一节 研究范围与概念界定 ·········· 1
第二节 文献综述 ·········· 8
第三节 口语词研究的意义、方法与创新之处 ·········· 16

第二章 口语与书面语的异同分析 ·········· 24
第一节 口语与书面语的区别及联系 ·········· 24
第二节 汉语口语和书面语的特点及相关研究 ·········· 37
第三节 汉语口语词和书面语词的界定与分级 ·········· 44
第四节 汉语口语词和书面语词的竞争与差异 ·········· 49
第五节 汉语口语词和书面语词的融合与转化 ·········· 64

第三章 基于语料库的语体词汇研究 ·········· 73
第一节 基于语料库的口语研究 ·········· 73
第二节 口语访谈语料机器切分与人工干预 ·········· 79
第三节 口语访谈语料词汇特性分析 ·········· 85
第四节 基于语料库的语体使用词汇对比分析(1) ·········· 99
第五节 基于语料库的语体使用词汇对比分析(2) ·········· 110

第四章 现代汉语单双音节典型口语词属性研究 ·········· 122
第一节 《现汉》口语词变化研究 ·········· 122
第二节 单双音节口语词的选取与属性库建立 ·········· 126
第三节 单双音节口语词的轻声与儿化 ·········· 130
第四节 单双音节口语词构词分析 ·········· 137

第五节　单双音节口语词的用字与同异形分析 …………… 145
第六节　单双音节口语词语义场分析 …………………… 149
第七节　单双音节口语词陪义分析 ……………………… 159

第五章　对外汉语口语词教学研究 …………………… 163
第一节　对外汉语教学语体研究概述 …………………… 163
第二节　新旧HSK词汇大纲收录口语词比较研究 ……… 167
第三节　汉语作为第二语言学习者语体词习得情况研究
　　　　………………………………………………… 176
第四节　对外汉语口语词教学建议 ……………………… 188

第六章　汉语口语词典研究及口语词手册的编写 ……… 198
第一节　英美出版汉语作为第二语言口语词典研究 …… 198
第二节　国内出版现代汉语口语词典述评 ……………… 217
第三节　外向型汉语词典的口语词选编问题 …………… 225
第四节　汉语口语词手册选词原则与方法 ……………… 232
第五节　口语词分级标注及操作过程 …………………… 238

余论 ……………………………………………………… 249

参考文献 ………………………………………………… 252

附录一　典型单双音节口语词 …………………………… 267
附录二　调查问卷 ………………………………………… 270
附录三　所有词典均收的口语词目 ……………………… 275
附录四　单双音节单义口语词分级表(对外汉语教学用)…… 277

后记 ……………………………………………………… 295

第一章 绪论

第一节 研究范围与概念界定

一、研究范围

本书以现代汉语口语词作为研究对象。笔者首先从口语和书面语的异同入手,将语体分为连续的五级,对汉语口语词与书面语词进行了比较。同时,基于口语等语料库,定量统计分析语料的词频、词类、用字、词汇变化性、词汇密度,以及合偶双音词覆盖率等词汇使用情况,并将口语与其他语料进行对比,在比较中认识口语使用词汇的特点。在此基础上,以《现代汉语词典》为基础提取了典型的单双音节口语词,系统考察这些词在语音、语义、词法等方面的特点。

在应用研究方面,探讨了对外汉语教学的语体研究概况、HSK大纲口语词的收录情况、留学生语体词习得情况,并提出了相应的教学建议;选取了海内外出版的、较具代表性的汉语口语词典为研究对象,分析其出版情况、教学科研价值及其存在的问题;在数据统计的基础上,分析了国内一些汉语口语词典的收词情况。此外,本书还提出了口语词手册的编写建议及基本方法,并结合各种数据探讨了口语词的分级问题。

二、概念界定

(一)口语、口语体

"口语"的定义一向众说纷纭,"例如前苏联科学院出的《俄语口语》(1973)一书中就列举了四种冠以'口语'的言语现象。它们是:1. 任何以口头形式表达出来的言语(包括学术报告、讲课、广播和电视讲话、日常生活言语、城市俗语、地域方言等等);2. 城市居民的任何口头言语;3. 城市和乡村居民的日常生活言语;4. 操标准语的人的无拘束的言语。此外,我们在外语教学中还经常用'口语'这个术语表示'口头表达能力'这个概念。"[①]

按照《现代汉语词典》的定义,口语指的是"谈话时使用的语言(区别于'书面语')"[②]。这一释义明确了只要是谈话时使用的语言都是口语。持相同观点的还有王芳智(1990)等。

实际上,在具体研究中,"口语"所指范围大小不一。研究人员只能从各自的研究目的出发对其进行界定。不同学者对"口语"的研究范围与语料收集大多有所差异,考虑的因素包括:说话人的受教育程度、搜集语料的场合、有无准备以及题材范围等问题。

在说话人的受教育程度方面,有些语言学家将研究范围限定于"受过教育者""受过初等教育者"[③],甚至是"受过中等教育者"[④]。也有研究者尽量选取文化程度不同的调查者为研究对象,如北京语言大学的"北京话口语语料库",部分语料的发音人就为文盲或者小学文化程度。

---

① 张玉柱.口语研究与口语教学刍议[J].外语研究.1994(3):6.
② 中国社会科学院语言研究所词典编辑室.现代汉语词典(2005版)[M].北京:商务印书馆,2005:785.
③ 周民权.20世纪俄语口语学研究[J].中国俄语教学,2007(4):21—25.
④ 周民权.20世纪俄语口语学研究[J].中国俄语教学,2007(4):21—25.

在语料搜集的场合方面,不少学者将口语研究范围限制于非正式场合。[1] 白春仁、汪嘉斐(1999)认为报告、课堂讲演、讨论中的发言这类当众发表的讲话,兼有口语和书面语两方面的特点,应属讲演体,不应包括在口语的范围内。[2] 而另一些学者则认为,只要是以口头形式传播的,无论场合是否正式,都是口语[3],包括独白、辩论、演讲、谈判等多种形式。

场合的分歧还涉及"有无准备"问题。正式场合的发言,如演讲等是有准备的,往往是将事先准备的书面材料以口头形式表达出来,而非正式场合的则相反,因而有些学者认为口语应当是"无备的"。[4]

在题材范围方面,有学者认为口语研究应限于生活题材,而白春仁(1999)则表示这样来限定"口语"的范围并不妥当,因为在现代社会中,日常生活题材和社会、政治、文化、科技等话题常会掺杂在一起,要截然分清并不容易。另一方面,在业务活动、社会生活等非日常生活领域中的交际活动也可能带有某种程度的口语特色。

此外,学界一般还将"口语"与"口语体"区分开来。俄语界Кожина等(1977)经过多年的探讨与研究,认为"笔头的"与"口头的"相对应,属于语言的交际形式问题,而"书面的"与"口语的"相对应,属于修辞性的语体问题,这两种概念不能混为一谈。[5] 国内

---

[1] 陈建民.汉语口语[M].北京:北京出版社,1984:17—18.赵元任.汉语口语语法[M].北京:商务印书馆,1979:12. Michael McCarthy. Spoken Language and Applied Linguistics[M].北京:世界图书出版公司,2006:26.

[2] 白春仁,汪嘉斐,周圣,等.俄语语体研究[M].北京:外语教学与研究出版社,1999:102.

[3] 王若江.对汉语口语课的反思[J].汉语学习,1999:38—44.

[4] 徐翁宇.俄语口语语法概论[M].上海:上海教育出版社,1990.

[5] 周民权.20世纪俄语口语学研究[J].中国俄语教学,2007(4):21—25.

学者如张永言(1982)等也有类似的看法。

笔者认为,研究者都是从自身的研究目的出发来选取研究对象。实际上,所有以口头形式进行传播的语言都可以作为口语的研究对象。因为讲演等口语活动尽管比较正式,有所准备,甚而精雕细琢,不具备日常生活对话那种自然、随意的风格,但也是以声音为传播媒介的。口语语料中可包含这类具有书面语特征的材料,但须控制此类材料在语料中的比例。口语研究既要包括日常生活会话,也应具有其他以口头形式传播的语篇类型。

同时,考虑到本研究服务于对外汉语教学、词典编纂的目的,在口语语料的选取上,笔者主要偏重于选取接受度较高、比较规范的口语语料;为突出口语的交互性,语料以谈话为主;至于题材,笔者认为其与语体并没有完全对应的关系,选取口语语料不能仅局限于日常生活话题。口语和书面语的差异,本质上是由传播媒介引发的,其与语境、题材、语言使用者具有一定的关联,但都不对等。

(二)现代汉语口语

现代汉语本身就具有复杂性,胡明扬(2003)提到:"现代汉语,特别是书面语,实际上是一种现代汉语口语、书面语、方言、文言以及欧化成分的混合系统,如果不加区别,混而统之,很难找出什么规律来,而即使找出一些规律来也无法普遍适用,因为本来就是一种大杂烩。"[①]

汉语口语也同样复杂。由于北京话与普通话的密切关系,学界常将汉语口语的研究范围限定于北京话口语,如赵元任(1979)在《汉语口语语法》中研究的是"20世纪中叶的北京方言"。陈建民(1984)认为:"根据我国的实际情况,所谓汉语的标准口语,应指

---

① 胡明扬.《词汇学词典学研究一得集》序[J].汉语学习.2003(5):79.

受过中等教育以上的操地道北京话的人日常所说的话。"①这些"是我们研究当代汉语口语的主要语言材料,是外国朋友学习汉语口语的活教材"②。再如张继华(1988)《常用口语语汇》的语料来源也是北京口语。

但现代汉民族共同语的定义为"以北京语音为标准音,以北方话为基础方言,以典范的白话文著作为语法规范的普通话"③。老一辈语言学家朱德熙、胡明扬先生也倡导把北京话同普通话分离开来进行研究。因此,笔者的研究范围主要是民族共同语,而非仅有北京方言。

(三)口语词

1. 口语词的界定

口语词显然不能完全等同于口语中使用的词汇。徐翁宇(1996)提到,俄语研究者曾对口语中的词汇进行过研究,认为俄语口语的词汇系统的词层主要有三个:通用中态词、口语词及书面语词,通用中态词是基本词层,"因此口语教学中词汇重点应是通用中态词,而不是口语词,更不是书面语词。"④

学界一般都从语体风格角度来界定口语词,认为这类词"具有鲜明的形象色彩,这是人民群众造词时充分考虑形象性、生动性的体现,是汉人进行形象思维活动结果的记载"⑤。"是一般工农群众生活工作中最喜欢使用的部分,为群众所熟悉,显得亲切"⑥。也有从在不同语境中的使用频率方面比较书面语与口语词汇的,

---

① 陈建民.汉语口语[M].北京:北京出版社,1984:14.
② 陈建民.汉语口语[M].北京:北京出版社,1984:16.
③ 黄伯荣,廖序东.现代汉语[M].北京:高等教育出版社,1997:4.
④ 徐翁宇,王冬竹.口语学与口语教学[J].中国俄语教学,1996(2):55.
⑤ 陈建民.汉语口语[M].北京:北京出版社,1984:274.
⑥ 符淮青.现代汉语词汇[M].北京:北京大学出版社,1985:175.

"一般地说,口语词指日常会话用得多的词,书面语词指书面上用得多的词。"①"口语词汇指的是一般很少在书面语和正式谈话中使用,而通常只在日常谈话中使用的词汇。"②

尽管如此,口语词的确定仍颇有争议,其原因既有口语词与其他词汇的模糊界限,也来自于汉语词汇本身迅速的发展变化。具体看来:

首先,口语词和通用语词(即口语和书面语中通用的词语)的划分是一大难点。如陈建民(1984)认为"口语词和书面语词的界限不易分清","在日常生活中互相渗透"③。它们之间也会发生转化,"在演变过程中,有些前代的书面语词汇后来广泛用于口语,口语造词之后也可能被书面语接纳,久而久之,二者就难以辨识了"④。

其次,口语词汇和方言词汇的界限不明。首先,不少口语词本身就来自于方言词。方言词具有多广的适用面才可算共同语的口语词,这点很难确定。例如《现汉》的〈口〉标记词汇就曾多次修改。从第2版到第3版,就有41条词语取消〈口〉标记,改标为〈方〉,如"搅和""急茬儿"等;从第5版到第6版,又有25条词语取消〈方〉标记,改为〈口〉标记,如"小不点儿"。之所以出现这种情况,是因为两者在风格上均具有一定的通俗、非正式及亲切的特点。当然,已经进入普通话的方言口语词应该作为研究对象。

此外,随着社会的发展,现代汉语口语词汇的演变更为迅速,例如从前北京人常说的"老爷儿""取灯儿",现今的使用频率就大大降低。这导致有些二三十年前出版的口语词典让人觉得

---

① 陈建民.汉语口语[M].北京:北京出版社,1984:307.
② 蒋绍愚.近代汉语研究概况[M].北京:北京大学出版社,2001:223.
③ 陈建民.汉语口语[M].北京:北京出版社,1984:307.
④ 李如龙.关注汉语口语词汇与书面语词汇的研究[J].陕西师范大学学报(哲学社会科学版),2007(2):111.

"过时"。

笔者所研究的口语词限于典型口语词范围,基本定位为:具有通俗风格,多在日常会话中使用的词汇。

2. 本书的研究范围

本书研究的现代汉语口语词汇具有如下特征或取材范围:

首先,是具有通俗风格的、多在口语会话中出现的词汇。即这些词在书面语中出现的频率较低,即使出现在某些书面语料中,这些语料的语体风格也偏向口语,或是有意偏向通俗的文风。在实际操作过程中,口语词可按其典型程度进行归类,分为典型的口语词汇与普通的口语词汇两类。

其次,以民族共同语为主要研究对象,不局限于北京话。同时也应当注意到,一小部分南方方言,例如粤方言的词汇也逐步被普通话口语词系统吸纳,例如"打的""买单"等,对此也当不论出身,一视同仁。

再次,由于对于口语词汇的认定十分困难,在具体操作方法上,将在一定程度上借助于各种口语词典,以专门的共同语口语词典所收词目和语文词典中的〈口〉标记词目作为研究对象。由于这些词目都是研究者在一定的理论指导下,经过长时间搜集而获取的,具有一定的代表性,且词典的编写者多为专业研究人员(如《现代汉语词典》为社科院语言所编写),其语感应该强于大多数普通民众。此外,其中一些词典如《现代汉语词典》还经过多次修订,吸收了很多反馈意见,具有一定的权威性。

3. 研究范围:口语词与口语中使用的词汇

需要说明的是,尽管口语词不完全等同于口语中使用的词汇,但为求对现代汉语口语词汇的使用情况作比较全面的分析,本书的研究对象既包括现代汉语口语中使用的词汇,也包括现代汉语口语词。

第二节 文献综述

一、本体研究

(一)现代汉语口语研究

汉语的口语和书面语大相径庭,自古以来就是不争的事实,口语长时间难登大雅之堂,不受重视。随着白话文运动的兴起,口语研究逐步被提上日程。

赵元任撰写的《汉语口语语法》(吕叔湘译本 1979 年出版)是较早系统地进行现代汉语口语研究的著作。其对在非正式场合中的日常谈话进行录音和笔录,引用例句,寻找出了汉语口语里的一些特殊现象和规律。吕叔湘先生在 1944 年就曾专门写作《文言与白话》(后编入 1982 年出版的《吕叔湘文集》),探讨文言与白话的界线问题,其后他又提出语域是以往探索得很不够的一个领域。

改革开放以来,随着陈建民《汉语口语》(1984)的出版,现代汉语口语的研究又提上了日程。该书通过录音获取语料,对汉语口语的语音、词汇、语法等不同层面作了仔细的分析,同时,还从社会学、心理学等角度探讨口语问题,对后人的研究极具指导意义。但是,该书将研究范围限于"北京话",在客观上缩小了汉语口语的研究范围。

同时,一些语法学家也开始认识到分语体语法研究的重要性。如朱德熙先生曾经指出:"书面材料驳杂不纯,包含许多不同层次的语言现象。如果不是经过严格的选择和分析,凭这样的资料得出的结果恐怕既不足以反映口语,也不能真正显示书面语的特点。"[①]此

[①] 朱德熙.现代书面汉语里的虚化动词和名动词[J].北京大学学报,1985(5):1—6.

外,陶红印(1999)、张伯江(2007)等也多次强调语体和语法研究结合的重要性。

此外,冯胜利(2006)主要从韵律角度研究了汉语书面语,并进行了书、口的区分。尽管其所作的是书面语研究,但其研究角度以及语体的区分方法和标准,却能为汉语口语研究开拓思路。其将当代汉语书面语定义为"汉语书面的正式语体",认为其是"一种以口语、方言、外来语,还有文言词语以及自生词语为材料,以韵律语法为框架,建立在口语语法基础之上的一种正式语体"[①]。这种界定认识到了书面语的层次性和复杂性。

但是,现今的口语研究仍主要集中在语体、语用层面,词汇的研究数量相对较少,深度不够。

(二)口语词研究

我国现代汉语口语词汇的研究呈现几大趋势:

第一,与北京话、北方话研究的紧密结合。

汉语方言词,尤其是北京话词汇和口语词存在着错综复杂的关系,因此有些汉语口语词研究实际就是北京话词语的研究。

早在1951年,陆志韦就出版了《北京话单音词词汇》一书,这是对大量北京口语材料进行研究的成果,其在汉语词法研究方面做出了很大的贡献。其创造了"同形替代法",以解决单音词的离析和确定问题,并对词进行了语法上的分类;同时,其对所搜集的单音词逐一例证,编成一本字汇。

周一民于1998年出版的《北京口语语法(词法卷)》分13节考察了北京口语中的13个词类。其以北京方言语法作为研究对象,在研究方法上既有静态描写,也不乏动态考察。

[①] 冯胜利.汉语书面用语初编[M].北京:北京语言大学出版社,2006:17.

除北京话外,还有学者从其他方言词汇入手进行调查。首先是与普通话联系紧密的基础方言——北方话,其中的重要成果是由语言文字应用所承担、陈章太、李行健等组织的"北方话词汇调查"。该调查是国家社会科学规划"七五"期间重点项目,历时6年,有近百人参与,并最终出版《普通话基础方言基本词汇集》(1996)。这一研究对现代汉语规范化工作的开展及词汇学、方言学、社会语言学以及词典编纂等方面的研究,均具有较大的意义。

此外,石汝杰、鲁国尧(2000)基于许宝华、宫田一郎主编的《汉语方言大词典》,通过统计分析,讨论了治(阴平)等10个方言口语中的常用词的分布和来源,并进一步提出"汉语通用口语词"的概念。他们认为,这些分布范围较广的词语应当在规范的汉语词典中占有一席之地,应当使它们有确定的书写形式、词义和用法,这也是丰富汉语词汇的一种重要手段。

第二,口语词典(包括一般语文词典中的〈口〉标记词)的编写及相关研究。

国内的口语词典主要有:张继华《常用口语语汇》,收录常用北京口语语汇1000多条;高艾军等《北京话词语》,收录北京话词语3239条;陈刚《现代北京口语词典》,收录了11053条北京口语词;徐志诚《现代汉语口语词典》,收录了北京口语和北方口语中的常用词3000多条;张艳华《现代汉语常用口语词典》收录了近7000个现代汉语常用口语词;施光亨主编的《汉语口语词词典》,收录现代汉语口语表达179条。

此外,境外也有学者从第二语言学习的角度,编写出版了一些有价值的口语词典,包括美国出版的《汉语口语词典》《英汉—汉英常用辞汇》等,法国出版的《汉语口语词典》等,其中一些词典编写者的母语并非汉语,这有助于他们从旁观者的角度探查、理解口语词。

在口语词典选词研究方面,谢智香(2011)依托于《现代汉语常用口语词典》,对其中收录的6000多个词语进行构词、造词、音节以及频度等方面的分析,探究了口语词的特点,并对相应的口语词教学提出一定的建议。

一些学者专门针对《现代汉语词典》(以下全书简称《现汉》)中的800~900个(各版数目不同)〈口〉标记词进行研究,比较典型的是曹炜的论文《现代汉语口语词和书面语词的差异初探》。该文以1983版《现汉》所标注的802个口语词和3000多个书面语词作为基础研究对象,通过计量统计的方法,分析了两类词汇在音节、构词法、词义构架等方面的差异。

杨金华(1998)同样基于《现汉》进行研究。他探讨了《现汉》在1996版中取消〈口〉的标注的原因,如未能妥善处理词语语体特点与言语形式的联系和区别,更深一步看,这一做法还与编纂思想、语言研究的准备不足有关。另外,苏新春、顾江萍(2004)通过对《现汉》所取消的〈口〉标记词汇进行详细描写,提出了口语词确定的几条原则,如口语词与方言词有着本质的差异,一般语文词典可以不标注非突出的、典型的口语词。这些建议给了词典编纂工作科学的引导。

尹惠贞(2006)依据1978、1983、1996和2005四版《现汉》,选取了730个口语词进行本体属性、产生情况、口语与方言的关系等方面的研究。

刘艺(2010)针对《现汉》第5版的〈口〉标记词语进行了分析,并与其他版本的〈口〉标记词进行了比较,认为《现汉》在该类词语的选词、标注方面仍有值得商榷之处。

总之,研究人员通过长期观察,搜集了大量的口语词汇,积累了大量的宝贵资料,但这些词典或词汇手册,主要还是面向北京话词汇,对共同语中的口语词研究仍显不足。而面向共同语的口语词典,在词目的选取上主要凭借自身语感,并没有很好地处理口语词与方言词、口语词与通用语词之间的关系,具有一定的随意性,笔者将在第六章中专门予以论述。

第三,对惯用语的研究与相关词典的出版。

惯用语是口语表达中一个既重要又特殊的体系。周荐(2004)等从定义、语体色彩等角度出发对其进行了较为深入的探讨。相关词典陆续出版,如陈光磊(1991)的《中国惯用语》,高歌东(1995)的《汉语惯用语大辞典》,王德春(1996)的《新惯用语词典》等。

第四,口语词汇研究的新角度与新方法。

与一般学者从语体、语用角度看待口语词不同,李如龙(2007)在《关注汉语口语词汇与书面语词汇的研究》一文中提出,书、口差异还在于汉语两大造词系统的差异:"口语造词首先着眼于音,古今的双声、叠韵等连绵词、切脚词、叠音词、合音词,应该都是口语造出来的","书面语造词则往往运用汉字,在字义上下功夫,往粗里合或者往细里分。"[①]这种从理论上区分口语词、书面语词的新思路,对解决汉语词汇问题是一个突破口。

此外,语料库也逐步应用于口语词汇的研究。吕艳辉(2005)以现代汉语准口语(如戏剧对白等)为研究对象,利用一定规模的语料库,对准口语的词汇使用情况作了详细的计量统计,并探索了书面语、口语的自动文体判断规则与方法。但其针对的主要是以书面语形式出现的"准口语",与真实对话仍有差异。王惠(2011)基于83万字的口语语料库,探索了日常口语中的基本词汇,发现2500个左右的基本词汇高频常用,且覆盖95%的语料。其统计结果还体现了口语中使用的虚词、话语标记的显著特点,展示了口语

---

① 李如龙.关注汉语口语词汇与书面语词汇的研究[J].陕西师范大学学报(哲学社会科学版),2007(2):112.

不同于书面语语料的鲜明特色。

以上学者对现代汉语口语词汇进行了较为深入的研究,有些还将长期研究成果编成词典或词汇手册,从理论和实践两方面推动了口语词汇的整理和研究工作,为后人留下了宝贵的研究材料。

二、口语应用研究

(一)口语学、口才学等

口语应用研究的一个分支是"口语学""口才学",主要探讨如何提高本族语言使用者的口头表达能力,包括提高辩论演讲朗诵水平、提升公关技巧等。在20世纪末,这类著作、杂志层出不穷,比如为人熟知的《演讲与口才》杂志。

从著作上看,关注提高口语表达能力的有万里(1990)的《汉语口语表达学教程》,王芳智(1990)的《汉语口语学》,李树荫(1990)的《实用口语学》,赵林森、郭启明(1989)的《口语表达训练教材》等。

此外,口语表达还被分为演讲、朗诵、辩论等不同类型,各自有一些相关的研究成果:

在提高演讲能力方面,有刘伯奎(1990)的《演讲成功之路》等。

在播音、朗诵方面,有张颂(1999)的《朗读学》等。

在公关技巧方面,有姚亚平(1990)的《公共关系语言艺术》等。

此外,还有专门针对某一职业的口语学研究,包括教师口语学、秘书口语学等。国家教委于1993年公布了《师范院校"教师口语"课程标准》,体现其对这一领域的重视。

另外,还有一些旨在提高方言地区普通话水平的语音教学研究,如金慧宁(1989)《河北人怎样学习普通话》等。

(二)现代语文课口语教学

在我国现当代语文教学史上,有三个比较重要的口语教学阶段,包括"二十世纪二三十年代(国语时期)、八十年代中后期至九十年代中期(听话说话时期)、世纪末开始的新一轮课改(口语交际时期)"①。

在上个世纪末开始、现今仍在进行的课改阶段,自新课标提出"口语交际"以来,有关语文课口语教学的研究逐渐增加,除了一线教师的教学探讨、经验之谈以及具体的教案分析之外,语文课的口语教学开始从"交际"入手,将相关研究与语言学,尤其是语用学的理论相结合,拓展了研究的理论基础。但是,受到我国考试、录取制度的影响,实际的语文课口语教学还有流于形式之嫌,不能令人满意。

(三)对外汉语教学方面的研究

从英语作为第二语言的口语教学经验看,Michael McCarthy(2006)等认为英语作为第二语言的口语教学不能依据书面语教学中有关语言使用的假定来进行。同理,笔者认为通过扎实的本体研究与调查,获取真实语料来指导汉语口语教学势在必行。

1. 口语研究

早期的对外汉语口语教学并没有得到应有的重视,相关研究也比较薄弱。近二十年来,随着对外汉语教学事业的蓬勃发展,口语教学逐渐受到对外汉语界的重视,并快速地发展起来。"口语教学作为一种独立的重要的教学形式进入对外汉语教学课程体系在20世纪80年代就已经成为趋势。"②

在研究方面,首先,学者们逐渐从对外汉语的角度认识到口语和书面语的差异。如赵金铭(2002)称汉语的口头形式和书面形式

---

① 田良臣.语文科口语课程的多维思考[D].上海:华东师范大学,2006:11.
② 李晓琪.对外汉语口语教学研究[C].北京:商务印书馆,2006:1.

分别为"说的汉语"和"看的汉语",探讨了两种形式的差异、分类,并认为在对外汉语教学中,应当采用不同的教材和教法。

王庆云(2002)对现代之前的汉语教材进行了研究,包括《老乞大》《朴通事》和《白姓官话》等。这些教材对汉语的传播和普及、中国和其他国家的往来和交流,产生了巨大的影响。王庆云指出上述教材普遍体现出来的突出的口语特征,是它们能发挥重大作用、被长期使用的原因。

两部对外汉语口语教学的论文集,集中体现了近年来口语教学的研究成果。一部是李晓琪(2006)主编的《对外汉语口语教学研究》,另一部是赵金铭(2002)主编的《汉语口语与书面语教学》。

但是,尽管陆续有学者从不同角度研究汉语口语教学,其角度包括语言测试、教学法、语言要素、教材建设及多媒体技术等,但总体而言较为分散,且主要是以"对外汉语教学"为背景,对海外汉语口语教学情况明显关注不足。

2. 面向对外汉语教学的口语词研究

相对于口语领域的其他研究,口语词研究更为薄弱,主要有:王福生(2002)、关丽君(2004)曾就对外汉语教学中口语和书面语词汇等级的划分等问题进行探讨;余文青(2002)则以汉语学习者为调查对象,探讨了汉语作为第二语言学习者在口头和书面两种表达方式上词汇使用特点;宋婧婧(2008)分析了现代汉语口语词的特点,进而探讨对外汉语口语词教学的重难点以及存在的问题,提出了整合大规模语料库、进行社会调查等解决对策。

其中王福生(2002)从对外汉语教学出发,根据词汇的语体特征,将词语分为五个级别:第一级为纯粹的口语词汇,第二级为普通的口语词汇,第三级为口语和书面语共用词汇,第四级为普通书面语词汇,第五级为鲜用的书面语词汇。这种词汇划界方法在对外汉语教学中具有一定的实践意义。

但总体而言,对外汉语口语研究相对不足,口语词研究更为薄弱。例如在知网(CNKI)以"对外汉语"+"口语"为篇名进行论文检索,可得论文466篇,但以"对外汉语"+"口语词"为篇名检索仅得论文2篇,约占总数的0.43%。

第三节 口语词研究的意义、方法与创新之处

本书立足于现代汉语口语的各类语料,对口语词的本体特征及其与其他词汇的差异等属性进行研究,并与对外汉语教学实际相结合,在现代汉语本体和应用研究方面都有比较重要的意义。

一、本体方面的研究意义

如上一节所总结的,自20世纪以来不少学者对现代汉语口语词汇进行了较为深入的研究,有些还将长期研究的成果运用到词典编写上,从理论和实践两方面推动了口语词汇的整理和研究工作,为后人留下了宝贵的研究材料。但是这些研究也具有一定的局限性:

从研究范围上看,一是研究对象主要为北京话,对共同语的探讨不足;二是研究范围仅限于《现汉》〈口〉标记词语,或是多音节的语汇成分,然而《现汉》中作"〈口〉"标记的词语仅是最典型的俚俗级口语词,实际口语中使用的词汇类型多样复杂,而多音节语汇仅是口语表达中的一种,实际的口语表达中还存在大量的单双音节口语词。

从研究方法上看,首先,以往研究主要以定性分析为主,定性与定量相结合的研究成果不够突出;其次,在口语词选取的范围和标准上,由于大部分词典编纂者主要立足于自身的语感,选词标准不一,所选词汇的差异较大;再次,在研究视角上,较少研究能将汉

语的口语词和书面语词、汉语和外语作比较,将不同的口语词典作比较,通过比较得出汉语口语词的特点。

因此,笔者试图对现代汉语口语词进行更进一步的研究,以求更全面地掌握口语词的全貌。

从研究范围上看,本书有如下创新:

第一,对口语词与书面语进行多角度、多方位的比较,通过比较来认识口语词的特点。从理论上看,结合口语词和书面语词的历时发展与共时表现,既分析了它们之间的差异,也探讨了它们的融合;利用语料对口语和书面语的词类、用词量、用字量等数据进行了统计与对比,并引入词汇密度、词汇变化性及合偶双音词覆盖率等指标,探讨此类指标在区分语料的语体方面的作用。尽管语料库已大量运用于语言研究,但将语体、词汇、比较三个维度相结合,进行定量统计的尚不多见。

第二,对口语词按照口语化的程度进行了分级。按照语体连续统,将词汇从语体角度分为五级,包括:典型(典雅)书面语词、一般书面语词、口语和书面语通用语词、一般日常口语词、典型(俚俗)口语词。在这一基础上结合了词典编纂成果、语料频率数据以及笔者自身的语感对部分口语词进行了分级。

从研究方法上看,口语词的本体研究部分主要使用了如下方法:

第一,定性与定量相结合的方法,将材料输入数据库软件进行定量统计,这一研究方法可以减少研究者的感性偏误,并利用特征的叠加效应获得由定量到定性的结论;

第二,对比分析的方法,包括口语和书面语的多层次比较;

第三,在口语词的选取上,结合了辞书编纂的成果、语料频率数据及笔者自身的语感。

二、应用方面的研究意义

培养交际能力作为第二语言教学的主要目标,已在教学界达成了较大的共识,对外汉语教学作为第二语言教学的一种,也顺应了这一潮流。

根据 Hymes(2000)的说法,交际能力可分化为四种次能力,包括:可行性(possibility)、可接受性(feasibility)、得体性(appropriateness)、实际操作性(performance)。而口语词汇的运用能力,与口语交际的四种次能力都有一定的关联,因为口语词汇使用得恰当与否,将影响到语言形式的正确、语用的得体。

另一方面,词汇是语言的建筑材料,因此词汇学习应当是语言学习中的重要任务,以 Lewis(1993)为代表的学者认为词汇应成为语言教学的中心。口语词作为词汇的重要组成部分,理当受到关注。

(一)对外汉语口语词汇教学方面的意义

从汉语作为第二语言教学形势上看,随着汉语的逐步推广,吴应辉(2010)认为"对外汉语教学"(Teaching Chinese as a Second Language)已逐步转型为"国际汉语教学"(Teaching Chinese to Speakers of Other Languages)。这一改变不仅是提法的变化,而是整个汉语教学主战场从我国国内转向国外的形势转变。2014年全国来华汉语作为第二语言学习者人数为 377054[①],若按照全世界共有 1 亿名汉语学习者计算,来华留学生仅占全世界汉语学习者人数的 0.3% 左右。

这一统计结果意味着,世界上大多数的汉语作为第二语言学

[①] 教育部.2014 年全国来华汉语作为第二语言学习者数据统计[EB/OL].2015[2015-06-20].http://www.moe.edu.cn/publicfiles/business/html-files/moe/s5987/201503/184959.html.

习者都面临着缺乏汉语习得环境的问题(可利用家庭环境习得汉语的华裔毕竟仅占一小部分)。如何帮助他们在海外更好地掌握汉语口语,成为一项重要的课题。

无法正确地区分与使用不同的语体是第二语言学习者中介语中存在的显著问题。Halliday(1964,1985)认为非母语学习者最常犯的失误是错误地选择语域项目或是从不同的语域里混选项目。桂诗春(2009)也认为外语学习者的一个通病是缺乏语用域意识。Pawley & Syder(1983)认为成功的二语学习者需要作出母语使用者似的选择(native-like selection),即具备在正确的语用环境里说出地道语言的能力。

Michael McCarthy(2006)在《口语与应用语言学》一书中谈及口语词汇教学时提到,口语的教学应当基于以下一些原则:"(1)口语教学不能依据书面语教学中有关语言使用的假定来进行。(2)口语有自身特有的语法和词汇,绝大多数情况下这些语法和词汇和书面语一致,但在一些关键的方面不一致,尤其是关系到会话人在特定交往场景下的目标达成和人际关系时。(3)只有通过分析真实语料始能对会话具有的特殊的词汇——语法进行描写。"[1]此外,Michae McCarthy还强调教学大纲的编制和教学材料的编写应基于对各种真实事件中口语使用情况的观察。

这些原则都揭示了口语词汇教学应当具有与书面语截然不同的特点,且口语词教学应当与口语的本体研究紧密联系。

近年来,学界逐步重视学生交际能力的培养,以及口语在对外汉语教学中的特殊地位和作用。但实际研究和教学情况往往不尽如人意。如口语教材问题方面,不少对外汉语口语教材与真实的

---

[1] 张文忠.《口语与应用语言学》导读[M]//Michael McCarthy.Spoken Language and Applied Linguistics.北京:世界图书出版公司,2006:17.

生活口语仍有差异,其使用的语言"人造"痕迹的多,来自真实语料的少。

口语测试方面,北京语言大学汉语水平考试中心(以下简称"汉考中心")"HSK改进工作"项目组(2007)发表的《汉语水平考试(HSK)改进方案》认为现今HSK存在的问题之一就是"缺少针对中、低端学习者的口语和写作考试",新汉语水平考试逐步增加了相应的口语考试,这一举措有助于对被测者的汉语交际能力进行更为全面的考察。

专门的对外汉语口语词汇教学研究成果相对较少,仅有王福生(2002)、余文青(2002)、关丽君(2004)等若干篇论文,研究内容也相对零散,缺乏系统的、具体的并且具有更大实用价值的研究成果。研究范围还可进一步拓宽,研究还可继续深入。

此外,《汉语水平词汇与汉字等级大纲》与《新汉语水平考试大纲》作为我国对外汉语教学总体设计、教材编写、课堂教学以及成绩测试的重要依据,由于编写时所参考的语料主要来自于书面语,在口语词汇的选取上存在一些不合理之处。应通过对口语词汇的进一步深入研究来解决这一问题。

本研究试图在对口语词进行本体研究的基础上,探讨对外汉语口语词教学情况、词汇大纲的编写情况、留学生语体词习得情况等内容,并在一定范围内为对外汉语口语词分级,力求为对外汉语教学提供更为科学的依据。

(二)在词典编纂方面的意义

如上文所述,尽管陆续有一些专门的口语词典问世,但具有代表性的较为欠缺,而语文词典如《现汉》的800多条"〈口〉"标记词也不能反映现代汉语口语词的全貌。本研究通过探讨各词典在口语词选择上的差异,对于对外汉语口语学习词典的编纂,以及一般语文词典口语标记的设立,具有一定的参考价值。此外,在尽可能穷尽性地录入各种口语词典词目和语文词典"〈口〉"标记词的基础上,结合对方言词典中口语词分布情况的考察,本研究的成果能较好地反映口语词的面貌,从而为编写口语词典打下基础。

(三)在中文信息处理方面的意义

现今国内语料库的建设中,重书面轻口语的现象比较严重,尽管一些口语语料库的建设工作正陆续展开,平衡语料库也考虑到了口语语料的收录问题,却仍缺乏一个公开的、较为全面的现代汉语口语语料库。本研究所收集的材料,可能对口语语料库的建立能提供一定的参考。

三、研究方法

第一,文献研究方法。通过文献总结、归纳,综合本领域的研究现状及其成果。

第二,定性和定量相结合的研究方法。本研究建立了三类数据库:一是口语及其他语料库,在计量统计的基础上分析口语及其他语料的词汇使用特点;二是依据《现汉》创建典型的单双音节口语词数据库,以总结这些词语在语音、语义、词法等方面的特点;三是不同口语词典的词目库。最后再依据以上研究成果,制订各类参数,对口语词筛选分级,以便把研究成果直接运用于对外汉语教学实践。

第三,对比分析的方法。只有将口语与书面语,口语词与其他词语进行比较,才能更深入地理解口语词的特点。在第二、三章中,将用比较的观点来认识汉语的口语。

第四,调查研究的方法。通过问卷调查、访谈及语料搜集等方法探讨了留学生语体词的习得情况,并提出了相应的教学建议。

四、研究思路

本书采取的是从概括到具体,从外延到内涵、从定性到定量,从本体到应用的研究思路。主体各部分具体思路如下图所示:

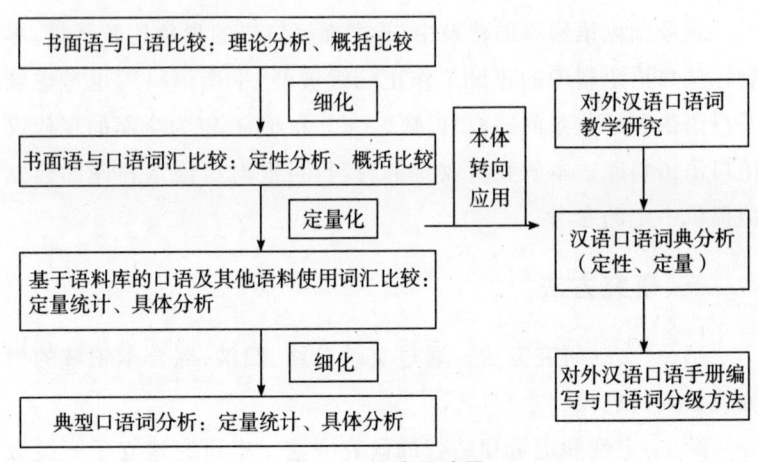

图 1.1 研究思路图

五、创新之处

(一)新的研究角度

以往的汉语口语词研究一般有几大局限:限于北京话范围的多,研究通语的少;语法(包括构词法)方面研究的多,从语义、造词法角度研究的少;三音节以上的惯用语研究得多,单双音节口语词研究得少;在教学方面,口语研究中对词汇的研究较少,例证式的研究多,调查分析少,提出的初步建议多,进行实际层面的操作少;在语体研究方面,将语体词进行比较的较少。本研究从这些角度出发,力求取得本体研究和应用研究上的突破。

(二)新的研究手段

从研究的手段上来说:现有研究举例式的研究多,定量和定性结合的比较少。本研究将采用定量和定性相结合的办法,从第三章到第六章均在不同程度上使用了多维度的定量统计方法。计量统计、多维度的语体分析方法结合大量语料中反复重现的现象来确定词汇特征,并将特征与某一语体进行相关分析。这一研究方法可以减少研究者的感性偏误,并利用特征的叠加效应获得由定量到定性的结论。

(三)新的材料

首先,在语料方面,建立了200万字的有声媒体口语访谈语料库,对等的200万字的新闻联播语料,215万字的平面媒体书面语料,力求在比较中认识口语所用词汇的特点。

其次,将多种现有语料进行整合、比较。例如,在典型口语词研究方面,笔者以《现汉》口语词条为基础,利用《现代汉语常用字表》《同义词词林》等材料,进行了不同角度的分析比较。

再次,借助国外资源,获得了美国出版汉语口语词典方面的材料。

复次,进行留学生汉语语体词习得情况调查,并搜集了学生语体词使用上的偏误资料。

最后,将国内近年来编写的三部汉语口语词典以及两部语文词典的口语词目输入数据库,获得了10000多条口语词,以比较辞书在选词方面的异同。

(四)应用研究成果的创新

结合对外汉语教学,提出了汉语作为第二语言学习者口语词教学建议,以及汉语口语词手册的编写方法,并尝试对部分口语词进行分级,具有一定的应用价值。

第二章　口语与书面语的异同分析

口语和书面语是从语体角度划分出的两大系统,通过与书面语的比较,才能更好地对口语进行界定、分析与研究。本章旨在通过比较分析来梳理口语和书面语,以及汉语口语词和书面语词之间的区别与联系。本书的第二章到第四章均立足于口语词的本体进行研究。

第一节　口语与书面语的区别及联系

一、口语和书面语

(一)口语与书面语的差异

语体,从字面意义上理解,指的是语言的体裁。但由于它与风格、体裁、语言类别等有着千丝万缕的联系,造成了概念所指的模糊性。学界对语体的定义多样,按照《现汉》的定义,语体是"语言为适应不同的交际需要(内容、目的、对象、场合、方式等)而形成的具有不同风格特点的表达形式。通常分为口语语体和书面语体"[①]。李熙宗的界定是:"语体是在长期的语言运用过程中历史地形成的与由场合、目的、对象等因素所组成的功能分化的语境类

---

① 中国社会科学院语言研究所词典编辑室.现代汉语词典[M].北京:商务印书馆,2005:1665.

型形成适应关系的全民语言的功能变异类型,具体表现为受语境类型制约选择语音、词语、句式、辞式等语言材料、手段所构成的语言运用特点体系及其所显现的风格基调。"①

口语顾名思义是口头语言,主要以声音传情达意;书面语则为书面语言,主要以文字符号为传播媒介。文字的出现造成了书面语与口语的分立,而社会阶层的分化则推动书面语和口头语言的进一步分离。两者的区别主要表现如下:

首先,口语和书面语的历史起源大不相同,口语的历史就是人类语言产生的历史,而书面语的出现则要追溯到文字的起源,远晚于口语。口语是书面语的源头和基础。

其次,从传播媒介上看,书面语主要以文字符号为传播媒介,而口语则主要依靠声音传情达意。语言是符号,文字是符号的符号。

再次,从交际角度看,口语交际一般是即时的,交际时思考时间有限,而书面语交际则具有延时性。正是因为口语的无意识性,使语言潜式在口语中表现得更加丰富、明显。

最后,从表达形式看,由于口语表达是交互、即时的,容不得更多的思考,没有修正时间,故而完整性一般较差,表达时有中断、犹豫以及思维的跳跃,相对于书面语,口语的逻辑性不强。例如下面一段摘自北京语言大学语言研究所"北京口语语料库"的材料:

嗯,我做检验工作。车间里头,那个,嗯,每天都那个看一看,拿来之后都检验什么,做那个,是哪个车间啦,嗯,该做什么工作,反正一进来就先搞搞卫生什么的,嗯,检查,检查那个手底下的仪表,嗯,看一看。嗯,那个还有是,嗯,有些什么那个其他别的小事

---

① 李熙宗.关于语体的定义问题[J].复旦学报(社会科学版),2005(3):186.

儿什么伍的,随手儿就做一下儿。嗯,吃完饭以后吧,中午休息休息。有时候儿呢,出去,嗯,到商场,嗯,逛一逛。离着商场挺近的。①

而书面语则注重规范、讲究逻辑、精雕细琢。因此,书面语是口语的精加工。

第五,从使用词汇看,口语使用词汇总体较为通俗随意,而书面语使用词汇则更为典雅端庄。此外,由于书面语写作有一定的思考时间,有时还可修改,往往较为注重遣词造句,用词更为精准、达意。

第六,口语和书面语均有辅助性的表达手段。口语表达手段丰富,除了口头表达外,身势语②也是重要组成部分。此外,其他的超音段特征如声调、重音、停顿等,也能起到传情达意的作用。书面语除了文字符号之外,一些非文字符号(如图画),也是表达的辅助手段。

(二)口语与书面语的交错

口语和书面语迥异有别,却又非泾渭分明,它们交叉交错,你中有我,我中有你。例如有稿演讲、新闻播报,尽管是以声音为传播媒介的,却往往带有书面语的性质。下文选自《新闻联播》:

本台消息:国务院办公厅近日印发《关于加强普通高等学校毕业生就业工作的通知》。

通知指出,普通高等学校毕业生是我国宝贵的人力资源。当前,受国际金融危机影响,我国就业形势十分严峻,高校毕业生就

---

① 北京语言大学语言研究所,北京口语语料[EB/OL].[2009-5-30]http://www.blcu.edu.cn/yys/6_beijing/yuliao/N04.htm.

② 身势语主要指人们交际时使用的身势、手势、表情、眼神、动作等,这类交际手段也被称为体态语,或是非语言交际形式。

业压力加大。各地区、各有关部门要把高校毕业生就业摆在当前就业工作的首位,采取切实有效措施,拓宽就业门路。①

这种具有书面性质、高度规范的口头表达也可称为"印刷体口语(printspeak)"。

另一方面,某些作者的文学作品尽管是书面语,却有不少口语的成分。以老舍作品《骆驼祥子》中的一小段为例:

祥子心中也凉了些,二三十块?离买车还差得远呢!可是,第一他愿脆快办完,第二他不相信能这么巧再遇上个买主儿。"老者,给多少是多少!"

"你是干什么的,小伙子;看得出,你不是干这一行的!"

祥子说了实话。

"呕,你是拿命换出来的这些牲口!"老者很同情祥子,而且放了心,这不是偷出来的;虽然和偷也差不远,可是究竟中间还隔着层大兵。兵灾之后,什么事儿都不能按着常理儿说。

"这么着吧,伙计,我给三十五块钱吧;我要说这不是个便宜,我是小狗子;我要是能再多拿一块,也是个小狗子!我六十多了;哼,还教我说什么好呢!"②

老舍的小说中除了对话具有明显的口语特征外,叙述部分也有不少北京口语表达,例如"心凉""脆快""事儿"及"按着常理儿说"。当然,小说的语言风格与作者关联度较高,彼此间差异较大。

---

① 褚德坤.国务院办公厅关于加强高等学校毕业生就业工作的通知.中央电视台官网[EB/OL].2009[2015-5-30].http://news.cctv.com/xwlb/20090215/104508.shtml.

② 老舍.老舍小说[M].舒雨,选编.杭州:浙江文艺出版社,2007:26—27.

(三)口语和书面语产生差异的原因

口语和书面语相互区别又交叉共现,但这两种关系并不矛盾。因为口语和书面语的差异是基于两者的总体概况得出的,是整体性的;而口语和书面语在语篇中的共现,一般表现于具体语篇中,是个别性的。这反映了实际语言生活的复杂性、多样性与层次性:尽管口语和书面语的分歧显著存在,但二者之间也有交叉,且在口语和书面语内部,还可分解出不同的层次。综合看来,书面语与口语产生差异的原因如下:

第一,传播媒介的差异是口语和书面语产生差异的根本原因。不同的传播媒介带来了表达形式的差异,口语主要基于声音传播,并伴随着一些非语言手段,如身势语;书面语主要基于文本传播,形成了以文字为主,其他非文字的书面符号(如图表等)为辅的表达手段,书面语是语言符号的符号。

传播媒介的差异使口语具有即时性,结构完整性差,逻辑性相对较弱;而书面语的非即时性,使其有更多的时间进行修正、修饰,结构完整,逻辑性强,可精雕细琢。如图 2.1,典型的口语是日常无准备的谈话,它随意、即时、潜式丰富,但结构完整性差。而典型的书面语如公文、科技文体、教材(非第二语言教材)、论文等,则更为正式,精雕细琢,结构完整。

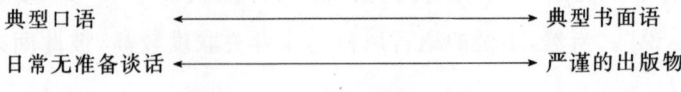

图 2.1 典型的书面语与口语

第二,准备程度是口语和书面语在形式上产生差别的重要原因。

文字准备的程度与表达的书面语特征呈现出正相关的关系。一般情况下,文字准备越完备,口头表达的正式程度也越发凸显。

例如《新闻联播》的交际场合具有高度的正式性,不能容忍错误、不完整、赘余等口语特征,而口语表达的即时性又很难避免这些问题的产生,事先的文字准备成为解决这一对矛盾的方法,这使《新闻联播》具有明显的书面语特征。同样有文字准备的书面语之间也有差异,如教师的课堂教学,尽管也准备了教案、大纲,但文字准备一般并不完整,教学中的即时互动、交互性要求这类表达随时调整,因此书面特征更弱。

同样的,便条、个人备忘录、部分私人信件等非出版物,虽以书面语形式出现,却具有一定的口语特征。因为典型的书面语是有准备、有删改的,但便条、私人信件、个人备忘录,一般不求文采,只求达意,预先准备较少,一旦出现语法形式错误,只要不影响表意就不需修改,自然具有了一定的口语特征。

第三,场合正式程度与语体的书面语程度相关性高。

有无准备是新闻播报等口语表达呈现出书面语特征,一些书面语表达(如便条、个人备忘录、私人书信)具有口语特征的原因。但一些小说是经过精细准备,反复删改与精心雕琢的,却具有口语的通俗特征。这是由于口语交际大多是双向的、通俗的、生动的,交际双方具有一定的亲切感,因此在书面语中使用口语表达,可产生特定的文学效果,并能在一定程度上拉近作者与读者的距离。例如老舍的小说就具有口语化的文学风格。还有一些报告文学,为了缩短与读者的距离,则可能以"亲爱的朋友们"开头,用语尽可能地通俗易懂。

(四)语体的层次性与连续性

口语和书面语不是截然对立的,而是呈现出逐步过渡的连续统状态,对此不同学者区分各异。

程雨民(1989)在《英语语体学》中介绍了马丁·琼斯著名的"五只钟"理论,将语体分为如下连续统:

1. 冷冻体(oratorical or frozen)
2. 正式体(deliberative or formal)
3. 咨询体(consultation)
4. 随便体(casual)
5. 亲密体(intimate)

英国著名语言学家 Leech(1994)将口语分成两种形态,公众讲话和私人谈话(public speaking& private conversation)。谈话具有交互性,而公共讲话则较缺乏甚至没有交互性。公共讲话是私人谈话和书面语的中间状态,包括讲演、广播讲话和电视新闻等形式。以下图表示了英语口语和书面语的区别。

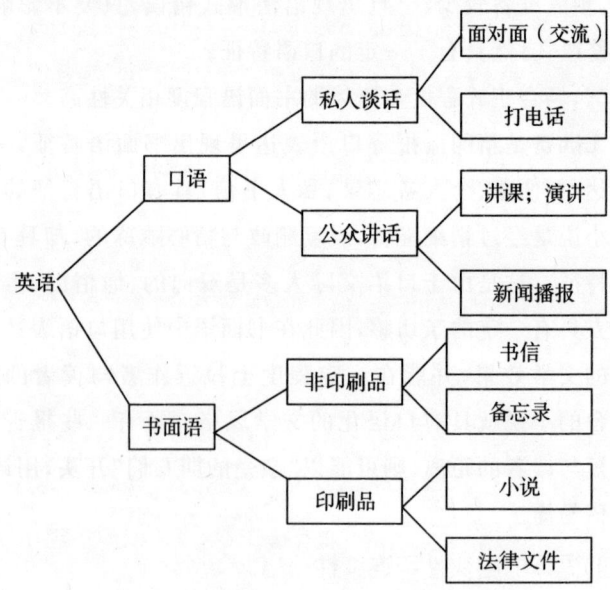

图 2.2 Leech 的书面语、口语分类图

Johnson(2001)、Hammond(1995)提出了口语和书面语是一个连续统的观点。Hammond(1995)认为居于连续统两端的分别是典型口语和典型书面语,大部分口语语篇处于中间状态。(如下图)

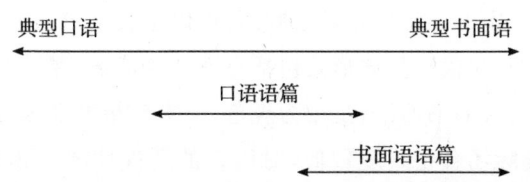

图 2.3 哈孟德书面语与口语语篇区分图

程雨民(1989)认为语体可按正式程度分为正式语体、次正式语体、理智性的谈话体与家常语体几类。

词汇学者张志毅(2005)同样注意到了书面语体内部的分化。他将语体先分为标准语体和非标准语体两类,又将标准语体分为书面语体和口语语体两类。其中书面语体(笔语体)包括:文学语体(含诗歌、戏剧、小说、散文等)、科技语体(含自然科学、社会科学、政论、工程技术等语体)、应用语体(含公文、日常应用文、法规等)与一般书面语体四类。

笔者综合各位学者的观点,根据表达目的和有无准备性,拟将口语和书面语分为如下几个层次:

表 2.1 口语和书面语的层次分类表

类型	第一层级:典型口语	第二层次:一般口语	第三层次:中介状态		第四层级:一般书面语	第五层次:典型书面语
			带有书面语特征的口语	带有口语特征的书面语		
列举	日常谈话等	有准备的谈话;课堂发言	新闻播报	具有鲜明口语色彩的小说、便签、讲话稿等	私人书信等	大部分书面出版物、印刷品

语体的第一、五层次是典型的口语和书面语,它们彼此区别,分别位于表格的两端。其中典型口语无文字准备,典型书面语表达则较为精雕细琢、字斟句酌。

第二层次的口语特征不及第一层次鲜明。其中的口语表达事先可能有一定的文字准备,这种准备可以是文字形式的大纲,也可以是虚拟的"腹稿",具体形式包括有准备的谈话、课堂发言等。

第四层次的书面语,是较为规范,但未到精雕细琢程度的书面表达,其交际场合正式度较低,对语言的严谨性要求相对较低,包括私人书信等形式。

第三层次是口语和书面语的中介状态。包括:具有书面语特征的口语表达,例如新闻播报;具有口语特征的书面语表达,例如具有鲜明口语色彩的小说、讲话稿等。

口语和书面语的连续统,是基于口语和书面语的整体情况得出的,超乎个体、时代等其他因素。在实际的语言使用中,个体差异也会带来语体的差别:有些人受文化水平、写作态度所限,写出的文章更为浅白;也有些人出于自身目的,有意在日常谈话中使用典雅的文言词,例如鲁迅笔下的孔乙己,就以说出"多乎哉,不多也"这样"掉书袋"的话为荣。这些都是个体行为,并不影响口语和书面语的整体分歧。

总之,口语与书面语体呈现出既相异又共现的状态:一方面,两者在交际媒介、场合、交互性、语言形式以及是否使用非语言手段上,都有所不同;另一方面,两者在实际使用中又往往交叉互现。口语与书面语内部各有层次,两者之间并非泾渭分明,而是呈现出连续统的状态,在最为典型的口语和书面语之间,有相互交融的模糊地带。

二、书面语、口语及其相关概念

有关口语、书面语的研究中,有些易混淆且具有迷惑性的概念,包括正式与非正式(雅与俗)、古今、方言等。

(一)正式与非正式

在英语词典中,正式(formal)与非正式(informal)往往用以表示词语的语体色彩,正式与非正式主要是根据场合区分的。由于大多数书面语的使用场合较口语正式,因此人们容易将书面语等同于正式语言,口语等同于非正式语言。

然而两者仍存在一定的差异。Leech(1994)认为,正式语言接近于书面语,但在演讲等场合使用的口语也是正式语言。非正式语言主要出现在口语中,但在书面语中也有出现,例如日记、私人信件和通俗小说。同时,正式和非正式的区分也不是泾渭分明的。因此正式、非正式,与书面语、口语的关系相当紧密,但并非完全等同。

(二)雅和俗

"雅"和"俗"是我国的传统说法,"雅"指典雅(并非古代的民族共同语"雅言"),而"俗"则为俚俗。

清代的易本烺(1864)十分关注词语的雅俗问题,他所编的《常谭搜》将词语分为雅、俗两类,收录的语汇从单音节词到十几音节不等,雅类如"幺""安排""白丁""半子""烟火气""儒家者流""知子莫若父,知臣莫若君"等,俗类如"睡""罢休""本分""不中""抱佛脚""酒囊饭袋""为他人作嫁衣裳""龙生龙,凤生凤,老鼠生来会打洞"[①]等。

周荐(2004)认为语汇也有雅俗之分,文言、书面语属于雅体,口语、俗语则为俗体;"雅言"是典雅、带有标准性的,而"非雅言既可以是方言,也可以是被统治阶级视为不登大雅之堂的俗语(如谚语、俚语等)"[②]。

由于雅言主要为受过教育的文人学士所创,规范、典雅,而"俗

---

① 周荐.词语雅俗论——兼谈易本烺《常谭搜》的收条、分类等问题[C]//周荐.词汇学词典学研究.北京:商务印书馆,2004:386—401.
② 周荐.论成语的经典性[C]//周荐.词汇学词典学研究.北京:商务印书馆,2004:285.

语"多来自于人民群众的日常口语,因此雅、俗与书、口确有联系。但是,如笔者上文提出的,例如演讲、报告尽管为口头表达,遣词造句却较为典雅端庄;而文字表达中同样可能出现直白俚俗的成分,甚至不乏污言秽语。因此,雅、俗并不等同于口语和书面语。

(三)古与今

古今是指语言的时代色彩,《现汉》曾给词汇标〈古〉、〈旧〉、"早期白话"等标记,2005版仍保留了〈古〉标记。由于古代的义位多在书面语中得以保留,这赋予了它们正式、典雅和端庄的特征,如"苍生""足""舟""何其"等词语(语素),就具有很强的书面语特征;而现代义位、新义位大多进入词汇系统不久,具有比较强的现代色彩与新鲜意味,书面语性质较弱,例如"的哥""酷毙""空哥"等。

但这一标准也不是绝对的,新词语可能是口语词,也可能是书面语词。由国家语言资源监测与研究中心、商务印书馆和人民网揭晓的2014年度十大新词语是:"新常态""沪港通""占中""一带一路""冰桶挑战""APEC蓝""深改""小官巨腐""微信红包"和"抗埃",均不是口语词。[①] 因此,书面语词≠古语词,口语词≠新词语。新词语是以出现的时间进行划分的,而口语词则是根据语体划分的类型,两者绝不等同。

(四)方言与共同语

方言词是根据语言的地域色彩所做出的分类。方言词总是在口语中通行的,少有书面形式。方言词与口语词的关系也比较紧密,一是从风格看,由于方言词往往具有"通俗、随和、非正式、亲昵

---

① 人民网.2014年度十大新词语公布"新常态"排第一[EB/OL].2014[2015-2-14].http://society.people.com.cn/n/2014/1219/c1008-26240403.html.

的特点"①,与口语词相似;二是从来源看,现代汉语普通话口语词不少来自于各地方言,如"老公""把戏"与"晓得"等。《现汉》中存在不少口语与方言义项并存的词目,如:

【奶奶】❶〈口〉祖母。❷〈口〉称跟祖母辈分相同或年纪相仿的妇女。❸〈方〉少奶奶。

根据与共同语的关系,方言可分为两个层次:一是共同语的基础方言,在我国表现为北方话;二是与共同语差异较大的方言,例如我国南方各方言。

首先,基础方言与共同语的契合度较高,与民族共同语的口语词具有一定的源流关系,不少共同语的口语词就来自于基础方言。但共同语的口语词却又不能与任何一种基础方言相契合。

例如,北京话与普通话的关系紧密是不言而喻的,但并非所有的北京话词语都是共同语的口语词。崔荣昌、王华(1999)就1227条北京话与普通话词语进行调查后发现,两者的相同率仅为52.89%,另有四成多不完全相同或完全不同的部分。

再者,基础方言北方话内部也存在分歧。例如"土块儿"一词在北方话不同方言点说法均不同,根据陈章太、李行健(1996)的《普通话基础方言基本词汇集》,至少有10种以上的说法,包括:"土坷垃"(北京、天津等)、"(土)坷垃"(承德、唐山等)、"土疙瘩"(离石、临汾等)、"土块子"(大连、扬州等)、"泥垃块"(烟台等)、"胡馨"(灵宝等)、"泥巴坨坨"(成都、南充等)、"土块儿"(南京、南通、锦州等)、泥巴(贵阳、黎平等)"泥巴块块儿"(遵义等)、"土坷坨"、"土坷坨"(红安等)、"土巴巴"(安庆等)、"土堡"(昭通等)等等。②

---

① 李如龙.口语词汇计量研究[M].厦门:厦门大学出版社,2001:207.
② 陈章太,李行健.普通话基础方言基本词汇集:第2卷[M].北京:语文出版社,1996:2096.

可见,共同语不可能吸收基础方言的所有词语。

再看与共同语差异较大的南方方言,它们与共同语的差别也有层次之分。

从近现代看,南方方言中的吴方言在词汇层面与共同语的关系就更近些,这是因为"六朝以来江南的崛起以及明清南方官话的影响"①。胡明扬(1987)认为,汉语口语的新语汇有些就来自于吴方言,而不是一般的北方话。苏新春(2001)对《现汉》(1983版)的1437个方言词进行统计后认为,南方方言中,吴方言进入普通话系统的词汇最多。②

从当代的情况看,随着粤港澳地区经济的崛起,这些强势地区的方言词语,使用的地域范围也越来越广,成为构成新词新语的重要力量。例如粤语的"买单""打的""写字楼""充电""搞定"等词语。

未进入或者尚未完全进入民族共同语的方言词,不能认定为口语词,《现汉》一般对其作〈方〉标记,如"脾性""拿人""麻花""大发"等。

总之,口语词立足于词汇的语体特征,而方言词立足于地域特征,两者实际有明显的差异。语体词与方言词的关系可如图2.4所示:

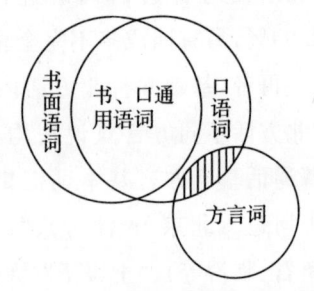

图 2.4　语体词与方言词关系图

受到以上因素的影响,书面语、口语,与正式程度、雅俗程度、古今义、方言陪义之间呈现交融、交错的状态。

---

① 李如龙.汉语应用研究[M].北京:中国传媒大学出版社,2004:196.

② 苏新春.汉语词汇计量研究[M].厦门:厦门大学出版社,2001:140—141.

结合冯胜利(2013)的理论,笔者绘制了口语词的界定图,如图 2.5 所示,其横坐标代表了关系远近引发的正式程度的区别,纵坐标则是根据受教育程度高低做出的典雅程度的区分,其中极典雅的多为古语词,而极俚俗的多为俚语词。现代汉语口语词具备[非正式+通俗随意]象限的特征,书面语词则具备[正式+典雅]象限的特征,而通用语词则是坐标轴居中、带有中性特征的成分。

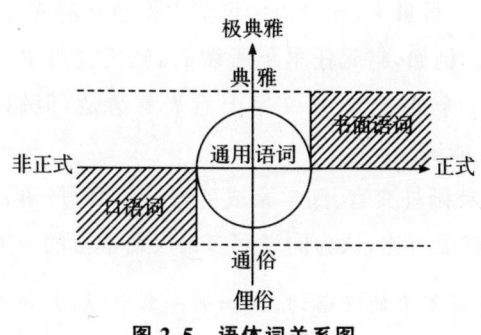

图 2.5 语体词关系图

第二节 汉语口语和书面语的特点及相关研究

一、汉语口语和书面语的特点:强分歧性

汉语的口语和书面语具有较强的分歧性。钱乃荣先生提到:"汉字意义的固定性,使中国保持的 3000 多年的灿烂文化遗产高度一致,中国人要看懂《史记》《汉书》是比较容易的,但一些拼音文字的民族要看几百年以前的文献就十分困难。"[①]但反之,汉语千年前的口语面貌、大致的口语词汇、语音面貌等问题,只能依据

---

① 钱乃荣.现代汉语研究论稿[M].上海:学林出版社,2006:24.

有限的资料与拟构方法略知一二。产生这种差异的原因可能在于：

第一，表意汉字作为汉语的结构因子，引发了口语和书面语的分歧。

一方面，汉语的音节数量少、同音字多，虽有大量的形声字存在，但总体文字的表音性远远不及一些拼音文字，表意性强的汉字与表音的口语之间，形成了矛盾。汉语的音节加上声调仅有1400个左右，同音字数量大，在口语中可能引发歧义的成分在书面语中却一目了然。例如，赵元任早年所做的《施氏食狮史》，通篇91个字只使用了1个的音节，从文字上看表意清楚，但倘若用口语读出，恐怕无人能解。

1867年英国外交官、汉学家威妥玛先生编写《语言自迩集》时就将汉语与英语对比，认为同音字多是汉语学习的一大难点：

"字"，是写下来的汉语词，正如第一章所说，大约有几千个；而"音"，被称之为"字"的，却只有几百个。许多"字"在口语里也许永远碰不到，但学生或会在书面语中遇到，他的指导者应该通过它的"音"不断地查这个或那个"字"，而且鉴于许多音之下各有一批字，对这些字，不仅要知道它的"音"，更要知道该音同一"声"所领"字"之间的区别以及其他同音异义的"字"，除非第一种同音字的书写形式在听者看到之前就想象到了。说汉语遇到双音或多音组合时，说出来的"字"在其中常常扮演不同角色，这是困难所在。正如英语中，如果有必要特别指出同音的 wright, write, right 或者 rite, 我们的意思究竟是哪个的时候，就会通过上下文清楚地表明，它是我们说出的哪个音节: ship wright, to write letters, right and left, 或 rite of baptism, 而中国人呢，就得解释他刚才说的"ai"是"哀求"的"哀"，"尘埃"的"埃"，"高矮"的"矮"，还是"爱惜"的"爱"；语音相近现象的规律，在他们的语言中跟我们一样是一种例外，只是他们要不断地求助于这种手段。①

另一方面,汉字的超稳定性使书面语能跨越古今、超越南北,但口语却随着时代的变化不断发展。吕叔湘认为:"在文字的保守力量特别强烈的场合,往往会形成文字和语言脱节的现象。"②李如龙(2007)提出汉语书面语口语具有显著差异,其主要原因在于汉字,汉字超越古今的稳定性使书面语具有较强的稳定性,而口语的灵活性令其在历史长河中不断发生鲜活的变化。潘文国则提出:"汉字对团结、维系汉族人民起了巨大的向心作用,'书同文',形成了一股同文同种的强大内聚力,这种力量是很难被别的力量所同化的。从空间上看,它保持了汉语的独立性;从历史上看,它保持了汉语发展的稳定性。而书面语长期保持超常稳定的结果又使汉语历史上发生了言文脱节的独特现象。"③

第二,上层社会的理念导致了文白分离,书面语与口语渐行渐远。

早期的汉语书面语与口语虽有差异,却又较为接近。例如甲骨文所记以占卜为主,李学勤认为:"无论甲骨文还是金文,都不能叫做'书',因为甲骨文只是占卜的记录,金文只是青铜器的铭文,它们都是附属于有固定用途的器物的。就像不能把后世的石刻称为'书'一样,甲骨文、金文也不属于书的范畴。"④

古代上层社会对文言的推崇,促进了文白的分离。徐时仪认为,"大致说来,先秦到西汉的文献语言基本与口语一致,东汉以后

---

① 威妥玛.语言自迩集——19世纪中期的北京话[M].张卫东,译.北京:北京大学出版社,2002:18.

② 吕叔湘.吕叔湘文集:第5卷[M].北京:商务印书馆,1993:12.

③ 潘文国.汉英语对比纲要[M].北京:北京语言文化大学出版社,2002:64.

④ 李学勤.古文字学初阶[M].北京:中华书局,2006:54.

逐渐形成言、文分离的局面"①。因为东汉的文章中有一些跟后世的口语一致,却跟文言不一致的表达。

子曰"述而不作,信而好古",自秦汉以来的学风都以古为尊,唐代的"古文运动"就借助于先秦文体进行改革。古典的文风典雅端庄,极具书面语特征,但却与时代口语相去甚远,这进一步造成了"言文分离"。

此间也有少部分知识分子力求言文一致,如东汉的王充曾于《论衡》中提倡"文由语也""文字与言同趋",提倡书面语应当与口语一般晓畅通俗:

《论衡》者,论之平也。口则务在明言,笔则务在露文。高士之文雅,言无不可晓,指无不可睹。观读之者,晓然若盲之开目,聆然若聋之通耳。……夫文由语也,或浅露分别,或深迂优雅,孰为辩者?故口言以明志,言恐灭遗,故著之文字。文字与言同趋,何为犹当隐闭指意?狱当嫌辜,卿决疑事,浑沌难晓,与彼分明可知,孰为良吏?夫口论以分明为公,笔辩以露为通,吏文以昭察为良。②

可此类思想却受到了针锋相对的批评,认为"充书形露易观""与彼经艺殊轨辙也"。

此外,隋唐以来科举成为我国的文官选拔制度,其考试内容就是文言,与口语接近的白话则被认为不登大雅之堂,大多只在民间文学中出现。当知识分子都以文言为正统,并凭借文言加官晋爵时,文言的势力自然得到了空前的强化。口语是鲜活生动,不断发展的,而文言却以古为尊、故步自封,无法与时代共同进退,时代的差异加大了汉语书面语与口语的分歧。这一情况到了20世纪提倡白话文的新文化运动后才彻底改观。

---

① 徐时仪.汉语白话发展史[M].上海:上海教育出版社,2000:20.
② 王充.论衡[M].上海:上海人民出版社,1974:450—451.

第三,汉语口语的地域分歧,加大了汉语口语和书面语的分歧。

自从实行"书同文字"的政策以来,汉民族开始采用统一的语言书写形式,汉字能够贯通南北、贯穿古今,体现了汉语书面语的同一性。然而,我国地域广阔、方言众多,不同地区之间的口语分歧却很大,"十里不同音"的情况为数不少。方言之间除了语音差异之外,在词汇、语法层面也有距离,例如"洗澡"在北方话称"洗澡、抹澡",而南方则有"洗汤、洗身、洗浴"等说法。总之,汉语书面语具有高度同一性,不同区域的口语却具有地域分歧,这扩大了汉语口语和书面语的差异。

汉语口语和书面语的强分歧性,要求研究者对两者同样看重,不可厚此薄彼,互相替代。但口语研究较之书面语却大为匮乏。

二、汉语口语研究匮乏的原因

扬雄曾在在汉成帝的支持下,历经二十七年的全国性方言调查,做成《輶轩使者绝代语释别国方言》,对我国古代的口语研究做出了突出贡献,欧洲直至十八世纪才出现相关成果。但令人惋惜的是,在《方言》之后,除了晋代郭璞的《方言注》、元末周德清《中原音韵》系统描写14世纪北方口语语音等零散出现的成果外,我国古代口语研究缺乏系统性、传承性。究其原因,与以下因素不无关系。

(一)"重文轻语"的思想在相当长的时期内占统治地位

重视口语研究首先当注重口语表达。我国"百家争鸣"的春秋战国时期,属于卡尔·雅斯贝尔斯所论的"轴心时代"。诸子百家纵横捭阖,例如纵横家苏秦、张仪以出色的口才四处游说,"自荐"的"毛遂","以三寸不烂之舌,强于百万之师"。(《史记·平原君虞卿列传》)这些都成为口语表达的经典。

春秋战国的诸子百家对口语的重视程度不同。但对后世影响较大的儒道两家,却对口语表达有不同程度的消极认识。

老子主张"知者弗言,言者弗知"(《老子·五十六章》),"希言自然"(《老子·二十四章》),宣称:"圣人居无为之事,行不言之教。"(《老子·第二章》)

孔子主张"仁者爱人",但却又称"巧言令色,鲜矣仁!"(《论语·学而》)、"刚、毅、木、讷,近仁"。(《论语·子路》)

刘永凯(2001)将老子的语言观总结为"希言",将孔子的语言观总结为"慎言",两种观点都在不同程度上对口头语言表达起消极影响。而不重口语表达,又引发了对口语研究的忽视。

随着我国封建制度的完善,"罢黜百家、独尊儒术",开始了以古为师、崇尚经典的时代,鲜活的日常口语不登大雅之堂,口语的作用愈显消极,"言多语失""祸从口出"等成语,都是当时思想的体现。

(二)汉语口语研究的难度

第一,口语研究的难度较大,所有语言莫不如此。从现代看来,口语研究要历经长时期的调查、搜集语料,要发展出科学语音记录手段,并最好采用一定的录音工具(甚至是录像工具),这需要耗费大量的人力、物力及财力。

单从语料角度看,历经二十多年的发展,现代汉语的书面语料数量大、成果多,仅《人民日报》语料库就数以亿计,但口语语料却屈指可数。(关于汉语口语语料的建设情况,下一章中将作介绍)英语语料库同样如此,著名的BNC语料库书面语文本9000万词,口语文本1000万词,口语仅占语料总量的1/10。

在计算机技术不断发展,音频和视频存储技术发达的现代,口语研究尚且具有一定难度,何况没有录音工具,甚至连标音体系都不够完备的古代,口语研究难度更甚。录音设备的发明对语言学研究具有重要意义,它使人们首次能捕捉自然对话,并进行系统研究。

第二,汉语口语的内部差异,增加了口语的研究难度。汉语使用人口多,地域分布广,在长时间的历史更替中形成了复杂的方言分区,用"南腔北调"形容毫不为过,方言之间的差异甚至远超一些外语之间的差距。这种错综复杂的情况无疑增大了研究难度。

(三)政府支持力度的减弱

口语研究的难度比较大,需要耗费人力、物力、财力,还可能需要借助一些科学手段,单凭个人之力很难完成,实际调查或需要借助团队的力量,或需要一定的资金支持。

在扬雄之前,我国的周朝就有方言采集制度,君主通过方言调查来了解民情。"使考八方之风雅,通九州之异同,主海内之音韵,使人主居高堂知天下风俗也。"(常璩《华阳国志》卷十)此时的方言调查工作是受到政府支持的,但汉之后独尊儒术,方言调查逐渐衰微。隋之后,随着《切韵》等韵书的兴起,唐宋明清各有"官韵",但主要目的在于为全国各地的士子读书写诗正音,所正之音也为官方标准音而非方言。

总之,一方面,汉语的口语和书面语分歧大,极具研究价值;另一方面,在传统思想、研究难度等因素的影响下,古代汉语口语研究长期受到忽视,这无疑是一对矛盾。

实际上直到现当代,我国的口语研究相对于书面语仍比较落后,王力在《中国语言学史》中评价现代语言研究时就进行了自我批判,认为:"王(王力)、吕(吕叔湘)、高(高名凯)三家还有一个共同的缺点,就是过于重视书面语言,而忽视了有声语言。"[1]可见,汉语口语研究仍然任重道远。

---

[1] 王力.中国语言学史[M].太原:山西人民出版社,1981:185.

第三节　汉语口语词和书面语词的界定与分级

词汇是语言重要的建筑材料,因此篇章的语体特征很大程度体现在词汇中。

口语和书面语既相互区别,又交叉互现,它们呈现出连续统的状态。那么,口语词与书面语词之间,是否也呈现出连续统的状态?应如何对它们进行层次划分?这是本节主要讨论的问题。

一、口语词与书面语词的连续统

口语词指的是具有通俗风格、多在口语会话中出现的词语。以此类推,书面语词应当为具有典雅端庄风格、多在书面语中出现的词语。

张志毅(2005)曾从语体的角度,将标准语体中的词语分为书面语体与口语体,并在书面语体内部,按语言的应用领域作了进一步细分。其主要层次区分可总结成表2.2:

表2.2　张志毅词汇语体分类表

语体分类	语体小类	示例
书面语体(笔语体)	文学语体(含诗歌、戏剧、小说、散文等)	麦浪、心潮、翱翔、疾驰
	科技语体(含自然科学、社会科学、政论、工程技术等语体)	守恒性、变动性、系统性、控制论
	应用语体(含公文、日常应用文、法规等)	呈报、当否、报批、转发、审示
	一般书面语体	下榻、邂逅、造访、

续表

语体分类	语体小类	示例
口语体（含谈话、讲话、讨论等，这里侧重随便谈话体）		下巴颏儿（颏）、下半晌（下午）、下辈子（来世）、下生（出生）、虫牙（龋齿）、傻瓜相机（平视光学取景自动或半自动相机）

日本编写的《岩波中国语词典》(1963)将词汇的语体连续统分为十一级。

表2.3 《岩波中国语词典》的语体分级表

级别	语域	例词
上一级	广播、讲演等用语	不但、开始
上二级	文学作品等用语	阴暗、瞭望
上三级	学术等用语	圆周率、唯物史观
上四级	较常用的文言词	枝头、饰词
上五级	罕用的文言词	史册、牧(治)民
零级	普通词语	
下一级	北京口语	开火儿、反劲儿
下二级	北京土话	露怯、翻锅
下三级	特殊社会用语、隐语等	票友儿、口儿上
下四级	骂人话等	死王八皮、蠢个儿
下五级	流入北京的方言等	撒烂污、牙牙语

资料来源：张志毅.词汇语义学[M].北京：商务印书馆，2005.

这种分类法体现了口语词和书面语词的连续统状态，但仍有可待商榷之处：首先，学术用语、文学作品是根据语言领域做出的区分，而非纯粹的书面语与口语的区分问题；其次，下四级的"骂人话"也未必就是口语,例如古代含有轻蔑义的"竖子",在今日看来仍是典型的书面语词。

二、口语词与书面语词的五级区分

结合口语和书面语的区分方法,笔者将词语从语体上分为五种类型:典型书面语词、一般书面语词、书口通用语词、一般口语词以及典型口语词。具体如下图所示:

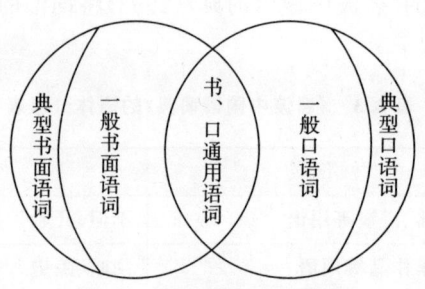

图 2.6　词汇的语体分级图

图 2.6 的中心为书、口通用语词(简称通用语词),如"的""你""人""一"等词语。① 从历史上看,它们历史悠久,自古有之;从现时情况看它们在口语和书面语中均较为常用。曹炜、龚穗丰(2003)对《汉语水平词汇等级大纲》中的 3051 个常用词进行调查,其中 1033 个最常用词有 175 个在隋唐至宋元已出现,2018 个一般常用词中有 351 个在隋唐至宋元已出现。徐时仪(2007)认为,汉语白话发展至宋元,现代汉语沿用的常用词已占现代汉语常用词的 62%。

该图右侧为典型的口语词,指的是现代汉语中具有通俗风格、多在日常会话中使用的词汇。

从色彩上看,口语词通俗形象,而书面语词则庄重正式。例如

---

① 笔者在第三章中将基于语料对这一问题进行论证。

"虫牙"与"龋齿"。"虫牙"是口语词,其形象生动地描绘了牙齿像被虫子咬过的瓜果一样,形成一个空洞的样子;而"龋齿"中的"龋"字形复杂,给人正式、专业之感。

"多在日常会话中使用",主要指口语词的使用场合大体限于日常会话,在典型书面语中的使用频率不高。如民间称呼"彗星"为"扫帚星",但"扫帚星"一词在科学论文、新闻报道等书面出版物中的比例就较低。在北京大学的"现代汉语语料"(该语料主要采集自书面语,口语仅占总数的万分之四①)中,"彗星"一词出现了938次,"扫帚星"仅出现66次,且主要使用的为"扫帚星"的引申义(表不祥的人,如"你妈一进顾家门,我就看她像个'扫帚星'"),而非本义。

口语词可分为两级:一为一般的、非正式的口语词,另一为典型的、较为俚俗的口语词。越是俚俗的口语词,使用场合越不正式,在平衡语料中的总体使用频率越低。此外,有些俚俗的口语词往往有方言来源,甚至还带有一定的方言陪义。例如"爸爸"与"爹"两个词语在《现汉》中均有〈口〉标记,但"爸爸"为一般口语词,"爹"应为俚俗口语词,其原因在于:

首先,"爸爸"常在口语中使用,可以作为父亲的称呼,也兼用于书面语中,例如"我的爸爸"是学生作文中常见的题目。

而"爹"则带有一定的俚俗色彩,一般只在口语中使用。例如"曹县长说:'我不是你爹,你爹在那儿牵着毛驴呢!'"②在书面语中使用俚俗口语词,主要有两种情况:一是转述他人的话,二是作者的创作风格偏向口语。

---

① CCL 现代汉语语料共有 6 亿多字节(632428846),其中口语为 259800 字节。

② 例句来自于国家语委语料库:http://124.207.106.21:8080/QRslt.srf。

其次,从常用度看,"爸爸"在国家语委语料库中出现的频次为1069,"爹"则出现了476次。从图2.6看,词语的语体越是偏向中心,适用范围越广,使用频率也越高,而越是偏向两侧则反之。例如书、口通用语词由于通行于书口之中,使用频率很高。

图2.6左侧为现代汉语书面语词,即在现代汉语中具有典雅正式色彩、一般在书面语中使用的词汇,它们在日常会话中出现的频率不高。如"演义""怙恃""勤王"等,都是《现代汉语词典》标记的书面语词。

书面语词也可分为两级:一是一般的、正式书面语词,另一类是具有典雅色彩、典型的书面语词。

一般书面语词有但不限于以下两类,冯胜利(2006)提出的"嵌偶单音词"与"合偶双音词"。嵌偶单音词继承自古代文言文,需要与另一个单音词合用,例如"友""访""校"等。合偶双音词出自现代汉语书面语系统,必须和两个或两个以上的音节合用,例如"无法""进行""禁止"等。

典型的书面语词语体色彩比较典雅,不少为古语词,或是古代的语素(或词)保留于现代汉语的一些特定结构中,在《现代汉语词典》中一般标为〈书〉或〈古〉。

当然,笔者认为,口语词很少在典型书面语中出现,或是书面语词很少在日常会话中出现,并不代表其出现频率为零。蒋绍愚(2001)认为:"书面语也有正式的、庄重的和非正式的、通俗的两类,前一类书面语一般不采用口语词汇,后一类书面语采用口语词汇,有时还有意地使用口语词汇。还有一些特殊类型的作品(如审讯、谈判的记录)忠实地记录口语,当然用的都是口语词汇。"[1]语言的实际使用情况更为复杂,如老舍、赵树理等人的作品,就以口

---

[1] 蒋绍愚.近代汉语研究概况[M].北京:北京大学出版社,2001:223.

语色彩自成风格,因此会有意识地采用一些口语词汇。

此外,应当注意的是,实际的词汇系统中,并非每个概念义都能从语体上做出五级区分,以"蛋白"为例:

蛋清儿 —— (缺) —— 蛋白 —— (缺) —— (缺)
(典型口语词)(一般口语词)(书口通用词)(一般书面语词)(典型书面语词)

图2.7 同一概念义语体五级区分图

如上所示,在现代汉语普通话中,"鸟卵中透明的胶质物质,包在蛋黄周围,由蛋白质组成"[①]这一概念义只有两个对应词,"蛋白"与"蛋清儿",其中"蛋白"为书、口通用语词,而"蛋清儿"一般只在口语中出现,《现代汉语词典》对其作了〈口〉标记。词语语体的五级划分并不是针对某一概念义而设的,而是描绘整个词汇系统的语体状况。

第四节 汉语口语词和书面语词的竞争与差异

口语词和书面语词作为具有不同语体色彩的词汇,在音节、来源、变化上也存有较大的差异,本节将试图对此做简要分析。

一、汉语口语词与书面语词的竞争

口语词与书面语词作为两大不同的词汇系统,互有分工。书面语词典雅端庄、精雕细琢,主要在书面语中出现,而口语词通俗、生动,主要用于日常口语。但这种分工却并非截然对立,它们能互相转化,甚至互相竞争。

文人雅士原先对口语词是排斥的,但随着口语词的使用范围

---

① 中国社会科学院语言研究所词典编辑室.现代汉语词典[M].北京:商务印书馆,2005:269.

越来越广,人们开始将其收入通俗的书面语作品中,随着这些词语在书面语中被越来越广泛地使用,它们逐步进入了书面语系统。

李如龙(2004)曾考查了"食"和"吃"的出现频率,发现在"用嘴咀嚼食物并咽下去"这一概念义中,从上古至中古用的均为"食","吃"表示这一语义最早见于东汉贾谊《新书·耳痹》,其后逐步流传。尽管在唐代仍被认为过于鄙俗,但到了五代,"吃"在文献中的出现频率就开始超过"食",到了明清更是直接占了上风。

徐时仪(2007)认为,常用词更替的历史是秦汉以来白话词汇取代文言词汇的历史。例如从"书"到"写",从"毕"到"完",从"履"到"鞋",从"窃"到"偷",这些常用词的竞争与更替无不反映了这一变化。

口语词与书面语词还在文学系统中相互竞争。汉语的文白差异在商周时期就已出现,之后随着文人雅士阶层对书面语的不断加工,其分化愈加显著。罗杰瑞(1995)认为唐代之前就少有完全是白话的文献。吕叔湘(1992)认为到了晚唐五代才有口语成分占上风的文字出现。从唐变文、禅宗"语录",到宋代的话本,再到元杂剧、明代的白话唱词,清代的小说,偏向口语的"俗文学"逐渐占了上风。一直到现代的白话文运动,文言文在书面语中的地位终于被完全动摇。

二、现代汉语口语词与书面语词差异分析

(一)音节差异

现代汉语的单音节与双音节经过历时几千年的竞争与发展,形成了如今双音节词占绝对优势的局面。那么,典型的口语词与书面语词中哪种音节占优势?再推而广之,口语语篇与书面语篇中,单双音节在总量上何者占优?

第一个问题已有一些结论。曹炜(2003)曾以1983版《现汉》

所标注的802个口语词和3000多个书面语词作为基础研究对象,分析了两类词汇的差异:从音节结构看来,口语词中的双音节词占绝对优势;书面语词中的单音节词数量尽管仍然比双音节词少,但却比较接近;口语词中,多音节词的数量明显高于书面语。笔者将其统计数据合并整理为表2.4:

表2.4 汉语口语词与书面语词音节数表

音节数	单音节		双音节		多音节	
词类	口语词	书面语词	口语词	书面语词	口语词	书面语词
百分比	12.72%	41.98%	67.95%	57.24%	19.33%	0.78%

换言之,根据《现汉》的〈口〉、〈书〉标记词语看来,典型的口语词与书面语词均为双音节占优势,但书面语词中单音词(语素)所占的比重却高于口语词。

而在口语语篇与书面语篇中,冯胜利认为,汉语呈现出"越是典雅,用词越短"[①]态势,例如:汉语口语说"你们国家",但书面语用"贵国"两字即可;"一样"与"不一样"在典雅体里可分别用"异"和"同"代替。因而,在"口语里,话要上口则必双"[②]。

张永言(1982)认为,口语词汇多用单音节词,而对应的书面语词则多为双音词。例如口语中我们说"他在听歌呢",书面则可能用"他正在欣赏音乐"代替,当然两者的语义不完全对等。其认为这是因为"一般说来,双音节词的意义要狭窄一些,确定一些;在风格上双音节词'文'一些,单音节词'白'一些"[③]。持相同观点的还

---

① 冯胜利.论汉语书面正式语体的特征与教学[J].世界汉语教学,2006(4):100.
② 冯胜利.汉语书面用语初编[M].北京:北京语言大学出版社,2006:10.
③ 张永言.词汇学简论[M].武汉:华中工学院出版社.1982:100.

有李如龙(2007)等。

实际上,这两种观点都有理可循,因为书面语既讲求言简意赅,又讲求语义的精确。言简意赅使书面语越短越雅,甚至惜字如金(如从前的电报);而重视语义的精确,又要求书面语更多地使用双音词,双音复合词借助比单音词多出的一个语素,往往能增加所承载的语义信息,使所指更精确。

在实际使用中,单双音节还受到韵律的制约,例如"美丽的女人"不能说"美丽女"或"美女人",只能说"美女"。

多重规律相互较力的情形下,关于书面与口头表达中的单、双音节词在总量上哪个占优的问题,下一章将依靠语料进行分析判断。

(二)来源差异

英语的正式与非正式词汇具有不同的语言来源。Leech(1994)认为大部分正式英语的词汇来自于法语、拉丁语和希腊语,相反,非正式、更多用于口语的英语词汇,则有鲜明的盎格鲁—撒克逊语源。例如:

commence,continue,and conclude 〈正式〉
begin,keep(on/up),end 〈非正式〉

英语受到众多外来语的影响,语源复杂,正式与非正式词汇在语源上有所不同。而汉语的情况则需要具体探究。

1. 口语词来源

从语言来源上看,方言词是现代汉语口语词最大的宝库,关联最大的是北京话,因而一些研究如陈建民(1984)的口语研究材料就采自北京话。

笔者利用词典对比进行了一个小调查。由陈刚、宋孝才、张秀珍主编的《现代北京口语词典》(1997)共收录了现代北京口语词11053条,而《现汉》(2005版)为901条口语词添加了〈口〉标记,笔者抽取了《现汉》的前100条口语词(包括异形、同形词语)与《现代北京口语词典》进行关联,发现两者中有71条重复词目,重复率达到了70%以上,如"挨个儿""疤瘌眼儿""出份子""呲"等。这说明了大量的现代汉语口语词与北京话关系紧密。① 尽管口语词来自于北方话的词汇相对较多,但受到经济、媒体的影响,当代一些南方方言口语词如"打的""买单""炒鱿鱼"也逐渐进入了普通话词汇。此外,在南方方言中,吴方言与共同语的联系也较为紧密。

现代汉语口语词的第二个来源是近代的白话。口语中常用的三字格就多有通俗形象甚至诙谐的色彩,例如"拍马屁""敲竹杠"等。一般认为"拍马屁"在元代进入汉语,"敲竹杠"也不是现代产生的,其在《红楼梦》中就有记载,如第三十一回:"书玉笑道:'宝大人不要说笑话,我们来请你喝一杯就是了,决不敲竹杠的。'"又见第四十八回:"他的意思,派一个戏,借此叫我替他做些行头,敲我的竹杠,我回绝了。"②

现代汉语口语词的第三个来源,是现当代产生的具有口语色彩的新词新语。其中,例如有熟语,例如"开绿灯""交学费""大锅饭",它们多为三字格,通俗形象,常带有比喻义;再如近十几年出现的网络新词语,多带有通俗、随意的风格,有部分也通行于日常亲密体口语中,如"菜鸟""蛮拼的";此外,还有非口语词新产生的口语义项,例如第六版《现汉》在"牛"这一词目后新增口语义项"本领大,实力强",例如"牛人""他简直太牛了,赢了所有的比赛"。

2. 书面语词来源

相对而言,我国的书面语文字形式统一,使其能够贯通古今,

---

① 下文若无特殊说明,所采用的《现代汉语词典》数据均来自于第五版。
② 杨廷祥,袁长江,李静梅,等.古今俗语集成:第3卷[M].太原:山西人民出版社,1989:884.

自成体系。现代汉语书面语词主要来源有但不限于以下三类：

首先，相当部分的现代汉语书面语词传承自古代文言。先看单音词，冯胜利(2006)搜集了现代汉语中将近 240 个具有典雅语体色彩的单音词，并称之为嵌偶单音词，它们均传承自古代文言文，并融入了现代汉语。再看双音词，例如 2005 版《现汉》带〈书〉标记的"麾下""家世""祸端""羁绊""羁縻"等，在古典文献中均有迹可循。如"麾下"："缪公与麾下驰追之，不能得晋君，反为晋军所围。"(《史记·秦本纪》)

其次，现代汉语书面语词的另一个来源是现代汉语的自生系统。例如冯胜利(2006)所称的合偶双音词，就是现代白话文运动的产物，古汉语没有，口语中不用，也非外来语。譬如埋葬、损害、加以、阅读、伟大、光荣等等，在韵律上要求至少和两个(或两个以上的)音节搭配。

再次，外来词也是现代汉语书面语词的组成部分。其一是日语的回归词，也有称为"侨词"，它们在字形(或词形)上借自汉语，经过历史的发展又在近现代回归汉语并被赋予了新的语义，例如"生产""社会""经济""宪法"等词语。其二是五四之后的部分外语借词，其中相当一部分表示的是科学、政治等概念，具有比较鲜明的书面语特征，如"欧化""半机械化"等。

总之，现代汉语书面语词的来源是复杂的，在白话的基础上，杂糅了欧化、日语、古文以及自生成分，正如周作人在《中国新文学大系》中《散文一集》的导言中提到：

我也看到有些纯粹口语体的文章，在受过新式中学教育的学生手里写得很是细腻流丽，觉得有造成新文体的可能，使小说戏剧有一种新发展，但是在论文，——不，或者不如说小品文，不专说理叙事而以抒情分子为主的，有人称他为絮语过的那种散文上，我想必须有涩味与简单味，这才耐读，所以他的文词还得变化一点，以口语为基本,再加上欧化语,古文,方言等分子,杂糅调和,适宜地或吝啬地安排起来,有知识与趣味地两重地统制,才可以造出有雅致的俗语文来。

但这些杂糅的成分最终按照一定的语体原则,逐步有机融合,形成了现代汉语书面语。冯胜利(2013)认为融合原则包括提取原则、加工原则、耳准原则、配制原则等。

当然,口语词与书面语词的来源情况复杂,在历史发展进程中,同一个词语的语体色彩也可能发生转变,因此口语词与书面语词免不了其他来源。我们此处仅就主要来源进行分析。

(三)保留差异

语言总是处在不断变化中的,在语言发展过程中,有大量的词语淹没于历史的长河中。总体上看,书面语词因为文字的固化、共同语的约束,可通过一些存世的文献予以记录、保留;而口语词由于记录的困难,保留更为困难。

秦始皇统一中国后实行的"书同文字"政策,使汉语书面语具有比较统一的形式,我们通过典籍可以读懂大部分千年以前使用的词语。尽管有些古代的书面语词已逐渐消亡,但一旦描述到古代的义位,尤其是讲述历史时仍需使用,如"勤王";另一方面,还有部分古代文言词语保留于当代的结构中,如"学子"常用于"莘莘学子"里,"妍"保留于"春光明媚,百花争妍"中。

相比较而言,口语词的情况则不太乐观。由于古代并没有保存语音的介质,现今只能通过一些口语化的典籍来了解古代口语词的情况,大量的口语词已在历史发展的长河中消亡。

1. 前代口语词的保留与消亡

上古汉语、古汉语、中古汉语使用的口语词在一些作品中有零星的记录。笔者借助前人的研究,获取了不同朝代的实例,以探究部分口语词的变化。

(1)先秦

语气词是口语中的重要表达成分。以语气词为例,王力提到,"上古口语中的语气词全部都没有留传下来"[①],例如"乎""哉""也"以及"耶"等。

(2)唐宋

范朝康(2000)根据《三朝北盟会编》考证出一些宋代口语词,笔者将其放在当代语境下考察,发现除了个别词语外,大部分词语现今已不再使用,即使仍在使用的,也大多保留于各方言中,且语义已发生了转变。

表 2.5　个别宋代口语词的保留情况

宋代口语词	宋代口语语义	当代各方言已保留但含义不同	当代普通话保留情况
不成	难道,语气副词	中原官话(动词,表示不长)、吴语(动词,表示不会)	保留
不消	不须、不必		保留
此段	这样、这些	无	无
斗作	怂恿	1. 官话、闽语、广东汕头(戏耍、玩弄) 2. 闽语、台湾。(帮忙)	无
惹笔	连笔	无	无
脱空	不老实、弄虚作假	吴语(有八种不同的义项,如表示失去钱物、凭空等不同意思)	无

---

① 王力.汉语史稿[M].北京:科学出版社,1958:458.

续表

宋代口语词	宋代口语语义	当代各方言已保留但含义不同	当代普通话保留情况
上畔	上边,上级、上司	无	无
头项	"支"(表示军队的量词)	冀鲁官话(指明职业、工作)	无

注:表格中词语的方言保留情况来自许宝华,[日]宫田一郎.汉语方言大词典[M].北京:中华书局,1999.

(3)元代

秦崇海(2001)调查了元杂剧中保留的元代中原口语词,例如(括号内为当时的语义):

意思(心意,敬意)、截(购买布匹)、蔓菁(一种油菜)、带(牵拉牲口)、谢(指粥烧得稀或变稀)、干家(勤劳持家、把家)、看(副词,恰好、正好)、干折(以钱代物送礼)。

以上词语除了"意思"(心意,敬意)、"截"(购买布匹)外,其余词形或语义在现代汉语普通话中已不再保留。

(4)清末

张美兰(2007)列举了《语言自迩集》中使用的清末北京话口语词,笔者摘取部分,如下所示:

派势儿(派头、气派)、实诚(实在的、可信赖的)、打鸣儿(啼叫)、死肉(死了的肉,没有活劲儿的人)、扎挣(努力使自己撑住)、老背晦(老得是非颠倒、走向黑暗)、布(分发、分配)、淘气(蠢事傻话,调皮捣蛋,情绪高涨)、可(形容词,全部、满)、齐截(平整匀称,就像刀切的似的)、阿哥(哥哥)、产业(财产)、刻搜(搅扰;使烦恼)、哈什马(蛙干)、颠顶(拖拖拉拉,优柔寡断)、打嘎儿(玩球)。

清末的北京口语词在这100多年间已发生了较大的变化。陈刚(1997)编著的《现代北京口语词典》作为新近出版、规模较大的口语词典,收录了当代北京话词语 11053 条,能比较全面地反映北京话词语的使用面貌。笔者查询了这些口语词在《现代北京口语词典》中的收录情况。

词典收录的词语有 9 个:打鸣儿、扎挣、实诚、老背晦、布(分发、分配)、淘气、可(全部、满)、齐截、阿哥。

词典未收录的词语有 7 个:派势儿、死肉(但是保留了"死肉瓜子")、产业(财产)、刻搜(搅扰;使烦恼)、哈什马(蛙干)、颠顶(拖拖拉拉,优柔寡断)、打嘎儿(玩球)。

有 1 个进入了已进入民族共同语系统:实诚、淘气。

将近一半的词语未收录进当代北京话词典中,可在一定程度上说明百年间北京话词语的较大演变。

由以上各朝代口语词的例子看来,各朝代口语词已发生了较大的变化:

首先,从现今的普通话看来,除了清末的北京话口语词"实诚""淘气""打鸣儿",以及元杂剧中的口语词"意思"等词语外,大部分口语词已不再使用。

其次,即使该词形仍在使用,其语义也与从前的口语语义大不相同,如元代口语词"带"(指牵拉牲口)、"谢"(指粥烧得稀或变稀)等语义已不再使用。

即使是散见于典籍中的、有迹可循的古代口语词,在现代汉语中尚且多不再使用,何况更多未通过的典籍保留的口语词,更发生了巨大的演变。

2. 民族共同语转变带来的口语词变化

现代汉代民族共同语具有漫长的历史形成期。这一共同语在春秋时期称为"雅言",汉代之后称为"通语",明代为"官话",民国时期又作"国语"。共同语通常是政治、经济或文化中心的基础方言,或是依据基础方言形成的。某些口语词原先为某一地域(或民族)的方言词,但随着该地域、民族的发展,此地区逐渐成为政治、经济中心,或该民族掌握了一定的统治权,这些区域性的口语词就逐步进入了共同语系统,成为共同语口语词。

从先秦到北宋,我国的政治、文化中心集中在黄河中游的中原地区,到了宋朝才逐渐东移,元代以来则稳定在了北京。政治、文化中心的地域转移,带来了基础方言的差异,可导致民族共同语的时代差别。例如明朝政府修订《洪武正韵》,以宋朝的中原雅音为正,以南京一带的方言为基础方言,形成了明朝的官话,即现今所说的下江官话(江淮官话)。清末的汉语课本《语言自迩集》之前的课本大多教授南京官话或地方方言,但编者发现当时政府官员说的、通行于各大都会的均为北京话,可见当时的共同语已发生了变化与转移。五四之后的"国语运动"又促使北京音最终成为标准音。

与之相反,书面语词固有的书写格式,使其不易受共同语转变而发生改变。当代受过一定教育的人士,仍能大致读懂千年前的典籍。正如钱乃荣提出的:"汉字意义的固定性,使中国保持的三千多年的灿烂文化遗产高度一致,中国人要看懂《史记》《汉书》是比较容易的。"[1]

(四)造词差异

造词法指的是构造新词的手段和方法。孙常叙在《汉语词汇》中认为造词方法不同于造词结构,但也有相关性:"造词结构是造词活动的结果,造词素材和方法是形成造词结构的语言原因。"[2]其将汉语造词法分为语音、语义和结构三类。任学良(1981)在《汉语造词法》将造词法和构词法进一步分离,列出了"词法学造词法"

---

[1] 钱乃荣.现代汉语研究论稿[M].上海:学林出版社,2006:24.
[2] 孙常叙.汉语词汇:重排本[M].北京:商务印书馆,2006:83.

"句法学造词法""修辞学造词法""语音学造词法"以及"综合式造词法"五类造词法。李如龙(2002)提出了"音义相生""语素合成""语法类推""修辞转化"四类汉语词汇的衍生方式。

总体看来,汉语造词综合了语音、语义、语法、修辞等多种手段。而立足于语音的汉语口语与借助于文字的汉语书面语,在造词上也有所不同。

1. 口语造词

总体看来口语造词主要具有如下特点:

第一,口语以声音为传播媒介,因此语音造词是口语词的重要生成手段。任学良(1981)称之为"语音学造词法",认为"这种词的词素只表音,不表义;汉字仅仅作音符"①,这种基于语音造出的词语,有如下类别:

(1)拟声词:通过模拟事物的声音进行造词的方法。其中既有拟声命名,也有单纯拟声词。拟声命名的如精卫、布谷、乒乓等,单纯拟声词如嘎吱、哗啦、呼呼、噼里啪啦、滴里嘟噜。

(2)双声词:辘轳、伶俐、唐突、忐忑、含糊、拖沓、吩咐。

(3)叠韵词:嘟噜、轱辘、老道、耷拉、糊涂、啰唆。

(4)合音词:甭(不用)、叵(不可)。

(5)切脚词:呼噜。

(6)纯音译的外来词:汉语对外来词有音译、义译、音译加义译等多种引入形式,其中纯音译的外来词主要借助于语音造词,例如沙发、吉普、马克思、赛因思等。

第二,修辞转化在口语造词中多有体现,尤以三音节口语词多见。

修辞造词指利用修辞手段创造新词的方法。和语素合成不

---

① 任学良.汉语造词法[M].北京:中国社会科学出版社,1981:238.

同,这类词语的语义往往不是语素的相加,而是发生了一定的转变。例如"龙眼"(一种水果)、"佛手"(一种植物)、"大团结"(钞票)、"橄榄绿"(军装),均不表示直接的字面义。

周荐(2004)认为三字格具有一定的通俗色彩,这使三字格口语词在数量上多于书面语词。《现汉》对口语词作了〈口〉标记,对书面语词作了书标记,笔者统计了《现汉》带〈口〉标记的三字格就有135个,其往往借助于词语的形象色彩进行造词,词语常发生语义的转移。例如"背黑锅""狗腿子""拍马屁""阎王账""夜猫子""扫帚星"等。

反之《现汉》所收的三字格书面语词只有"逋逃薮""不贰过""大概言""换言之""乐陶陶""无聊赖""烟霞癖""一头沉""犹之乎""俎上肉"10个。① 除了虚义的"换言之""犹之乎"外,具有实义的其他词语大部分产生时间较早,且往往与典故相关。例如"俎上肉"的典故出自《史记·项羽本纪》,"如今人方为刀俎,我为鱼肉";其后被人们用来比喻任人欺压蹂躏的人或国家,如《晋书·孔坦传》有云:"今由俎上肉,任人脍截耳。""不贰过"来自于《论语·雍也》:"有颜回者好学,不迁怒,不贰过。""逋逃薮"语本《书·武成》:"今商王受无道……为天下逋逃主、萃渊薮。"②

第三,语素合成作为最重要的造词手段,在口语造词中也有体现,但此类语素一般是口语中常用、通俗的,而不用文言用字、生僻字。从现代看来,口语词的语素一般有两类。

一是由口语语素构成口语词,如"绷"构成口语词"绷脸","镚"构成"镚子""钢镚儿",均基本保留了原先的语体色彩。

二是在书、口通用语素的基础上变单音节为双音节或多音节,

---

① 此为《现汉》1996版数据。
② 李修生、朱安群.四书五经辞典[M].北京:中国文联出版公司,1998.

此时的口语语素一般具有通俗色彩。如"视"比"看"书面语程度更高,因此由"视"构成的词(或短语)较之"看"也更为书面语化。试比较"轻视"与"轻看","俯视"与"向下看","仰视"与"向上看",前者多用于书面语,后者多出现于口语。

第四,语法类推形成的词缀,也是口语造词的重要手段。

上古汉语的词缀较少,汉唐之后发展较快,例如汉代的词缀"阿"、唐代的"老",以及中古汉语越来越多出现的词缀"子、儿、头",均成为口语词的重要构词成分。

近现代的词缀均与日俱增,并产生出多种类型。例如,元代具有形象色彩的后缀构成的词语,如"骨碌碌""滴溜溜";现当代常见的中缀构成的词语,如"吊儿郎当""黑不溜秋"等。

2. 书面语造词

音义相生是上古单音词的主要造词方式。汉以后双音合成词大量产生,语素合成开始成为造词的主要手段。

(1)语素合成

书面语主要以文字为传播媒介,而汉字较强的表意性使其在造词上着眼于义,因此语素合成便成了书面语造词的最重要手段。李如龙(2007)认为,由于汉字的作用,书面语造词往往在字义上下功夫,往粗里合或者往细里分。例如"大"这一语义,可分化为:博大、高大、浩大、宽大、庞大、强大、盛大、远大、重大、壮大等。具体看来,主要依赖于语素合成的书面语造词,具有如下特点:

首先,书面语词的构成语素一般具有比较浓厚的书面语特征。如书面语素"褊"构成了书面语词"褊急""褊狭","鹄〈书〉"构成了"鹄立〈书〉""鹄望〈书〉",就保留了原有的语义色彩。再如"乳汁"与"奶水",前者是书面语词,构成语素的书面语色彩较浓,而后者是口语词,语素的口语色彩比较突出。

其次,书面语造词可对口语造词进行语素加工。现代书面语对口语词进行语素提取、加工,形成了新的词语,如"蝴蝶"是连绵词,在古代本只有一个语素,但现代"蝶泳""蝶衣"以及"彩蝶"则体现了书面语对其进行的加工;再如"奥林匹克"是音译词,但"申奥""奥运会""奥委会"以及"残奥会"却是书面语语素合成、再进而简缩的结果。

再次,口语造词的书写形式,仍受到书面语造词的影响。

汉语是讲究形、音、义结合的语言,因此即使是语音造词,进入书面语时也受到汉字的制约。例如,汉语的拟声词尽管是语音造词,但进入书面语时书写形式大多带有"口"字旁,具有了一定的表意性。再如,汉语的外来词有音译、义译、音译加义译等多种形式,即使是单纯音译的外来词,也具有一定的表意性。例如,对国家名的翻译"美利坚""法兰西""澳大利亚""加拿大",都具有比较美好的意义;再如"奥林匹克","匹""克"两个汉字,就与斗争、竞赛有一定的联系。

(2)修辞转化

修辞转化也用于书面语造词,和口语造词多借助词语的形象色彩不同,书面造词的修辞转化多借助于典故(这在上文提到的三字格的书语词中就有所体现),且这些典故距今有一定的年代差异。例如"割席"出于《世说新语·德行》,取自三国时管宁与华歆的故事,现在用来指与朋友绝交[①];再如成语"买椟还珠"(见于《韩非子》)、"刻舟求剑"(见于《吕氏春秋》),也用类似的造词机制。张铁文(1999)对《汉语成语考释词典》进行统计,发现在可确定年代的6593条成语中,有近半数产生自明代之前。

---

① 中国社会科学院语言研究所词典编辑室.现代汉语词典(2005版)[M].北京:商务印书馆,2005:459.

第五节　汉语口语词和书面语词的融合与转化

上文提到了汉语口语词与书面语词在音节、来源、变化以及造词法等方面的差异。口语词与书面语词作为两大不同的语体类型，在语言发展的历史进程中，竞争、分化。但同时，口语是书面语的源流，书面语也不断地从口语中汲取营养，以丰富自身的词汇系统：两者也互相融合，发生着交叉和转换。

一、口语词与书面语词的交叉

口语词与书面语词在实际的语言使用中，往往是互相交叉的，这具体表现在两个方面。

（一）语篇中口语词与书面语词的交叉

陈建民（1984）就提到口语和书面语词在日常运用中互相渗透的情况。自五四兴起新白话运动之后，书面语作品越发平实易懂，书、口通用的词汇数量也随之不断增加。例如老舍作品尽管为书面表达，但使用了不少的口语词；演讲尽管以声音传播，却使用了大量的书面语词。

实际上我国古代的书面典籍作品中也有大量的口语成分，例如《论语》中孔子的语录就多为口语。我国学界有先秦言文一致的说法[1]。汉魏以后才逐渐形成后来所说的文言，一种较为固定的书面语。化振红（2004）认为，口语成分进入书面语自东汉末年萌芽，到南北朝已经得到了相当程度的发展，当时的作品《洛阳伽蓝记》中就涌现出了大量的口语成分。

---

[1]　吕叔湘.文言与白话[M]//吕叔湘.吕叔湘语文论集.北京：商务印书馆，1983，57—76.

现代经过白话文运动以及推普,当代国人的书面语与口语之间使用词汇互相交叉的情况更为明显。陈平原提到:"尤其是中国大陆的文人学者,更多受陈独秀、胡适、鲁迅、周作人等五四新文化人影响,希望拆除我们/他们、文言/白话的藩篱,而拒绝刘师培、蔡元培兼及文言白话的主张,故所撰文章普遍比较直白、浅显、酣畅。反观台湾及香港的文化人,似乎更愿意在二者之间保留必要的缝隙。"①

(二)口语与书面语的同形异体(语体)现象

有些词语的不同义项具有不同的语体色彩。例如"黄"一词,表示颜色时并无显著的语体色彩,是书、口通用语词;但作为"事情失败或计划不能实现"解释时却为口语词。语义的差异赋予了同一词形不同的语体色彩。那么,是否存在书、口同形的词语?答案是肯定的。

笔者对《现汉》标"书""口"的词语进行了语料检索,发现在〈口〉标记词中,有六条词形同时包含口语和书面语义项。这又可分为有两种情况:

第一,同一词形分立条目,具体有:

【嘬】zuō〈口〉吮吸:小孩儿~奶|~柿子。

【嘬】chuài〈书〉咬;吃。另见 zuō。

【小子】xiǎozǐ〈书〉 名 ❶年幼的人:后生~。❷旧时长辈称晚辈;晚辈对尊长的自称:~识之!|~不敏。

【小子】xiǎo·zi〈口〉 名 ❶男孩子:大~|二~|小~|胖~。❷人(用于男性,含轻蔑意):这~真坏!|~!你敢骂人!

【批¹】pī〈书〉 ❶用手掌打:~颊(打嘴巴)。❷刮;削。

---

① 陈平原.徘徊在口语与书面语之间——当代中国的工作报告、专题演讲以及典礼致辞[C]//冯胜利.汉语书面语的历史与现状,北京:北京大学出版社,2013:9.

【批⁴】pī(～儿) 名〈口〉棉麻等未捻成线、绳时的细缕:线～儿｜麻～儿。

第二,一词多义,书、口义项同时存于一词:

【毙】bì ❶死(用于人时含贬义):～命｜击～｜牲畜倒～。❷〈口〉动枪毙:昨天～了一个抢劫杀人犯。❸〈书〉仆倒:多行不义必自～。

【聘】pìn ❶动聘请:～任｜～用｜～他当顾问。❷〈书〉聘问:报～｜～使往来。❸定亲:～礼。❹〈口〉动女子出嫁:出～｜～姑娘。

【荫】yìn ❶〈口〉形没有阳光;又凉又潮:南屋太～,这边坐吧。❷〈书〉荫庇。❸封建时代由于父祖有功而给予子孙入学或任官的权利。另见 yīn。

产生这一情况的原因在于词语不同义项的起源差异,随着时代的发展,它们之间产生了更大的分化:有些义项随时间的推演逐渐消亡;有些义项只保留于现今的成语、俗语中,成为书面语素;有些在现代书面语中很少使用,但却随着方言逐渐进入了民族共同语系统;另还有些成为常用义项,变为书、口通用语素。

以"聘"为例。从《说文》看,"问"是"聘"的本义,然而其作为婚嫁、聘请的义项在古代也已产生,如:①

订婚迎娶。《左传·成公十一年》:"声伯之母不聘。"《史记·陈丞相世家》:"乃假货币以聘,予酒肉之资以内妇。"

聘请。《孟子·万章上》:"伊尹耕于有莘之野,而乐尧舜之道焉。汤使人以币聘之。"《三国志·吴书·吴主传》:"招延俊秀,聘求名士。"

随着历史的演变,"聘"的本义"问"在当代逐渐消亡,一般只留存

---

① 以下"聘"各义项引自许威汉,陈秋祥.汉字古今义合解字典[M].上海:上海教育出版社,2002:676。

于古语词中,《现汉》给其书标记;"出嫁"义则主要保留于口语中,《现汉》作了〈口〉标记;后起的"聘请"义则最为常用,成为书、口通用语素。

"毙"的情况也类似。《说文》:"獘,顿仆也。从犬,敝声。"

段注:"人部曰:'仆者,顿也。'谓前覆也。人前仆若顿首然,故曰顿仆。""獘本因犬仆制字,假借为凡仆之称。俗又引申为利弊字,遂改其字作弊,训困也,恶也。"

现今"毙"(狗跌倒)的本义已不再使用,引申的"人跌倒"义只存在于"多行不义必自毙"里。口语中的杀死、枪毙义则出现较晚,如《聊斋志异·狼》:"以刀劈狼首,又三刀毙之。"①

同时,从共时的使用情况看,这些书面语单字格大多只作为构词语素使用,而口语义项不少既能单用,又能做成词语素。如"毙"的书面语"仆倒"义,现今只能用在"多行不义必自毙"上;口语义项"毙"则既可构词为"枪毙",又可以单说,如:"把这个人给我拉出去毙了。"

二、书面语、口语词汇的融合与转化

(一)书面语词融合、转化于口语中

1. 书面语词融合于口语中

从现今共时的层面看,书面语融合于口语的典型是保留于各地方言口语中的书面语词。这些词语在古代的某一阶段是常用词,由于方言(尤其是南方方言)比通语更多地保留了古代汉语的成分,在历史演变中尽管它们在共同语口语中不再使用,但却在方言口语中得以保存。例如闽方言中的"曝"(晒)、"目"(眼睛)、"卵"(蛋)、"涂"(泥土)等,这些词在现代汉语通语中都只作为语素保留在成语中,如"一曝十寒""目不转睛""杀鸡取卵""生灵涂炭"等。

---

① "毙"各义项引自许威汉,陈秋祥.汉字古今义合解字典[M].上海:上海教育出版社,2002:676.

再如福州话用"殆"表示糟糕,这与"殆"的本义(危险)很是接近,但普通话中"殆"就只作书面语素使用,如"知己知彼,百战不殆""殆尽"。因此方言也成为研究古代汉语的宝贵材料。

2. 书面语词进入口语

口语是鲜活而富有生命力的,它兼容并包,不断对用惯了的书面语词进行吸收,吸收途径主要有:

(1)官方文件借助政治宣传进入民间口语

例如新中国成立初期的"同志""封建""解放"等词语,通过大量的政治宣传,进入了人们的日常口语中。每年召开的"两会"产生了众多新概念、新思维以及由此带来的新词语,加之电视、报刊、网络以及广播等媒体的宣传,逐渐由庙堂之高进入了江湖之远。如"代表""和谐""中国梦""一带一路"等词语,尽管还不是口语词,但因为传媒的广泛宣传,在人们的日常口语中亦不少见。

(2)专业领域使用的、书面语色彩较强的词语,随着时代的发展逐渐产生了新的语义,进入民间口语

例如"红眼病""慢半拍""气管炎"(妻管严)。其中"红眼病"的本义属于医学专业词汇,指因急性出血性结膜炎而眼白发红,后经过修辞转化,意指羡慕别人有名或者有利而心怀忌妒的毛病;"慢半拍"原为音乐词汇,现比喻想法、言语或行动略显迟缓的人,例如"这人做事总是比别人慢半拍"。

(3)语文教科书使越来越多的新生代接受书面语词

我国古代受教育的程度很低,文盲率较高,文人雅士与普通民众使用的语言雅俗有别、迥然不同。随着我国扫盲运动的成功、九年义务教育的普及,普通民众教育程度越来越高,越来越多的典雅词语、书面语词逐渐步入了人们的口语之中。这一方面保持了口语鲜活、生动、通俗的特征;另一方面,又使口头表达更为精确、严谨。

(二)口语词向书面语词转化

一般情况下,越是古典的成分越显示出端庄典雅的色彩,相应地也就具有了书面语性质,因此一些在古代流传于口耳之间的说法,经过历史的演变,语体色彩发生了转化,成为不折不扣的现代汉语书面语词。

例如《论语》是语录体,主要记载孔子及其弟子的言行,虽经过一定的整编,仍能大致反映当年的口语面貌。如,子曰:"饱食终日,无所用心,难矣哉! 不有博弈者乎? 为之,犹贤乎已!"从现代汉语看来,"饱食终日""无所用心""博弈"都是典雅的书面语词,随时间推移,当时的口语体现今已有书面语色彩。

再如"小子"一词原指平民百姓,在古代汉语中是口语词,主要用于表示年幼的人,或是自我谦称及长辈称呼晚辈。如清朱彬《经传考证·尚书下》曰:"古人亲爱之词,率以幼稚称,周公称成王曰'小子同未在位',康叔曰'小子封'是也。"清刘大櫆《赠大夫闵公传》:"其于后生小子,直言训诲之无隐。"① 但在现今这种自我谦称,或是长辈称晚辈的称法,多作为古语词保留在书面语中,而现代汉语口语里的"小子"则主要用于表示男孩子,如"大胖小子"。

不仅在古汉语中如此,甚至一些清末的俗语在现今看来语体属性也较为正式。清代易本烺《常谭搜》(1864)曾对语汇作出"雅类""俗类"之分,其中俗类分出的"饱学""奔波""腐儒""喧哗""无恙""亲朋""疑团"等词语,不仅不俗,反而或多或少具有一些书面语色彩。② 尤其是"无恙"一词,《现汉》还赋予〈书〉标记,被归为书面语词。从前一句问候性质的"俗语",而今却只能在端庄典雅的

---

① 汉语大词典:第2卷(海外版)[M].香港:三联书店香港分店,上海:上海辞书出版社,1987:1588.

② 语料来自周荐.词语雅俗论——兼谈易本烺《常谭搜》的收条、分类等问题[C]//词汇学词典学研究.北京:商务印书馆,2004:386—401.

文体中出现,可见百年间汉语词汇多少发生了语体变化。

那么,口语词突破藩篱、进入书面语的主要渠道是什么?笔者认为主要有以下两个:

1. 古代口语化典籍对口语词的吸收

自文白分离以来,口语词和书面语词的壁垒越加分明。书面语极力追求典雅雕琢,排斥俚俗成分,但也不乏一些"异类",将意义明确、富于表现力的口语词吸收进书面语中。

佛教典籍是吸收口语词的重要力量。传道是宗教的重要任务,面对大多数文化水平不高的下层民众,如果在翻译的佛典中使用大量拗口的文言文,只会使普通民众对宗教产生距离感,因此汉译佛经,如康觉译《贤愚因缘经》、吉迦夜共昙曜译的《杂宝藏经》,都存有较多的口语成分。

隋唐是白话文发展的重要时期,越来越多的口语词进入了书面语之中。例如唐代的变文,原是做宣传佛经之用,后发展成讲史与民间故事,面向人民大众使之口语特征愈加明显;再如唐代出现了一些明白晓畅的白话诗,尤其是白居易在"新乐府运动"中提倡口语入诗,其每篇诗作都力求能让老妇人听懂。①

宋元是白话的进一步发展期。宋代的话本、语录(包括禅宗语录与理学家语录),宋金的戏曲、元杂剧,均出现了大量的口语词。

随着明清白话文的成熟,以及五四的新文化运动,白话文的地位终于得以确立,越来越多的口语词进入了书面语系统。

2. 现代五四以来的白话文逐渐接近口语

20世纪的新文化运动,确立了白话文在汉语书面语中的地位。胡适身体力行创作了白话诗集《尝试集》,并以"干不了,谢谢"

---

① 宋彭乘《墨客挥犀·卷三》:"白乐天每作诗,令一老妪解之。问曰:'解否?'妪曰解则录之,不解则又复易之。故唐末之诗近于鄙俚也。"

这样典型的口语表达来拍电报,都是书面语吸收口语词的表现。

近年来,甚至最讲究严谨、字斟句酌的政府文书、报告,也出现了口语化的特点。2008年胡锦涛主席提出的"不折腾",有媒体称之为"白话新风"[①]。再如近年来媒体流行的"打老虎",原先只有本义,经过习近平总书记的讲话之后,现今专指对贪腐违纪高官的惩处。这既体现了政府的亲民作风,也展示了口语植根广大人民生活的生命力。

口语是书面语的源泉,倘若书面语摒弃口语,仅从古文中寻找资料,吸取养分,自然只能故步自封,甚至逐渐僵死;反之,口语词却因其能迅速反映社会生活,而不断充实书面语,以促进书面语的繁荣与发展。

口语和书面语永远不可能完全一致,其根本性的原因在于两者传播介质的差异,但口语词和书面语词各有特点,各有利弊,也各有不同的表现力,因此它们将不断互相吸收,互相转化。

此外,除了口语与书面语词的互相转换外,还有相当一部分词汇从书面语或口语向书、口通用词汇靠拢,书面语或口语色彩逐渐消失。

例如,上文提到易本烺《常谭搜》(1864)一书中,属于"雅类"的"安排""草稿""得意""自然"等词,有些尽管在语义上有所变更,但书面语色彩已不够明显,逐渐成为书、口通用的词汇。[②]

总之,口语和书面语彼此区别,也相互竞争,互相补充:从源流上看,口语是源,书面语是流;从互动上看,口语参与者众多,能广阔、及时地反映社会生活,书面语中吸收口语成分,能增强其活力

---

① 王华."政府工作报告"口语化也是一种政绩.央视网[EB/OL].2008[2015-03-09].http://shiping.cctv.com/20090309/103905.shtml.

② 周荐.词语雅俗论——兼谈易本烺《常谭搜》的收条、分类等问题[C]//周荐.词汇学词典学研究.北京:商务印书馆,2004:386—401.

与广阔性；而书面语作为口语的加工提炼，更为规范、精当，更具科学性和艺术性，也能给口语以良好的影响。在二者并存的情况下必定相互渗透、充实，和谐共进。

第三章　基于语料库的语体词汇研究

上一章从理论角度、以定性研究的方法分析了口语和书面语的异同。本章则转入定量统计，借助一定规模的口语语料库，分析口语表达中的高频词、词类、音节数、用字等问题。运用计量统计、多维度及比较的语体分析方法，结合大量语料中反复重现的现象来确定特征，并将特征与某一语体进行相关分析，可以达到客观描述语言现象的目的。需要说明的是，本章主要力求于探讨口语及其他语料使用词语的基本特点，不以典型口语词为调查对象。

第一节　基于语料库的口语研究

一、基于语料库的语体研究

近年来，国外基于语料库的语体研究逐渐增加。Biber(1988, 1991)借助语料库分析了书面语与口语的语体差别，并倡导了多特征、多维度的研究方法。Baker(2006)认为基于语料库的语体研究具有减少研究者的偏颇、增加语篇的叠加效应、展示对抗性和进行三角印证等优点。

而在汉语语体研究方面，王德春(1996)、袁晖(1990)、李熙宗(2005)等从语体的类型、特征、功能等角度进行了详尽的研究。此外，对广播电视等传媒语体进行研究的有高歌东(2005)、李佐丰

(2007)等。

同时,近30年来基于汉语语料库的词汇研究日趋增多。[①] 但将语料库、语体和词汇三个变量相结合的却不多见,尤其是基于汉语口语语料库的词汇研究相对较少,仅有吕艳辉(2005)、王惠(2011)等,但缺乏语体间的比较。

现有研究可拓展之处主要体现在:其一是从范围上,在汉语学界将语料库计量统计、词汇与语体比较三个变量叠加的研究不足,而英语界这一研究却已成趋势;其二是对语体间的差异性、比较性研究不足,因为构成语体的变量较多,找到具有可比性的语料不易。

二、现代汉语口语语料的建设情况

(一)通用型口语语料库

1. 社科院"现代汉语口语语料库"[②]

其包含三个子库:北京地区现场即席话语语料库、汉语方言自然口语语料库、汉语自然口语语音标注库。

其中现代自然语音标准库包括:(1)旅馆预定口语语料:搜集了两小时的电话对话,对话人数在200人以上,在语料处理上作了韵律切分和句法标注,使用SAMPA-C标音、C-ToBI 2.0标韵律,并转写成汉字文本。(2)无限制的自然对话语料库,包括14.2小时的对话。

[①] 王惠.词义 词长 词频——《现代汉语词典》(第5版)多义词计量分析[J].中国语文,2009(2):120—130,191.侯敏.2010年度新词语解读[J].语言文字应用,2011(4):64—69.

[②] 本语料的介绍来自于冯志伟.中国语料库研究的历史与现状[J].Journal of Chinese Language and Computing,2002,12(1):56.

2. 北京语言大学"北京口语语料库"①

该语料库由对 20 世纪 80 年代的"北京口语调查"结果进行深加工制成。语料总数为 186 万字,精加工部分(即添加了词语切分、语音标注和话语标记部分)45 万字。

语料的被试是 374 名老北京人,且平衡了其性别、年龄、文化程度、职业和民族等社会特征,交谈的均为人们日常生活中所关注的家常事宜或当时的热门话题。

该调查规划仔细,抽取被试者合理,采集整理精细,是现代北京话研究的重要材料。同时语料可在网上查询。

3. 北方话基本词汇数据库

"北方话基本词汇数据库"(BJC)是专门性的词汇数据库,也是我国第一个存储基本词汇信息的数据库。它在我国的北方话地区展开了大规模的基本词汇调查工作,调查范围包括 2797 个普通话基本词,93 个北方话地区有代表性的方言点,每个普通话基本词都分别列出与之对应的方言词。其研究成果已集结成《普通话基础方言基本词汇集》出版。

(二)通用语料库的口语部分

1. 国家语委现代汉语语料库②

作为一个大型的通用的语料库,其选材有足够的时间跨度,语料抽样合理,分布均匀,比例适当,能够比较科学地反映现代汉语全貌。

语料由人文与社会科学、自然科学及综合 3 个大类约 40 个小

---

① 北京语言大学语言研究所."当代北京口语语料库"说明[EB/OL]. 2009[2009-5-30].http://www.blcu.edu.cn/yys/6_beijing/yuliao/shuoming.htm.

② 语料的介绍来自靳光瑾,肖航,富丽等.现代汉语语料库建设及深加工[J].语言文字应用,2005(2):111.

类组成,其中文学类语料数量最多,约有 3000 万字。

2. 北大 CCL 现代汉语语料①

北大 CCL 现代汉语语料共有 6 亿多字节(632428846),其中口语为 259800 字节,占总数的 4‰,比例极低。

3.《现代汉语频度词典》语料的口语部分②

北京语言大学《现代汉语频度词典》基于 182 万字次语料统计得出,其中口语语料 20 万字次,约占语料总量的 1/10,类型包括:日常生活口语材料、专题采录和随机采录的部分口语材料。

4."现代汉语研究语料库"的口语部分③

"现代汉语研究语料库"约 22000 万字,其中准口语材料 100 万字次。

总之,近几十年来,随着对汉语口语研究的关注,陆续出现了一些不同类型的口语相关语料库。但总体看来仍存在一些问题:第一,从总量上看,汉语口语语料库较之书面语或平衡语料比例极低,可谓沧海一粟;第二,语料公开程度不足,除北语的"北京口语语料库"部分公开、北方话口语调查出版了词汇集外,大部分的口语语料库尚未公开,很难实现语料共享;第三,部分语料规模相对较小,采集对象抽样性质不足;第四,部分口语语料库以北京话或北方话为调查对象,不受地域限制的普通话语料库仍然比较缺乏。

---

① 北京大学汉语语言学研究中心.北京大学 CCL 语料库系统(网络版).2003[2009-5-30].http://ccl.pku.edu.cn:8080/ccl_corpus/index.jsp.
② 语料的介绍来自黄昌宁、李娟子.语料库语言学[M].北京:商务印书馆,2002:71.
③ 语料的介绍来自黄昌宁、李娟子.语料库语言学[M].北京:商务印书馆,2002:71.

三、本研究的口语语料选取

(一)基本介绍

现有的口语语料库有些立足于方言或某一领域,与本研究目标仍有差距;而另一些未公开或尚未完全公开,不易获取完整资料。出于研究目的和自身的精力所限,笔者很难以一己之力建立一个具有一定规模的、典型的自然口语语料库。因此研究采取了折衷之法,即借力于传媒领域的口语语料进行分析。此外,本章四五节还将书面语料、新闻播报语料作对比。它们具有相同的传媒语场以及由此带来的类似的交际特征,但又因语旨、语式的差异存在着明显的不同甚至对立,可以帮助我们在比较中认识口语的特点。

本研究获得了"国家语言资源监测与研究中心有声媒体语言分中心"的支持,该中心根据研究要求对语料进行了抽取。研究用的所有口语类语料均来自于电视访谈节目,包括《实话实说》《鲁豫有约》《7日7频道》[①]以及《面对面》四个栏目,每个栏目约50万字,总数约200万字。

(二)语料的特点

1. 谈话体

四大节目中,《鲁豫有约》《面对面》和《实话实说》,均为典型的访谈节目,尽管主持人的问题可能有备而来,但是嘉宾大多只能现场发挥,因此这类节目的谈话相对开放且没有细致的书面文本可循,不同于有稿演讲和新闻播报,具有口语的实时性与交互性特征。另一个节目《7日7频道》,主持人表达相当口语化,且穿插大

---

① 由于语料收集原因,中心无2005年《7日7频道》语料。

量的实地采访,口语特征明显。

2. 相对规范化

中央电视台和北京电视台分别为国家和首都的大台,对主持人的普通话用词有着严格的要求,因此《实话实说》的主持人崔永元、和晶,《面对面》主持人王志,《7日7频道》的主持人李向显、王小宁①,均使用标准普通话。此外,《鲁豫有约》主持人陈鲁豫生长于北京,曾经在中央电视台主持过节目,使用的普通话标准、规范。

从访谈对象看来,这些访谈节目受众各异,访谈对象范围较广,他们的来源地、年龄、职业、受教育程度多样,口语的规范程度自然无法与主持人相比。但从受众接受的角度考虑,他们在访谈中一般使用汉语普通话。

3. 类型多样均衡

第一,节目的题材多样丰富,涉及政治、经济、文化、社会以及家庭等各个方面。

第二,受访者具有多样特点:首先,从具体职业上看,受访者包括工农商学兵、医生、从艺人员等。从职业地位上考察,他们中既有领导人物,更有平头百姓。其次,从来源地上看,受访者来自全国各地,尽管他们的普通话不可避免地受到自身方言的影响,但这正代表了现代汉语普通话的实际使用情况,现实生活中大多数人的普通话语音并不标准,词汇、语法也易受到方言与地域的影响,但却可互相理解与交流。最后,受访者的受教育程度多样,既有受教育程度很高的专家学者,也有文化水平一般的普通民众。

4. 鲜明的时代特色

本研究的语料主要来自2005年之后的访谈节目,具有鲜明的

---

① 本研究仅采用了2006、2007两年《7日7频道》的数据,当时《第7日》前主持人元元已不再主持该节目。

当代特色。

综上看来,尽管笔者的语料与家常口语略有不同,但仍能在一定程度上反映现代汉语口语的词汇使用情况。

第二节　口语访谈语料机器切分与人工干预

一、语料的分词情况与标注标准

语料的自动分词工作由国家语言资源监测与研究中心"有声媒体语言分中心"完成,中心对词类进行了自动标注。

语料的词类标记参考了北京大学计算语言学研究所的《北大语料库加工规范》[①]、教育部语言文字应用研究所提出的《信息处理用现代汉语词类标记集规范》[②]等标准。语料中出现的词类标记详见表3.1:

表3.1　自动分词词类标记表

序号	代码	名称	序号	代码	名称	序号	代码	名称
1	Ag	形语素	6	chr	插入语	11	h	前接成分
2	a	形容词	7	d	副词	12	k	后接成分
3	b	区别词	8	Dg	副语素	13	m	数词
4	Dg	副语素	9	e	叹词	14	n	普通名词
5	c	连词	10	f	方位词	15	nc	可用作机构名中心语的词语

---

① 俞士汶,段慧明,朱学锋,等.北大语料库加工规范:切分·词性标注·注音[J].汉语语言与计算机学报,2003(2):121—158.

② 教育部语言文字应用研究所计算语言学研究室.信息处理用现代汉语词类标记集规范[J].语言文字应用,2001(3):16—20.

续表

序号	代码	名称	序号	代码	名称	序号	代码	名称
16	Ng	名语素	23	p	介词	30	u	助词
17	nr	人名	24	q	量词	31	v	动词
18	ns	地名	25	r	代词	32	Vg	动语素
19	nt	机构团体	26	s	处所词	33	w	标点符号
20	ny	可用作地名中心语的词语	27	snr	汉族人的姓	34	x	非语素字
21	nz	其他专名	28	t	时间词	35	y	语气词
22	o	拟声词	29	Tg	时语素	36	z	状态词

二、语料的人工干预

由于所选语料为现代汉语,贴近时代,专业术语不多,因此机器分词的准确度较高,例如 2005 年 1 月 5 日的《鲁豫有约》中一段的自动分词结果:

"当时/t 发现/v 生病/v,/w 正/d 在/p 春节/t 晚会/n,/w 正在/d 排/v 小品/n,/w 那边/r 正/d 有/v 单位/n 的/u 事情/n,/w 这边/r 又/d 在/p 排/v 小品/n,/w ……"

此段自动分词没有错误,尤其是两个"正在",一个分,一个合,机器判断比较标准。

但是,自动分词也有其不足之处。为了提高研究的准确度,笔者对语料进行了人工干预。干预的内容主要有两项:一是修正词语的切分错误;二是修正词类标注的错误。下文列举了语料中出现的不同类型的错误。(所举例子前一句为原文,后一句为笔者修

订,修订处以下划线加粗表示。)主要有但不限于以下四类:

(一)语素组合多样性造成的错误

此为分词中最容易出现的错误。由于汉语的大部分语素具有多义性,当某一语素与前后语素都能成词时,就容易产生歧义。主要有:

1. 副词的错判

机器分词:很/d 有/v 激情/n 地/n **互/d 相爱/v** 着/u 。/w *

修订:很/d 有/v 激情/n 地/n **互相/d 爱/v** 着/u 。/w(《鲁豫有约》20050105)

2. 普通名词的错判

机器分词:延河/ns 水/n 、/w **小/a 米饭/n** 养育/v 了/u 中国/ns 未来/t 的/u 希望/v。/w *

修订:延河/ns 水/n 、/w **小米/n 饭/n** 养育/v 了/u 中国/ns 未来/t 的/u 希望/v。/w(《鲁豫有约》20050110)

3. 时间词的错判

机器分词:哪个/r 大夫/n 也/d 不/d 能/v 说/v 你/r **将/d 来/v** 能/v 恢复/v 到/v 什么/r 样子/n 。/w*

修订:哪个/r 大夫/n 也/d 不/d 能/v 说/v 你/r **将来/t** 能/v 恢复/v 到/v 什么/r 样子/n 。/w(《鲁豫有约》20050112)

4. 形容词的错判

机器分词:大概/d 第三/m 天/q 吧/y,/w 我/r 也/d 忘/v 了/y,/w 什么/r 都/d **记不清/v 楚/Ag** 了/y,/w 带/v 我们/r 去/v 南海/ns 公园/ny 祭拜/v 一下/m 。/w *

修订:大概/d 第三/m 天/q 吧/y,/w 我/r 也/d 忘/v

了/y,/w 什么/r 都/d **记/v 不/d 清楚/a**了/y,/w 带/v 我们/r 去/v 南海/ns 公园/ny 祭拜/v 一下/m 。/w(《鲁豫有约》20050118)

5. 动词的错判

机器分词:在/p 阳光/n 照射/v **下放/v** 着/u 光/n,/w 煞/v 是/v 好看/a 。/w *

修订:在/p 阳光/n 照射/v **下/f 放/v** 着/u 光/n,/w 煞/v 是/v 好看/a 。/w(《面对面》20060108)

6. 数词的错判

机器分词:

家人/n :/w **一/m 万一/n 千/m**元/q 。/w *

修订:

家人/n :/w **一/m 万/m 一/m 千/m**元/q 。/w (《鲁豫有约》20050112)

7. 副词的错判

机器分词:我/r 就/d 站在/v 那个/r 镜子/n 前/f **特别/d 特别/a 特别/a 特别/a** 久/a。/w *

修订:我/r 就/d 站在/v 那个/r 镜子/n 前/f **特别/d 特别/d 特别/d 特别/d**久/a 。/w(《鲁豫有约》20050105)

8. 量词与名词的错判

机器分词:我/r 这/r **眼/q 泪/n**就/d 下来/v 了/y 。/w *

修订:我/r 这/r **眼泪/n**就/d 下来/v 了/y 。/w(《鲁豫有约》20050105)

9. 区别词与名词的错判

机器分词:构思/v 完/v,/w 有/v 两/m 个/q **方/b**

案/n,/w *

修订:构思/v 完/v,/w 有/v 两/m 个/q **方案/n**,/w (《鲁豫有约》20050106)

10. 非汉字语素的错判

机器分词:口/n 说/v broken/x **Eng/x lis/n h/x**,/w *

修订:口/n 说/v broken/x **English/x**,/w(《鲁豫有约》20060127)

11. 拟声词的错判

机器分词:敌机/n 飞/v 来/v 时/n 声音/n 很/d 大/a,/w **轰隆/o 隆/Ag** 的/u 。/w*

修订:敌机/n 飞/v 来/v 时/n 声音/n 很/d 大/a,/w **轰隆隆/o** 的/u。/w(《鲁豫有约》20050110)

(二)机器未识别专名

1. 人名

(1)切分错误

机器分词:我/r 说/v 赵/snr 昆/nr 我/r 爱/v 你/r,/w 说/v **惠/Ng 卷/v 和田/ns 田/n**,/w 就是/c 我/r 弟媳妇/n 还有/v 他们/r 的/u 孩子/n,/w *

修订:我/r 说/v 赵/snr 昆/nr 我/r 爱/v 你/r,/w 说/v **惠卷/nr 和/c 田田/nr**,/w 就是/c 我/r 弟媳妇/n 还有/v 他们/r 的/u 孩子/n,/w(《鲁豫有约》20050105)

(2)词类标记错误

机器分词:**高峰/n** 是/v 在/p 2000年/t 认识/n 的/u 。/w *

修订:**高/snr 峰/nr** 是/v 在/p 2000年/t 认识/n 的/u 。/w(《鲁豫有约》20050107)

2. 地名

机器分词:往/p 一/m 个/q 叫/v **滚/v 龙/n 沟/n** 的/u 地方/n 走/v *

修订:往/p 一/m 个/q 叫/v **滚龙沟/ns** 的/u 地方/n 走/v(《鲁豫有约》20050111)

3. 其他专名(如品牌名)

机器分词:**桑/Ng 塔/n 那/r** 车/q 都/d 卖/v 了/y 。/w *

修订:**桑塔那/nz** 车/q 都/d 卖/v 了/y 。/w (《鲁豫有约》20050106)

(三)错别字

由于语料的文字稿为人工整理而成,难免出现个别错误字:如"当您丈夫**签属**手术协议时",应为"签署";"前世不忘后世之事啊"(《面对面》2005年08月14日)应当为"前事不忘,后事之师"。此类错误的总量较少。

(四)不合本语料处理规则

由于语料来自于中国传媒大学有声媒体研究中心,因此笔者校对、处理具体细节时也遵循中心的处理方法,几处需要说明的项目包括①:

1. 残缺现象

"高不高兴""干不干净"这些表达的原形应是"高兴不高兴""干净不干净",但在言语中因省略造成了词语"残缺",这种情况的

---

① 本语料的处理规范由中国传媒大学有声媒体语料库提供,关于这一规范的论文《面向词语计量研究的汉语分词标注规范研究》,如有需要可与笔者联系获取。

处理方法是,在"高"后补一"兴"字,计为"高兴"一词如:高(兴)/a 不/d 高兴/a。本语料也出现了类似的情况,如:

机器分词:不/d 知道/v 你们/r **愿不愿意/v** *

人工修订后:不/d 知道/v 你们/r **愿(意)/v 不/d 愿意/v**
(《鲁豫有约》20050112)

2. 形容词 AABB 叠音处理

形容词重叠,无论是 AA 式、AABB 式、A 里 AB 式,各自作为单独词条处理。因此本语料的处理方式为:

机器分词:底下/f 穿/v 着/u **松松/nr 款款/n** 一/m 个/q 病号/n 服/v。/w *

修订后:底下/f 穿/v 着/u **松松款款/a** 一/m 个/q 病号/n 服/v 。/w(《鲁豫有约》20050105)

机器分词:公家/n 孩子/n ,/w **白白/d 嫩/a 嫩/a** 啊/y !/w*

修订后:公家/n 孩子/n,/w **白白嫩嫩/a** 啊/y !/w(《鲁豫有约》20050110)

笔者对口语语料进行了各类人工干预。受个人研究精力所限,难免疏漏,但基于自动分词技术的成熟,同时现代汉语语料自动分词难度不大,准确性相当高,这些疏漏对分析结果的影响并不大。

语料分析工具为 access 数据库软件,在其查询功能无法完成复杂计算时,以 ultra edit 的正则表达式作为补充。

第三节 口语访谈语料词汇特性分析

一、词频统计

经过机器分词、人工干预,语料的处理结果为:原 200 万字的熟语料,共分出词语和标点1509741条,扣除标点与非语素字后共产生1269090条词语(也称形符),31443条词种①(词种,即语料中出现的所有不同的词形,也可称为类符)。它们之中既有大量高频词,例如使用最多的"的"出现了67277次,也有10355条仅出现一次的超低频词,这些词出现的量的总和,尚且不及"的"出现次数的1/6。具体分析如下:

(一)高频词

1. 高频词列表

高频词是使用频率较高的词语。高频词总量不大,但在语料中具有高覆盖率(也称负荷量,lexical load),故而在实际交际中起到重要作用。例如下面一段话中,除去标点,总词量(形符)有166个,而最为高频的"的"就出现了10次,具有6.02%的覆盖率。

主持人:欢迎各位来《实话实说》。今天我们要跟各位分享一些大事小事,小事可能会来自于我们各位朋友的生活中间,在前面每个人都给我填了好消息与坏消息,在了解这些事之前,我要提醒各位,除了我们要关注这个事件本身之外,我们最关心的是你心里是怎么想的,你对这些事件的态度是怎么样的,你对别人的看法是如何的,希望你坦诚相见实话实说。跟往常一样,我介绍一下我身边两位重要的人物,记者王未。

王未:大家好。

主持人:好,我们来认识一下,我们今天的说客是海啸。真名叫齐含笑。来认识他一下。

海啸:大家好。

主持人:好,抓紧时间来看大家给我们留下的是什么好消息和

---

① 非语素字主要为特殊符号。

坏消息。王末我们先来看第一条。

王末:好消息是退休。

——《实话实说》20060710

经统计,口语访谈语料前 100 位高频词按照从多到少排序依次如下:

的 我 了 是 一 不 个 你 就 在
他 这 有 说 我们 也 都 人 这个 那
就是 时候 主持人 到 要 很 没有 什么 会 上
对 他们 去 给 好 来 呢 她 看 觉得
能 因为 种 把 自己 想 吗 还 多 做
做 跟 着 记者 和 那个 当时 但是 过 得
这样 啊 天 大 现在 没 两 王 吧 张
让 您 年 知道 怎么 次 钱 所以 它 可能
鲁豫 然后 以后 特别 可以 从 这么 三 你们 还是
很多 大家 十 最 非常 里 又 几 那么 家

从语体上看,语料的高频词主要为书面语与口语通用的常用词,如"的""我""一""是""了"及"不"等并无明显的语体色彩,在口语与书面语中均常用,尤其助词"的"在各类语料统计中一般均为最高频的词语。

从词类上看,前 10 位高频词均为虚词与代词;前 100 位高频词包含助词、代词、动词、副词、数量词、连词与介词等类型,既有虚词也有实词,但形容词与名词相对数量较少。频率最高的名词为"人"(排名第 18 位),最高频的形容词为"好"(35 位)。

从音节上,最高频词以单音词居多。前 10 位的高频词均为单音词,前 50 位的高频词有 39 个单音词,10 个双音词,一个三音词"主持人",以单音词为主。

为了更好地分析出本语料的特点,笔者将这一结果与平衡语料进行了对比。平衡语料主要以通用性、平衡性为标准,取材范围广且具代表性,尽可能全面地反映某一时期语言使用的情况。平衡语料数来自北京语言学院1986年出版的《频率词典》。这是我国第一部有着严格统计学意义的、反映断代汉语词汇状况的数据词典。《频率词典》前100位高频词种从多到少依次如下所示:

的 了 是 一 不 在 有 我 个 他
就 这 着 上 说 人 和 也 你
我们 到 大 里 来 都 还 把 去 又
看 要 很 能 十 小 那 得 她 好
年 他们 两 三 什么 从 没 二 出 自己
天 几 走 主义 用 中 到 国 起来 对
会 多 种 它 这样 时候 呢 一 向 而
只 家 四 做 五 没有 叫 才 工作 人民
想 第 次 象 给 同志 们 话 水 最
手 头 可以 打 吧 下 时 使 知道 出来

将本语料与《频率词典》比较可发现:词频越高,不同语料的用词重复率也越高;反之,随着词频的降低,不同语料的词语重复率也不断降低。这说明了最常用、最高频的词语在各类语体中的出现情况大同小异,它们是汉语词汇中最稳定、最不容易受到语体因素影响的部分。

表3.2 口语与平衡语料不同词频重复率表

高频词排序	前10位	前100位	前1000位	前5000位
重复数	8	67	567	2759
重复率	80%	67%	56.7%	55.18%

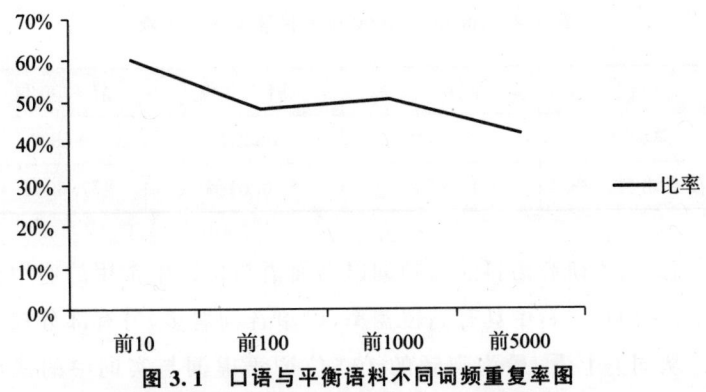

图 3.1　口语与平衡语料不同词频重复率图

2. 高频词覆盖率

高频词覆盖率指词语累计频次占形符总量的比例,前 10 位高频词的覆盖率经四舍五入如下表所示。经统计它们占语料词语总量的 20.62%,约为 1/5,均为高频的书、口通用语词。

表 3.3　前 10 位高频词覆盖率表

排序	1	2	3	4	5	6	7	8	9	10
高频词	的	我	了	是	一	不	个	你	就	在
频次	67277	37649	28792	27083	23207	17491	16304	16010	14499	13418
覆盖率	5.30%	2.97%	2.27%	2.13%	1.83%	1.38%	1.28%	1.26%	1.14%	1.06%

那么,前 100 位、500 位以及 1000 位的词种能覆盖语料用词的多少? 经过统计,得出不同位次词种覆盖率如下表所示。前 100 位高频词能覆盖 50% 的语料,前 500 位高频词能覆盖 70% 的语料,1000 位高频词则能覆盖将近 80% 的语料。

表 3.4　100、500、1000 位词种覆盖率情况表

位次	前 100 位	前 500 位	前 1000 位
总频次	630304	888526	984800
覆盖语料比率	49.67%	70.01%	77.60%

总之,本研究语料的高频词以书面语与口语中常用的通用词为主,它们在语料中具有高覆盖率,以单音词居多,另有部分双音词。从词类上看,最为高频的 100 位词语虚词与实词中的代词居多。

(二)超低频词

超低频词又称为一次性词、罕用词。在语料的 31443 个词种中,有 10355 个只出现了一次,占词种(类符)量的 1/3,占词形(形符)量的 8‰。超低频词种主要具有如下特征:

首先,从语体色彩看,其中不少词语风格通俗,具有口语色彩,有单音词如"屙",双音节词如"嘟噜",三音词"走后门""走着瞧",四音节及其以上的词语如"嘀嘀咕咕""赶鸭子上架""大树底下好乘凉"等。

其次,从语域(语言应用领域)上看,超低频词中存在不少描述专业领域、语域陪义很强的词汇,如工业语域的"铸件",外交语域的"总领馆",生化语域的"转基因",医学语域的"子宫癌"、"中枢神经"以及政治领域的"发改委"等。

再次,从音节上看,超低频词的音节分布从多到少为:双音词>多音词>单音词。双音词占优势是现代汉语词语的特点,值得注意的是超低频词种中多音节数量排名第 2,共 3981 个,占低频词种数的将近 40%。与高频词单音词>双音词>多音词的排名不同,超低频词的双音词多于单音词,这些多音节词主要由字母

词、地名、外国人名、机构团体名与其他专名等构成,如"菲亚特乌诺""中石油""中科大""费沃斯"及"法拉利"等。与高频单音节词一统天下的局面相比,超低频词呈现出音节数量多样,单音词数量少等特点。

最后,从对外汉语教学角度看,超低频词虽占了词种数量的1/3,但在语料中的覆盖率仅为8‰,说明此类词语数量虽多,但作用却有限,在教学中并非首要学习的内容。汉语作为第二语言学习者即使没有学习此类词语,对日常交际的影响也有限,教学顺序应当靠后。

二、词类分析

自动分词的切分结果过细不利于统计与比较,经过人工干预后,笔者将分词结果按大词类进行合并,结果见表3.5。它们涵盖了现代汉语所有的词类:

表3.5 口语访谈语料词类(大类)分布表

词类	名词 n	动词 v	形容词 a	区别词 b	代词 r	数词 m	量词 q
数量	311071	305860	53104	4331	162715	56517	47189
比例(%)	24.51	24.10	4.18	0.34	12.82	4.45	3.72

词类	副词 d	连词 c	介词 p	助词 u	语气词 y	叹词 e	拟声词 o	其他成分 (h/k/x)
数量	127837	32800	38716	94203	31867	716	406	1758
比例(%)	10.07	2.58	3.05	7.43	2.51	0.06	0.03	0.14

图3.2能比较直观地比较出各种词类的比例:

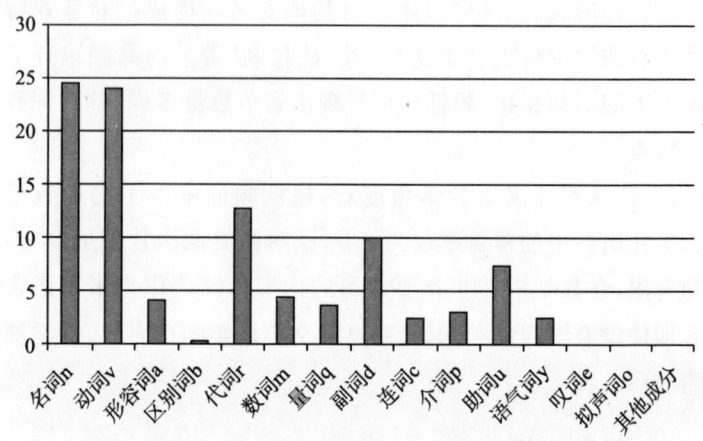

图 3.2　口语访谈语料词类(大类)分布图

从统计数据看来,首先,实词的使用频次高于虚词,名词和动词在语料中占了多数,为总数的近 50%,而后是代词、副词、助词、形容词等;使用频次最高的虚词为副词,约占总体使用频率的 10% 左右。

其次,语料有近 3% 的语气词、叹词、拟声词等,体现了语料的口语特征。其中常用语气词有"了""呢",常用叹词有"哦""哎呀",常用拟声词有"哗""啪"等。但这些词类在语料中的所占比例究竟是大是小,还需要与其他语料进行对比分析。

少数学者也进行了口语类语料的词类统计。王惠(2011)统计了新加坡日常华语 2550 条基本词汇的词类,张廷香(2010)统计了 3~6 岁儿童的汉语词汇(表 3.6 以 6 岁儿童统计结果为例),总体而言张廷香的结果与本研究更为接近。有显著差异的词类为名词,因为本研究的口语访谈节目中出现了一定量的专有名词,扩大了名词的总体比例,王惠的研究只统计 2550 条基本词汇,而非其语料库中出现的 1.4 万条词,故而两者在名词上差异较大。总体而言,所有研究均显示实词量多于虚词。

表 3.6 各类口语语料词类对比表

词类	新加坡华语 2550 条基本词汇(%)	6 岁汉语儿童词汇(%)	口语访谈语料
名词	9.9	16.36	24.51
动词	25.9	24.14	24.10
形容词（含区别词）	6.0	4.44	4.52
副词	14.3	10.96	10.07
代词	18.8	16.62	12.82
数词	2.7	3.57	4.45
量词	2.7	3.16	3.72
连词	3.0	1.88	2.58
介词	1.7	2.09	3.05
语气词	6.0	5.59	2.51
助词	7.6	4.01	7.43
叹词	0.6	5.86	0.06
拟声词		1.35	0.03
其他成分			0.14
合计	99.2	100.03	100

注：王惠并未说明总量未达到 100% 的原因，但笔者根据论文数据推测，原因可能为其仅统计 2550 条常用词的词类，但整个语料共出现 1.4 万条词，故而 2500 常用词的覆盖率略低于 100%。

三、音节分析

音节在英语语料库统计中一般计为词长，但音节分析是一种具有汉语特色的指标，它类似于英语中的词长却又不完全等同，因为双音化是汉语词汇发展的结果，音节发展又与语体的丰富存在着错综复杂的关系。

笔者对语料的音节分布作了两个层面的统计:其一是语料中出现的所有120多万条形符的音节分布,其二是3万多条类符(词种)的音节分布情况。结果如以下表3.7与表3.8所示:

表3.7 所有词语(形符)音节分布表

音节数	单音节	双音节	多音节
比率	57.08%	39.22%	3.69%

表3.8 词种(类符)音节分布表

音节数	单音节	双音节	多音节
比率	9.48%	65.19%	25.32%

按从大到小排序词语的音节分布情况为:

所有词种(形符):单音>双音>多音

词种(类符):双音>多音>单音

在语料中,双音节类符约为65%,占了明显优势;而从形符看,却是单音节词占优。究其原因还是汉语单双音节的不同分工所致:单音词绝对数量少于双音词,但高频常用,词种中9.4%的单音词中在语料中的覆盖率达到了57.08%,超过了双音词的39.22%;双音词在绝对数量占优,但词频不及单音词,故而在相对数量上少于单音词。

例如下面一段话中,一共出现了126个词语,其中单音词68个,双音词51个,另有7个多音词(含数字),单音词在总量(形符)上占优势;这些词语构成了83个词种,其中单音词种37个,双音词种41个,多音词5个,双音词在词种(类符)上占优。这就是汉语单双音节词汇的分工与合作。

我想问一下大家,一点都不知道这段音乐,从来都没有听过的人请举手。恭喜你们,如果你们从来没听过的话,说明你们特别年轻。是听到过这段音乐,很熟悉这的人,说明上了一点年纪的。不过我看现场大多数人,非常熟悉这段音乐,像我一样,在很小的时候,可能听过它。其实这首歌第一次唱遍大江南北,应该是在1980年。是来自于一场演唱会,那场演唱会据今已经过去25年了。不过至今想起来,还能带给我们很多特别温暖的很难忘的回忆。那场演唱会就是新星音乐会。

——《鲁豫有约》20050128

而在口语访谈语料中,多音节的词种(类符)居于双音词与单音词之间,占了25.32%,但词的使用频率很低,导致它在语料中的使用频率仅占3.69%。

语料中出现的三音节词语有相当部分为专业领域的词语,因此出现频率较低,其构成形式既有1+2,也有2+1,列举如下:

主持人 为什么 怎么样 有时候 比如说 怎么办 老百姓 差不多 对不起 一下子 小伙子 老太太 有意思

而四音节及其以上的词语则较为复杂,既有较为口语化的成分如"不好意思""实话实说",也有一些政治领域的内容如"社会主义""中华民族",但出现频率均较低,例如"社会主义"出现40次,"中华民族"出现30次。多音词列举如下:

实话实说 实实在在 不好意思 各种各样 社会主义 知识分子 中华民族 一模一样

四、用字分析

(一)字频分析

本语料共使用汉字1848742个,它们属于4128个汉字字种。其中前50位高频字如下表所示:

表 3.9 访谈语料前 50 位高频汉字表

排序	字目	排序	字目	排序	字目	排序	字目	排序	字目
1	的	11	人	21	到	31	以	41	子
2	我	12	们	22	大	32	好	42	年
3	是	13	在	23	上	33	家	43	看
4	一	14	你	24	也	34	能	44	什
5	了	15	他	25	后	35	多	45	对
6	个	16	说	26	得	36	还	46	候
7	这	17	来	27	都	37	会	47	持
8	不	18	那	28	为	38	去	48	过
9	有	19	么	29	没	39	主	49	可
10	就	20	时	30	要	40	很	50	样

由表3.9可见,这些高频字是汉语作为母语和第二语言学习者的入门汉字,具有如下特点:

第一,字形简单。前10位高频汉字以字形简单的独体字为主,仅有2个形声字"的""就"。

第二,笔画少。前10位高频字的平均笔画为5.9画,较为简单易学。

第三,这些汉字大多兼具单用性与能产性。例如前10位高频字均可单独成词,也可作为语素构词。

而前100位、500位与1000位的高频字在语料使用的1848742个汉字中的覆盖率如表3.10所示:

表 3.10 高频汉字覆盖率情况表

	前 100 位	前 500 位	前 1000 位
总量	1016138	1555035	1731647
比例	54.96%	84.11%	93.67%

高频汉字的覆盖能力很强：100 个汉字能覆盖 50% 以上的语料，1000 个汉字就达到 93% 以上的覆盖率。这也提示我们：抓住高频字重点教学是汉语教学的"捷径"。

此外，语料中还有 357 个只出现一次的低频汉字，使用频率仅占语料总量（1848742 个汉字）的万分之二，如：碴、橛、鬈、貂、蛟、屙、柘、氢、砢、曰等。它们多来自于地名、人名或者专业领域词（如"氢"），或是书面语词、文言词（如"曰"）。

(二) 用字常用度

如上文统计，200 万字的语料共使用了 4128 个汉字字种。笔者结合《现代汉语常用字表》(1988) 进行了用字常用度分析。《现代汉语常用字表》中常用字 2500 字（以下简称一级常用字），次常用字 1000 字，两类字统称为 3500 常用字。经过统计，本语料常用字的使用情况如表 3.11 所示：

表 3.11　访谈语料常用字使用情况表

	常用字	次常用字	总量
《常用字表》收字量	2500	1000	3500
语料出现数	2493	832	3325
占《常用字表》比率	99.92%	83.2%	95%

由表 3.11 可见，语料在用字常用度上呈现出如下特点：

第一，常用字在字种上占优势。语料中共出现了 3325 个常用字，占常用字总表的 95%，占语料字种量（4128 个）的 80.55%。其中，未在语料中出现的七个一级常用字为：啄、宙、妖、溉、蚕、艘、蓂。

第二，常用字在覆盖率上占优势。经过统计，语料使用的 2493 个一级常用字在语料中能覆盖 1820974 个字次，覆盖率为

98.50%。结合前文的数据,前 100 位高频常用汉字在语料中的覆盖率可达近 55%,前 500 位高频常用汉字的覆盖率可达 84%。反之,832 个次常用字与 803 个非常用汉字,仅覆盖语料用字量的 1.5%。具体如表 3.12 所示:

表 3.12 访谈语料常用字覆盖率表

用字频率	前 100 位	前 500 位	2493 个一级常用字
覆盖率	54.96%	84.11%	98.50%

第三,高频与低频字之间语体区分显著。现有研究在语体方面的分歧主要集中在语篇、词汇与语法方面,甚少关注汉字的语体色彩。汉字的表意性造就了其语体特征。语料统计中,高频汉字一般为书面语、口语通用的,如"的""是"等,而低频汉字则多为典型的语体字或是专业领域用字,如"屙""柘""氢"等。实际这一问题早在 1867 年就为英国人威妥玛所关注,威妥玛在《语言自迩集》第二章"部首"部分,将部首分为三组,分别为"口语的""古典的"和"已废弃不用的"。其中:

(1) 口语指那些在谈话时还经常当词用的。如:一二人入八刀力十卜又口土士大女自小寸尸山川工己巾干弓心

(2) 古典的指谈话中已不常见,但鉴于书本或著作中的那些。如:乙几匕夕弋无

(3) 已废弃不用的,是指那些除了用作部首索引而外已弃置不用的,虽说字典还给他们一个义项。如:丨、丿儿

由引例可见,第一类"口语的"既是构字能力强的部首,也可单作汉字,还可成词,具有口语或者通用语体性质;第二类"古典的"具有书面语体特征;第三类则不可成字组词,只作为部首使用。一般辞书与教材的语体区分主要集中在语篇、语法与词汇层面,对汉字以及汉字部首的语体研究至今仍然少见,但实际上汉字的表意

性造就了字的语体差异。

总体看来,本研究的口语访谈语料在使用词汇上呈现出如下特点:

1. 从词频上看,书、口通用的单音词绝对高频,且覆盖率高,前1000位的高频词种能覆盖近4/5的语料。

2. 从词类上看,动词、名词、代词与副词使用量位列前茅,实词使用的总量大于虚词。语料中出现了近3%的语气词、叹词、拟声词以及插入语等,体现了一定的口语特征。

3. 从音节上看,双音词在词种上占了优势,但在总量上却少于单音词,究其原因,在于单音词的高频常用,这体现了单双音节词在现代汉语口语中的分工与合作。

4. 用字上看,语料共用字种4128个,其有80%为常用字,常用字在字种与覆盖率上均占优势,2493个一级常用字的覆盖率达到98.50%。而口语中所使用的低频汉字语体色彩区别显著。

本研究的口语访谈语料弥补了以往词汇计量研究中以书面语为主的不足,也启发了对语体词的进一步思考与研究。口语访谈中,最为高频的词语并未显示出鲜明的口语特征,反而展示出书面语、口语通用性质,而超低频词则出现了较为显著的语体、语域特征,这对如何安排语体词的教学顺序有所启发。此外,单一讨论某一类语料的词汇使用没有意义,只有将口语、书面语以及其他具有可比性的语料进行比较,才能对不同语体的词汇使用情况有进一步的认识。

第四节　基于语料库的语体使用词汇对比分析(1)

一、对比语料的选取

国外相关研究中,Ure(1971),Poulisse & Bongaert(1994)表明

书面语篇与口语语篇在词汇变化性与词汇密度上存在较大的差异。此外,Biber(1988,1991)、胡显耀(2010)、桂诗春(2009)也曾利用更多因子来进行语体研究。因此建立语体区分指标,在封闭领域的不同语料中通过计量手段探讨指标与语体的关系,是一种较新的尝试。

因此,笔者借助于语料库技术,将汉语语体与词汇研究相结合,以传媒语场为常量,语旨和语式为变量,结合大量语料中反复出现的现象来确定其词汇使用特征,并将词汇特征与某一语体进行相关分析。这种定性研究可以减少研究者的感性偏误,并利用特征的叠加效应获得由定量到定性的结论。

如图 3.3 所示,本研究选取了有声媒体访谈节目、书面语语料作为比照对象,并辅之以新闻播报语料作为参照系,他们具有相同的传媒语场以及由此带来的类似的交际特征,但又因语旨、语式的差异存在着明显的不同甚至对立:

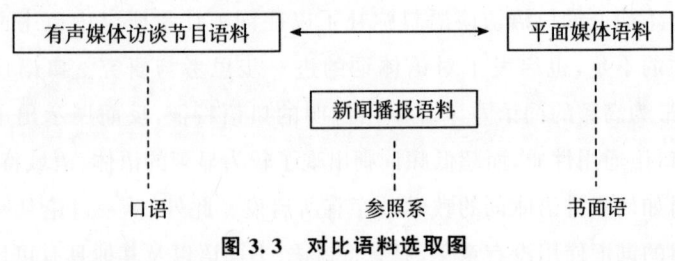

图 3.3 对比语料选取图

(1)电视访谈节目代表着传媒语场中最为口语化的一极。(2)平面媒体语料代表着书面语一极,书面语料数量为 215 万字,与访谈语料大致相当。语料来自于《人民日报》与《南方周末》[①],已经过自动分词、人工校对,其中自动分词的词类标注遵循《现代汉语

---

① 部分语料下载地址为 http://icl.pku.edu.cn/icl_groups/corpus/shengming.htm.特此致谢!

语料库加工——词语切分与词性标注规范》①。尽管这一标记体系与上文口语语料标记在小类上略有差异,但通过对词类进行大类整合,两类语料遵循相同的词类标记体系。(3)参照系为新闻播报语料,来自于中央电视台《新闻联播》。《新闻联播》与访谈节目同样以声音为传播媒介,但播报前的文字准备又赋予其严谨、正式的平面媒体特征,正式程度甚至高于一般的书面表达,同时新闻联播没有交互性。新闻联播语料总数为200万字,与有声媒体口语访谈语料一样来自于国家语言资源检测与研究中心"有声媒体语言分中心"。人工干预的基本方法同第二节访谈语料,此处不予赘述。

此外,从产生途径看,平面媒体作为有声媒体的报道"母体",是平面媒体的原型语用体式,这种关系使本研究更具有比照意义。因此三类语料在原型、产生途径、语体风格、表达形式、语式以及语域方面具有强烈的对比意义。

二、语体指标的选取

通过综合词汇学定量统计的常规手段、语体学以及语料库语言学的研究成果,笔者拟定两大比较体系共12项指标。选择这些指标分析的主要理由为:

根据胡显耀(2007,2010)、桂诗春(2009)等前人研究基础与先期研究,此类指标与语体可能存在较为紧密的关系。其中,Biber(1988/1991)运用了67个指标,但其中有些指标具有重复性,另一些指标在统计学上并不具有区分意义。

桂诗春(2009)将语体分析指标分为基本统计、语法特征与词

---

① 俞士汶,段慧明,朱学锋,等.北京大学现代汉语语料库基本加工规范[J].中文信息学报,2002,16(5):49—64.

汇特征分析,其中基本统计分析指标包括词频、词汇密度、平均词长、覆盖面、罕用词、句子长度、词类六个。胡显耀(2007,2010)立足于汉语翻译与原创语篇的比较,结合了 32 个特征,获得了两类因子:一类可以区分文学与非文学语料,一类可以区分翻译与原创语料。这 32 个特征包括类符形符比、平均词长、平均句长、平均段长、词汇密度、虚词比例、高频词前 10 位、一次性词、标点符号比例等,也包括词类以及"的""地""得"等语法虚词。

研究指标的拟定综合了词汇学、语体学以及语料库语言学的研究成果,还有我们的先期研究。因为有些指标主要立足于英语或翻译语料,未必适用于汉语原创语料;有些指标之间具有重复性;有些被证明与语体无显著联系。因此最终设计的指标为两类共 12 个,包括:

1. 基本特征指标 6 个:总词量(形符)、词种(类符)、高频词、低频词(一次性词)、词类、音节。

2. 语体区分指标 6 个,此类指标与语体之间具有可能联系。一般而言,口语使用词汇通俗、非正式、随意、变化少,书面语词汇使用典雅、正式、严谨、丰富(由于语义精确)。合偶双音词覆盖率指标为研究中的新尝试,如表 3.13 所示:

表 3.13　语体区分指标对应的语体特征表

	语体区分指标	对应语体特征
1	词汇变化性	丰富度
2	词汇密度	信息量
3	合偶双音词	正式度
4	高频词覆盖率	通俗度
5	超低频词覆盖率	复杂性
6	口语关联词类(语气词、叹词拟声词)	口语性

三、统计结果

(一)基本指标分析

经统计,各类语料的总词量均在 110 万~130 万之间,而词种(即语料中出现的不同词语)则差异较大,尤其书面语料,较之口语访谈语料词种多出近一倍。由表 3.14 可见,语料的类符数为书面语料＞新闻联播语料＞口语访谈语料,而形符数则是口语访谈语料＞书面语料＞新闻联播语料。类符数量并不随着形符数量增加而增加,两者并不呈现正相关关系,反而与语篇类型相关度较高。

表 3.14 三类语料的基本指标表

	口语访谈语料	新闻联播语料	书面语料
词种(类符)	31443	39825	63368
总词量(形符)	1269090	1138667	1162409

(二)高低频词

1. 语料高频词重复率

口语访谈、书面与新闻联播语料的前 100 位高频词基本均为书、口通用语词。将三类语料的高频词与平衡语料《频率词典》比较,显示它们之间具有较大的重叠性。如表 3.15 所示,书面语料与《频率词典》前 10 位高频词的重叠率为 70%,口语访谈语料与《频率词典》的重叠率为 80%,新闻联播语料与《频率词典》的重复率为 60%。

表 3.15　语料前 10 位高频词表

排序位次	1	2	3	4	5	6	7	8	9	10
书面语	的	在	了	是	和	一	不	有	为	上
口语	的	我	了	是	一	不	个	你	就	在
新闻联播	的	了	在	和	一	是	个	中国	中	发展
《频率词典》	的	了	是	一	不	在	有	我	个	他

而进一步将最典型的口语访谈与书面语料进行比较,可以发现:词频越高,词汇重复率也相对较高(如图 3.4、表 3.19)。这说明常用词在各类语体中具有重叠性,它们是汉语词汇中最稳定、最不容易受语体因素影响的部分。

表 3.16　口语访谈与书面语不同位次词种重复率表

排序	前 10	前 100	前 1000	前 5000
重复数	6	48	505	2138
比率	60%	48%	50.5%	42.76%

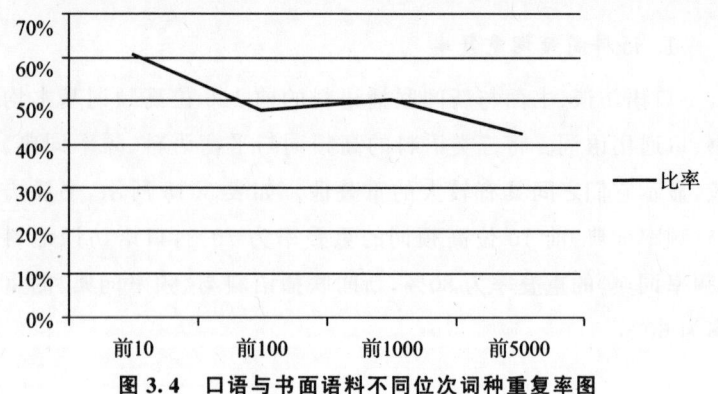

图 3.4　口语与书面语料不同位次词种重复率图

2. 超低频词(一次性词)

在三类语料中只出现一次的超低频词多具有如下特点：

第一，大部分词语具有较强的语体陪义，如口语访谈语料出现的"屙""嘟噜""走着瞧"具有较浓的口语色彩，书面语料出现的"枕戈待旦""正本清源"书面语色彩浓厚。

第二，另有部分词语语域(语言应用领域)陪义较强，如书面语料出现的"中枢神经""法络四联症""转氨酶"及"宫颈癌"等，均为专业领域词汇，其中以科技、医学及经济领域的词汇最多。

(三)词类

书面语料所使用的词语经过人工整理合并为与口语访谈语料相同的 15 个大类，分别为：名词、动词、形容词、区别词、代词、数词、量词、副词、连词、介词、助词、语气词、叹词、拟声词、其他成分。统计结果如表 3.17 所示：

表 3.17　书面语料词类(大类)统计表

词类	名词	动词	形容词	区别词	代词	数词	量词
比例(%)	37.31	25.29	4.69	0.89	3.77	4.52	2.73

词类	副词	连词	介词	助词	语气词	叹词	拟声词	其他成分[①]
比例(%)	5.50	2.68	4.27	7.95	0.26	0.000001	0.00001	0.12

新闻联播语料的词类合并后如表 3.18 所示：

---

① 其他成分包括前接成分、后接成分等。

表 3.18　新闻联播语料词类(大类)统计表

词类	名词	动词	形容词	区别词	代词	数词	量词
比例(%)	40.10	24.56	4.65	0.94	2.90	5.18	3.47
词类	副词	连词	介词	助词	语气词	叹词	拟声词	其他成分①
比例(%)	5.09	1.96	3.91	6.78	0.20	0.002	0.006	0.25

书面语料前5位词类排名为：名词＞动词＞助词＞副词＞形容词

口语访谈语料前5位词类排名为：名词＞动词＞代词＞副词＞助词

新闻播报语料前5位词类排名为：名词＞动词＞助词＞数词＞副词

名词、动词、助词、副词在三类语料中均处于前5位高频词类之列，其余不同的为书面语料中的形容词，口语语料中的代词与新闻联播语料中的数词。其中新闻联播语料数词多，与新闻播报传递的数据信息量较大有关。而口语语料的高频词中则没有形容词，取而代之的是代词，排在了第3位。通过语料统计，口语访谈语料中前10位高频代词为：

我、你、他、这、我们、这个、什么、那、他们、她

书面语料的前10位代词为：

这、他、我、我们、他们、本报②、自己、她、其、你

新闻联播语料排名前10位的代词为：

这、我们、他、我、每、各、他们、这个、自己、这里

---

① 其他成分包括前接成分、后接成分等。
② 在本研究的机器分词中，"本报"计为一个词。

由以上两组数据可见,语料在代词使用上确有差异:

首先,从数量上看,口语访谈语料中的代词数(12.94%)远超书面语(3.77%)与新闻联播语料(2.90%),"她"在口语语料中出现了4254次,排名第10,但其使用量却高于书面语料中最为高频的代词"这"(出现了4250次)。

其次,从具体用词上看,以口语访谈和书面语料为例,两类语料前10位的代词有7个重合,但排序不尽相同:口语中人称代词较占优势,前3位使用的人称代词分别为"我""你""他"。书面语料则不同,使用最多的是指示代词"这",用以指代前文提到的人或事物;而在口语中使用频率很高的代词"我",只排到第3位;口语中疑问代词"什么"的使用数量也较多;书面语料取自报纸,"本报"的使用频率也较高。此外,书面语性质较强的代词"其"也出现在了书面语料高频代词之列。

实际上,口语中人称句多的情况在其他语言中也有体现。王福祥(2001)对一本收集了八种语言的谚语小册子进行了统计后认为,口语中常用语句的类型特点是简单句多于复合句,简单句中人称句多于无人称句。

(四)音节对比

前文提到,在音节方面,口语访谈语料双音词在绝对数上占优势,而单音词在相对数量上占优势。其余各类语料的音节分布情况则如表3.19、3.20所示:

表3.19 语料词种(类符)音节表

类型	口语访谈语料	书面语料	新闻联播
单音节	9.68%	5.18%	7.76%
双音节	64.74%	54.00%	57.57%
多音节	25.59%	40.82%	34.67%

表 3.20 语料所有词语(形符)音节表

类型	口语访谈语料	书面语料	新闻联播语料
单音节	57.02%	39.48%	37.06%
双音节	39.18%	51.15%	55.12%
多音节	3.80%	9.37%	7.82%

由以上两表可以明显看出,在词种方面,三类语料的情况基本一致,即:

双音词语＞多音词语＞单音词语

这也与汉语中双音节词语占绝对优势的情况相符。

但在语料使用词语的总量上看,口语和书面语有所不同,各类音节由多到少的分布情况为:

口语:单音节＞双音节＞多音节

书面语:双音节＞单音节＞多音节

新闻联播:双音节＞单音节＞多音节

分歧体现在单双音节上:口语中单音节词语的数量比双音节多了将近20%,而书面语则相反,单音节比双音节少了将近12%。书面语双音词总量占优势,口语单音词占多数。正式性较强的新闻联播语料总体音节分布与书面语料较为一致。根据语料的实际情况分析,产生这一现象的原因有:

第一,在表达同一概念义时,口语多用单音,而书面语出于语义的精确考虑多用双音。双音词往往能比单音词表达出更为精确的语义,这符合书面语精雕细琢的要求,例如"管"可组成"管理""管教""代管""管辖""包管"等双音词,它们有不同的语义与适用范围;而口语交际的即时性与风格的通俗性,使其很难在遣词造句上精雕细琢,如双音词"损害""种植""埋葬",在口语中一般只说"害""种""埋"等,它们往往是贯穿古今的常用词语。

第三章 基于语料库的语体词汇研究

本语料统计验证了这一点:例如,书面语料中共出现了1688个带"管"这一语素的动词,其中单音词"管"只出现了122次,占"管"类动词总量的百分之七;反观口语语料,单音词"管"出现了380次,占"管"类动词总量的六成多。[①] 单音词在口语语料中更高的复现率,增加了语料的单音词总量。而新闻播报语料的统计结果与书面较为接近,体现了其书面语性质。

表3.21 语料单音动词"管"数量比较表

	单音词"管"(v)	含语素"管"的动词	单音词所占比例
口语访谈语料	380	618	61.49%
书面语料	122	1688	7.23%
新闻播报语料	82	1108	7.40%

第二,合偶双音词在书面语料中的大量使用,使双音词的总量成倍增加。冯胜利(2006)认为,合偶双音词是现代汉语书面语体自我生成的词汇,也是现代汉语书面语的主要词汇,例如"进行""加以""从事""埋葬""损害"及"种植"等。它们必须和两个或两个以上音节搭配,例如"损害"能搭配双音词"利益"为"损害利益",却不能搭配单音词为"损害利"。

以"进行""加以""从事"三个合偶双音词为例,它们在各类语料中的出现频率见下表,书面语料中的出现频率确实远高于口语,其中"加以"在书面语料中的出现频率甚至是口语的近26倍。此外,由于合偶双音词一旦出现,就必须跟着另一个双音词(或多音词),例如"进行准备""从事工作""加以引导",这又使双音词总量成倍增加。而参照系新闻联播语料中"进行"的出现频次高于书面

[①] 当然,"管"在口语中还可能有"过问"的含义,这就无法用带"管"这一语素的动词查到,但本数据仍然说明一些总体情况。此外统计结果显示,口语语料中"过问"出现了4次,书面语料中则出现了8次。

语料,"加以"与"从事"两词的出现频次也较为接近书面语料,可见其具有正式的语体特征。

表 3.22　部分合偶双音词语料分布情况表

	书面语料	口语访谈语料	新闻联播语料
进行	1484	378	1897
加以	77	3	21
从事	152	72	95

第五节　基于语料库的语体使用词汇对比分析(2)

一、词语变化性(lexical density)

(一)词汇变化性

词汇变化性也称 TTR(type/token ratio),是指类符(type)与形符(token)的比率,其公式为:

词汇变化性(TTR)＝类符(type)/形符(token ratio)×100％

词语类符即前文谈到的词种,形符则是语料中出现的所有词语。一般说来,在两个容量相当的语料中,TTR 数值越高,表示文中使用了更多的不同词语,反之则不然。胡显耀(2007)曾对翻译小说的词语进行 TTR 检验,结论为翻译小说倾向于使用较少的词语,而原创小说倾向于使用较多的词语。

(二)词汇变化性统计与结果

词汇变化性的计量一般有 TTR 与 STTR 两个数据。TTR 直接计算语料中所有词语的类符形符比。但这一统计方法的问题在于,当形符总数随着语料总量的增加而扩大时,类符的增长却因为一种语言词种的有限数量而逐渐缓慢,例如,一个 1000 万字与 10 亿字的语料在容量上差了 100 倍,但词种数目就不太可能相差百倍,因此简单地将语料中的类符数除以形符数而获得的 TTR 值不够科学。

由此,STTR(standard type/token ratio)即标准 TTR 应运而生,它以每 1000 个词为单位计算词汇变化性,以获得每千个词语的 TTR,其后再将所有 TTR 平均获得均值。经过计算,三个语料 TTR 与 STTR 的值如下表与下图所示:

表 3.23　词汇变化性表

	口语访谈语料	新闻联播语料	书面语料
类符(词种)	31443	39825	63368
形符(总词量)	1269090	1138667	1162409
TTR(%)	2.48	3.50	5.45
STTR(%)	35.86	49.33	50.02

表中形符指的是语料库的总词量,三个语料库总量集中在 110 至 130 万词之间,其中《新闻联播》和书面语料的总词量更为接近。类符数量方面,书面语料的类符数最多,为口语访谈语料的两倍,新闻联播语料的词种与口语语料较为接近。三个语料的类符形符比呈现如下状态:

类符数:书面语料＞新闻联播语料＞口语访谈语料

形符数:口语访谈语料＞书面语料＞新闻联播语料

语料中的类符量并不随着形符增大而变多,类符与形符并不呈现正相关关系。表中的第三、四行,类符形符比(TTR)与标准类符形符比(STTR)的趋势完全一致,均为书面语最高、口语最低,新闻联播介于两者之间,但与书面语料更为接近,三类语料的两种词汇变化性趋势如图 3.5 所示:

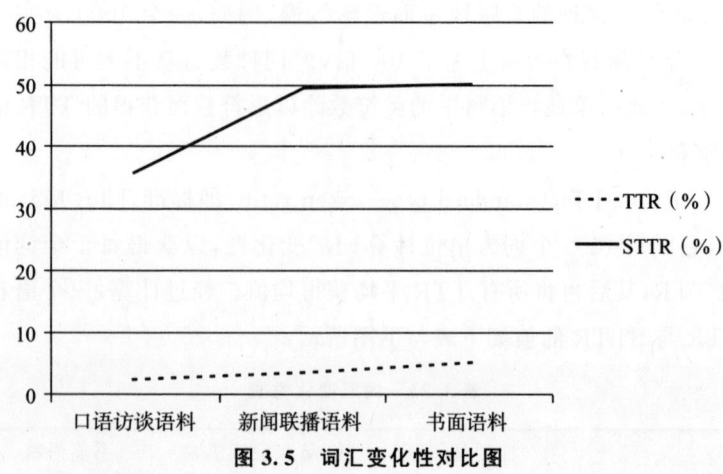

图 3.5 词汇变化性对比图

这一统计结果表明:书面语更注重词语表达的多样性,词汇变化性最大;新闻播报次之;口语的词汇变化性最小。换言之,偏口语的语篇词语的重现率较高,用词丰富度较低,而偏书面语的语篇则相反,新闻播报介于两者之间。总体看来,词汇变化性提示了用词的丰富度,可考虑作为区分口语与书面语料的指标之一。

二、词汇密度(lexical density)

(一)词汇密度及其计算方法

Ure(1971)[①]界定的词汇密度,是指语篇中词项与篇章单词总数的比值。其对书面语、口语篇章分别进行词汇密度统计后,发现前者的词汇密度一般在40%以上,而后者则大多在40%以下。具体的计算公式为:

词汇密度=词项/篇章单词总数×100%

---

① 此外,Halliday(1985)也提出过另一种词汇密度(lexical density)的算法:词汇项除以篇章的小句数。笔者采取 Ure 的算法。

公式中的词项不等同于词语。以英文中的 bookshop 和 turn up 两个表达为例，Ure(1971)认为尽管 turn up 是两个词，但却与 bookshop 一样只有一个词项，up 具有语法意义却不能算作词项。因而此处的词项主要指实词项。

词汇密度体现出篇章所传递信息量的大小。根据 Poulisse 和 Bongaert(1994)的观点，实义词比虚词传递的信息要多，因此，篇章中的实词越多，篇章的密度越大，其传递的信息也越多。

(二)本语料词汇密度计量方法

在国外关于词汇密度的研究中，实义词包括名词、动词、形容词和大多数的副词四类，而功能词则包括连词、助动词、介词、冠词与代词等。这与我国的词汇虚实之分有些差异：在汉语界，名、动、形归属为实义词争议不大，而介、连、冠和助动作为功能词也较为学者所认可，焦点存在于副词和代词上。

关于汉语词汇的虚实问题的讨论，古已有之。方光焘(1997)认为，实字、虚字的概念最早是在诗论中提出的，认为古代的"实字是名、虚字是动，即虚活字；还有虚死字，包括形、副、介、助、同动等"①。这主要是从文学角度进行虚实之分的，与现今的词法研究出发点不同。

《马氏文通》分了"实字"与"虚字"，"凡字有实理可解者，曰实字；无解而惟以助实字之情态者，曰虚字。"②虚字分介字、连字、助字、叹字四类。王力(1954)在《中国语法理论》中提到，"词可分为两大类：凡本身能表示一种概念者，叫做实词；凡本身不能表示一种概念，但为语言结构的工具者，叫做虚词。"③其将副词列为"半

---

① 方光焘.方光焘语言学论文集[C]//北京：商务印书馆，1997：275
② 吕叔湘，王海棻.马氏文通读本[M].上海：上海教育出版社，1986：48.
③ 王力.王力文集：第 1 卷[M].济南：山东教育出版社，1984：170—171.

实词",而代词和系词则是"半虚词"。笔者将代词列入实词范畴[①],而副词列入虚词范畴。计入实词项的项目主要有：

名词类：包括普通名词(n)、专名(nz)、地名(ns)、机构团体名(nt)、Ng(名语素)、时间名词(t)等

动词类：包括动词(v)、动语素(Vg)，以及书面语料的副动词(vd)、名动词(vn)等

形容词类：包括形容词(a)、形语素(Ag)，以及书面语料中的形副词(ad)、形名词(an)等

区别词类：区别词(b)、区别语素(Bg)

数量词：数词类(m)、量词类(q)

代词类：代词(r)、代语素(Rg)

(三)统计结果

经过统计，三类语料的词汇密度如表3.24所示：

表3.24 语料词汇密度表

	口语访谈语料	新闻联播语料	书面语料
实词项数量	940787	931452	951804
词汇总量	1269090	1138667	1162409
词汇密度(%)	74.13	81.80	79.20

根据上表的统计结果，三类语料的词汇密度由小到大分别为：

口语访谈语料＜书面语料＜新闻联播语料

由以上统计结果可以看出：

首先，在语料等量的情况下，新闻联播传输的信息容量与书面

---

① 关于代词在词汇密度中的归属略有争议，除了英语语料库的统计外，胡显耀(2007)未将代词列入实词项，现经过思考，遵从学界的主流观点将代词列入实词项。

语料接近,口语最少。口语访谈语料的词汇密度小于书面语料,这与 Ure 等人的研究结果基本相符。

其次,《新闻联播》的词汇密度值之高,说明了口头表达形式与口语体尚有一定差异,真正的口语体还与有无准备、交际场合的正式程度、交际目的具有极大的联系。

最后,词汇密度统计了实词与虚词的比例分配问题。实词具有实在的概念意义,能够独立充当句子成分,能单独回答问题,但虚词具有语法意义或功能意义,在语篇中起到连接作用,故而有人将实词比作人体的骨血、毛发,而虚词则为经络。口语访谈语料中的虚词总量较之书面语料与新闻联播语料要多,说明口语交际中的着眼点与书面语略有不同。正如王惠所说:"丰富多彩的口语会话环境,为词汇的交际功能提供了一个生动的舞台。在这里,交际双方都尽量体现'参与'和'介入'意识,词汇选择更多地着眼于人际功能(interpersonal function)与语篇功能(textual function),重视语言行为的主观性与交互性,而不像在书面语中那样只注重词汇的概念功能(ideational function)。"[①]

(四)关于本调查词汇密度的说明

Ure(1971)的研究中,书面语的词汇密度一般在 40%～60%之间,而口语的则在 20%～40%之间。但笔者所得数据均高于 Ure 的数据。这可能与三个原因有关:

首先,词汇密度的数值既与汉英两种语言的差别有关,也取决于实词项的统计方法。英语界的词汇密度已进行了大量的研究,但汉语语料的词汇密度值一般处于哪些区间,现有研究尚不多见。现今笔者找到的主要成果只有胡显耀(2007):其统计的汉语语料词汇密度一般在 50%～70%之间,但由于他将代词作为虚词而非

---

① 王惠.日常口语中的基本词汇[J].中国语文,2011(5):451.

实词,故而结果比笔者略低,但也高于 Ure(1971)的统计。

其次,笔者所选的语料均来自于媒体,传媒语言讲究简明扼要,力求在限定的时间与空间(版面)中提供尽可能多的信息,这造成了其相对较高的词汇密度。胡显耀(2007)的研究也曾证实新闻文体的词汇密度高于小说。

再次,对汉语"实词"判定标准的差异,也能在一定程度上影响词汇密度的高低。

三、合偶双音词

音节分析是一种具有汉语特色的指标,类似于英语中的词长却又不完全等同,因为双音化是汉语词汇衍生的结果,音节发展又与语体的丰富存在着错综复杂的关系。如冯胜利(2006)将合偶双音词作为现代汉语书面语的衍生物。合偶双音词即一般强制地与另一个双音词(或多于双音的词语)配对的词,例如"承认"可搭配双音词为"承认错误",却不能与单音词"错"搭配为"承认错"。类似的合偶双音词如:

安定、安装、办理、保持、保留、保卫、保障、报道、暴露、爆发、被迫、必然、必要、避免、编制、变动、变革、辩论、表达、表示、表演、并肩、补习、不断、不时、不住、布置、采取、采用

根据冯胜利(2006)建立的 440 个合偶双音词表可进行语篇正式度的分析。笔者设计的合偶双音词覆盖率公式如下:

合偶双音词覆盖率 $=\sum$ (每个合偶双音词 * 出现频次)/语料形符总数 $\times 100\%$

各类语料的统计结果具有较为显著的差异。如表 3.25 所示,书面语的合偶双音词数量最多,约为口语访谈语料的 2 倍,而新闻联播与之较为接近,可见合偶双音词的使用是现代汉语书面语的特征之一,体现了语料的正式程度。

表 3.25 语料合偶双音词覆盖率表

	口语访谈语料	新闻联播语料	书面语料
合偶双音词覆盖率（%）	3.87	5.45	6.26

四、高频词与超低频词覆盖率

各语料库的前 10 位高频词种重复率高,且均为书口通用语词,如"的""了""是""一"4 个单音词在各类语料中均为高频词。其覆盖率公式设计为:高频词覆盖率=Sum 每个高频词频次/形符总数×100%。

总体而言,高频词覆盖率越高,说明语料越通俗易懂,而覆盖率低则可能相反,这一指标揭示了语料的通俗度。经过统计,如下表所示,口语访谈语料前 10 位高频词种占总词数的 20.62%;书面语料前 10 位高频词种占总词数的 13.25%,新闻联播语料的前 10 位高频词种占总词数的 11.92%。这一指标口语访谈语料最高,书面语料次之,新闻联播最低,并与书面语料较为接近。

超低频词指的是在语料中仅出现一次的词语。一次性词的增加将促进类符的增加,并最终提升语料的复杂度,即理解语篇需要更多词汇量。其覆盖率计算公式为:Sum 每个高频词频次/形符总数×100%。如 3.26 所示,该指标为书面语最高,口语访谈语料最低,新闻联播居中。

表 3.26 三类语料高低频词种覆盖率

项目	口语访谈语料	新闻联播语料	书面语料
前 10 位高频词种覆盖率(%)	20.62	11.92	13.25
超低频词种覆盖率(%)	32.64	35.81	45.09

五、口语关联词类

所谓口语关联词类,是指口语相关度比较高的词类,此处主要指的是语气词、拟声词和叹词,它们在语料中的分布情况如表3.27所示:

表3.27 语气词、叹词、拟声词比例表

词类	语气词	拟声词	叹词	合计
口语访谈语料比例(%)	2.51	0.06	0.03	2.60
书面语语料比例(%)	0.26	0.000001	0.00001	0.26
新闻联播语料比例(%)	2.04	0.006	0.002	2.05

明显可见,口语访谈语料中语气词、拟声词与叹词占比大大高于书面语:单从数据上看,口语中语气词占总词数的2.51%,是书面语(比例为0.26%)的100倍,口语语料中拟声词占总词数的比例为书面语料的60000倍,叹词为3000倍。而新闻联播语料的统计结果在两者之间。

语气词常用在句尾表示各种语气,也用在句中表停顿。其附着性强,只能附在别的词语后面起语法作用。在口语访谈语料中,语气词的比例最大,将近3%,其中出现频率排名前10位的语气词为(括号内为出现频次):

了(15096)、呢(4469)、吗(3900)、啊(3113)、吧(2844)、呀(848)、嘛(837)、也好(136)、啦(131)、么(112)

叹词可以表示惊讶、赞美、埋怨、叹息等感情,起呼唤、应答的作用。在虚词中,叹词较为特殊,其独立性很强,不跟其他词组合,能独立成句。王惠(2011)认为叹词除了具有呼唤、应答等语篇功能外,也常用于表达说话人的情感态度等。口语中出现的前10位的叹词为：

哦(106)、哎呀(106)、嗯(102)、啊(58)、哎哟(51)、好家伙(24)、嘿(23)、唉(16)、噢(15)、嗨(13)

拟声词又称为象声词、摹声词、状声词。它是模拟自然界声音的一种词汇。口语中出现频率位列前10位的拟声词为：

哗(35)、啪(32)、哗啦(28)、嘣(27)、嘎(22)、咚(22)、咣(18)、呀(17)、咔(15)、哇(15)

语气词、叹词与拟声词从字形上看大多为形旁"口"＋声旁组合而成。尽管拟声词与音译词在性质上是同类的，汉字只用来表音，但形旁"口"却赋予了它们一定的表意功能。

当然也有个别例外的语气词，例如口语词"也好""了"。"也好"在口语中往往两个或几个连用，表示任何情况下都是这样的语气。例如：

就是你肯定再见不那么容易，即使出来也好，不出来也好，不是我们能随便见着的。(《鲁豫有约》20050114)

同样还有叹词"好家伙"，常用来表示惊叹或赞叹，例如：

我特高兴啊，贞姐跟我一说这个，我说好家伙，什么时候去啊？(《面对面》20060904)

综合看来，六类指标的排序如图3.6所示，除指标4高频词覆盖率、指标6口语关联词类之外，其余指标1词汇变化性、指标2词汇密度、指标3合偶双音词覆盖率、指标5超低频词种覆盖率均与书面语化程度正相关，与口语化程度负相关，均为书面语或新闻联播语料最高，口语访谈语料最低。此外，除了词汇密度外，1、3、5指标均为书面语值最高，新闻联播次之，且两者的数值均较为接近，可见在同一语域中，书面语及正式性较强、具有书面语性质的新闻联播语料，比之口语具有较强的丰富度、正式度与复杂性。此外,新闻联播语料传递了更大的信息容量,因此词汇密度略高于书面语料。

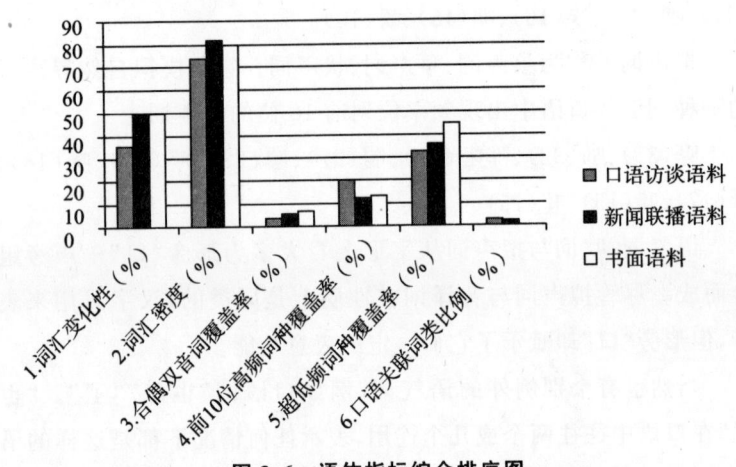

图3.6 语体指标综合排序图

四、结语

总体看来,语体的区分不仅可依据传统的主观语感,也能反映在客观的定量统计上:(1)书面语比口语访谈语料词汇变化性小,用词重复率高,提示了更高的丰富度;(2)口语访谈语料的词汇密度较小,因此在词汇总量对等的情况下,口语中实义词的比例少于书面语,换言之,在容量相当的情况下,口语语篇传递的信息要少于书面语;(3)合偶双音词在书面语料中的覆盖率最高,提示了语篇较高的正式度;(4)高频词覆盖率与语篇的正式程度成反比,口语访谈语料高频词覆盖率较高,说明了语篇的通俗度较高,而书面语则相反;(5)书面语一次性超低频词覆盖率最高,提示了语篇的复杂度,即理解语篇需要掌握更多的一次性少用词;(6)书面语料口语关联词类(语气词、叹词、拟声词)比例最小,口语语料最多,提示了语篇的口语特征。

此外,具有参考性质的新闻联播语料在各项指标上均体现了与书面语类似的特征,可见尽管其以声音为传播渠道,却具有典型的书面语特征:(1)具有高度的准备性、要求几近完美,严谨正式程度甚至超过一般报纸。而尽管有声媒体访谈节目的主持人对话题也有所准备,但访谈是脱稿完成的,受访者可准备的范围更少,自然具有较强的口语特征;(2)新闻联播的交际场合极为正式;(3)与访谈节目不同,新闻联播无须实时交互,消除了实时交互中的变化性。

统计结果显示了五类指标与语体的关联度,证实了书面语与口语的区分不单纯依赖于传播媒介,而是与准备性、交际场合、交互性等具有较强的联系。但研究还有可拓展之处,将另文撰写:(1)可进一步增加指标,例如词类中的叹词、语气词、话语标记与语体具有一定联系;(2)可进一步借助统计学方法,利用 SPSS 因子分析判断指标与语体的相关性。总体而言,计量统计、多维度的语体分析方法应当更多地运用到研究中,结合语料中反复出现的现象来确定词汇特征,并将特征与某一语体进行相关分析。这一研究方法可以减少研究者的感性偏误,并利用特征的叠加效应获得由定量到定性的结论。

第四章　现代汉语单双音节典型口语词属性研究

上一章研究了汉语口语语料及其他语料的词汇使用情况，本章以最典型的口语词为对象，对其进行属性分析，研究其在语音、语义、词法和用字等方面的特点。

第一节　《现汉》口语词变化研究

一、《现汉》的口语词研究

《现汉》作为规范的语文词典，对其中的〈口〉标记词汇进行了多次修订。因此迄今为止，大部分现代汉语口语词研究都以《现汉》为蓝本。30多年来，《现汉》口语词的变动大于书面语词与方言词[1]：第二版（1983版）共有〈口〉标记词语844条；第三版（1996版）和增补版（2002版）均取消了〈口〉标记，但仍然保留了〈书〉、〈方〉标记，这一改动引发了一些争议[2]；第五版（2005版）又恢复了〈口〉标记，立目901条，比二版增加了57条；第六版（2012版）立〈口〉标记词目993条，总数比第五版多了92条。具体如表4.1所示：

---

[1]　以下《现汉》二三版〈口〉标记数量来源于苏新春（2004）统计，五六版数据为笔者人工查找所得，尽管有个别误差，但不影响总体研究结果。

[2]　苏新春,顾江萍.确定"口语词"的难点与对策——对《现汉》取消"口"标注的思考[J].辞书研究,2004(2):38—40.

表 4.1　各版《现汉》〈口〉标记词语数量表

版次	第二版	第三版	第四版(增补版)	第五版	第六版
出版年份	1983	1996	2002	2005	2012
〈口〉标记词语数	844	未作〈口〉标记	未作〈口〉标记	901	993

在具体研究上,曹炜(2003)以1983版《现汉》所标注的800多个口语词和3000多个书面语词作为基础研究对象,从音节结构、构词法(单纯词、合成词等)、义项等角度,分析了两类词汇的差异。

尹惠贞(2006)依据1978、1983、1996和2005四版《现汉》,选取了730个口语词进行本体属性、产生情况、口语与方言的关系等方面的研究。

此外,《现汉》在1996、2002版取消了〈口〉标记。杨金华(1998)对此进行了原因分析。苏新春、顾江萍(2004)认为取消〈口〉标记既有不能妥善处理词语语体特点与言语形式的联系和区别方面的原因,也有编纂思想、语言研究的准备不足等更深一层的原因。刘艺(2010)则通过对2005版《现汉》收录口语词情况进行了考察,探讨了语体标注值得商榷之处。

二、两版《现汉》〈口〉标记词差异分析

将最新的第五版与第六版收录口语词情况进行比较,可以进一步推进现代汉语口语词的研究。具体看来,第六版《现汉》较之第五版变化如下:

(一)词目变化

1.〈口〉标记词目的新增

第六版新增〈口〉标记词目120条,可分为四类情况:其一是新增词目51条,如新增"范儿""不带""款爷"等词语;其二为五版已

收词目新增〈口〉标记34条,如"落空""迷糊""玩ᵣ票"等;第三类是五版所收词目在六版中增加口语义项,共10条,如"牛"增加口语义项"本领大,实力强","雷"增加口语义项"使震惊";第四类是由五版的〈方〉标记改为六版的〈口〉标记,共25条,如"小不点ᵣ""砸锅"等。

2.〈口〉标记词目的删除

第六版删除〈口〉标记词目28条。包括三类情况:第一类是六版仍立目但已取消〈口〉标记,共21条,如"打嗝ᵣ""打铁""富富有余"以及"官司"等;第二类是该词不再立目,有1条"郎猫";第三类是六版仍立目却改为〈方〉标记,共6条,如"妗子""草""声口"等。

〈口〉标记词目变化数量如图4.1所示:

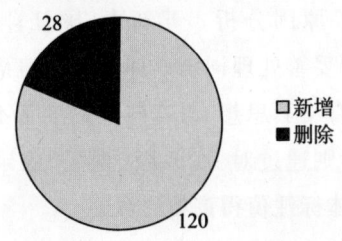

图4.1 六版〈口〉标记词语立目变化数量图

(二)释义的变化

(1)词义缩小的有1条为"哥ᵣ",其原有"弟弟和哥哥"和"称有钱人家的男孩子"两个义项,第六版只保留前一个。

(2)词义的扩大:第一类为义项增加,共15条,如"紧着"五版仅有"加紧"义,而六版增加了"紧缩;节省"义;第二类为某一义项的词义扩大,有6条,如"把角"五版释义为"路口拐角的地方",六版语义扩大为"路口拐角的地方,泛指角落"。

(3)释义语言改变的有11条,修订后语言更为简洁、准确或通俗易懂,如"打盹儿"五版释义为"小睡;断续地入睡(多指坐着或靠着)",而六版为"小睡;短时间入睡(多指坐着或靠着)"。

(三)用例改变

(1)增加或补充用例的有13条,如"火"的口语义项补充了1条用例。

(2)修改用例的有12条,一般仅对措辞进行轻微改动,如"吃喝儿"第五版用例为"这里物价高,~不便宜",第六版为"大城市物价高,~不便宜"。

(四)词性变化

六版《现汉》词性变化不大,主要对五版不合理处进行修订:一类是删除词性标注,如五版"呱呱叫"标为形容词,六版不标词性;另一类是义项增删带来的词性增减,如"闹心"原有动词和形容词两个词性,"❶形烦心:买了假货,让人挺~。❷动感觉胃里不舒服:刚吃了冷饭就~。"而六版将义项❷也改为形容词。

三、两版《现汉》〈口〉标记词变化原因

综合而言,两版《现汉》口语词收录的演变原因,主要有社会变化与词典修订两大因素。

从社会因素看,第一,社会生活的变化带来了新词语的产生与旧词语的消亡。新事物、现象或理念促使了新词语的产生,如第六版新增的"范儿""撑死"就属此类;而反映旧有概念的词语逐渐从语言中隐退,甚至消亡,如六版"郎猫"一词就因缺乏活力不再立目。第二,语言生活的变化使词汇的语体色彩发生变化,例如"官司"在书面语中的使用频率逐渐提高,不再为纯粹的口语词,遂在六版中被取消〈口〉标记。

从词典修订的因素看,随着语体词认定学术标准的不断成熟,

以及词典编纂者对之前版本不合理之处的修订,六版词语的〈口〉标记较之五版更为合理。如"草"在五版中原有口语义项"〈口〉雌性的(多指家畜或家禽):～驴|～鸡",但此义项并没有进入全民共同语,遂改为〈方〉标记。

四、对《现汉》〈口〉标记的建议

《现汉》的〈口〉标记词语经过多次删改,修订严谨,在一定程度上体现了汉语口语词的面貌,但仍有一些值得商榷之处,有少量口语词与方言词的界限划分不明,这是由于在进行〈口〉标记时难免受到编者自身基础方言的影响。例如"挨肩儿""拿糖"等词语,实际上还存在比较重的方言陪义,却被标记为口语词,恐怕与编写者的来源区域、语感有一定联系。

但总体而言,《现汉》经过多次修订,其〈口〉标记词汇也经过多次增删,相对其他词典更具权威性。此外,笔者将尽量避开探讨前人已有的研究结果,以免重复研究。即使是之前研究者较多探讨的语音部分,也主要立足于同一词形因轻声、儿化带来的语义差别。

第二节 单双音节口语词的选取与属性库建立

一、研究对象:单双音节口语词

将《现汉》五版〈口〉标记词语输入处理软件,共得单字和多字条目 901 条[①],其中单双音节词目 694 条,是本章的研究对象。以

---

① 本研究的〈口〉标记词语来自笔者人工统计。统计仅以出条词目为准,未出条的异形词不计,故而与其他文献的统计结果略有差异。

单双音节词为研究对象的原因在于:

第一,从现有的研究成果看,相对于单双音节口语词,多音节词数量有限,所受关注多,研究成果多,内容也较为全面。刘叔新(1982,1985,1990)、周荐(2004)、温端政(1999)等均对汉语的多音节结构进行了探讨,研究范围既包括成语、惯用语以及歇后语等词汇单位,又有谚语、格言警句等非词汇性的单位。周荐(2004)通过对各类熟语单位进行语体分析,认为:"成语是书面性的,歇后语、惯用语是口语性的,谚语则兼具口语和书面语两重性质。"[1]此外,大量的谚语、熟语、歇后语词典的出版,也是多音节词汇研究的成果。而在对外汉语教学界,李红印(2005)针对"语"成分进行分析,提出建立"语汇大纲"的建议。反之,由于单音词与双音词绝对数量较多,故而单双音节口语词反而容易淹没在大基数的单双音节词汇中,研究数量有限。

第二,单双音节口语词的语义特点比多音节词语要复杂得多。从义项上看,多音节词语大多数是单义、相对固定的。经统计,《现汉》三音及其以上词语中,单义词占该类音节词语总数的90%以上。

与之相反,单双音节口语词义项情况则要复杂得多,其中又以单音节口语词最为复杂:《现汉》的105条单音节口语词中,单义词为48条,不到半数;多义词则有57条。义项最多的词为"把",有11个义项,其次为"火",有10个义项。

表4.2 《现汉》单双音节口语词中单义词比例表

	总词数	单义词数	比例
单音词	105	48	45.71%
双音词	589	448	76.06%

---

[1] 周荐.汉语词汇结构论[M].上海:上海辞书出版社,2004:237.

从词汇口语色彩的纯粹性上看,单双音节口语词更具备不完全口语性。所谓不完全口语性,指的是某些词只有部分义项具有口语色彩,例如上文提到的"把"的11个义项中,只有一个带〈口〉标记,笔者称这些词语为不完全口语词。

在《现汉》5版901个口语词中,所有义项均为口语的有799个,部分义项为口语的词汇有102个,占总数的近1/8。而这102条不完全口语词里有99个为单双音节词。而《现汉》三音及其以上音节的词中,只有3个非完全口语词,分别为"三角铁"、"二百五"(另一个为方言义项,意为"半瓶醋")、"软骨病"。可见,多音节口语词相对单双音节词,口语性质更为纯粹。基于单双音节口语词的复杂性和变化性,以及相关研究的缺乏,笔者将以此为研究对象进行分析。

二、单双音节口语词属性库的建立

为了更好地进行统计、分析,笔者建立了相应的研究用属性库,其内容如表4.3所示。

表4.3 单双音节口语词属性库设计表

现代汉语单双音节口语词汇属性库	现代汉语单双音节口语词并集表	序号	
		词目	
		其他口语词典收录情况	1.《现代汉语口语词典》
			2.《现代汉语规范词典》〈口〉标记词
			3.《现代汉语常用口语词典》
			4.陈建民《汉语口语》举例
			5.其他
		拼音	
		词性	
		释义	

续表

现代汉语单双音节口语词汇属性库	现代汉语单双音节口语词语音分析表	序号	
		词目	
		音节数	
		双音词形式类型	1. 轻声
			2. 儿化
			3. 同形非轻声儿化词
	现代汉语双音节口语词词法分析表	序号	
		词目	
		词类	
		类型（双音词）	1. 单纯词
			2. 合成词
		合成词类型（双音词）	1. 联合
			2. 偏正
			3. 动宾
			4. 动补
			5. 主谓
			6. 重叠
			7. 附加
		构词能力（单音词）	1. 只能单用；2. 只能构词；3. 既能单用又能构词
		构词数（单音词）	
	现代汉语单双音节口语词语义分析表	序号	
		词目	
		词类	
		释义	
		《现汉》总义项数	
		义类（据《同义词词林》判断）	大类（类别/类名）
			中类（类别/类名）
			小类（类别/类名）
		完全口语词	是/否
	现代汉单音节口语语素构词能力分析表	序号	
		语素条目	
		语音	
		能否单用	
		语素义	
		语素构词数	

第三节 单双音节口语词的轻声与儿化

轻声和儿化是现代汉语口语中的两种重要现象,《现汉》对此分门别类作了明确标注。本节笔者将利用统计数据,探索轻声、儿化对口语词语义的影响。

一、轻声

(一)数量统计

陈国(1960)、王力(1980)、李荣(1987)等根据现有的各类汉语方言文献进行探讨、研究,认为汉语各方言的轻声已产生了几百甚至上千年的历史。在轻声的作用方面,学者们认为轻声作为弱读音节,可以起到辨义作用。[①]

《现汉》对轻声字进行了特别处理:"注音不标调号,但在注音前加圆点,如【便当】biàn·dang;【桌子】zhuō·zi。"[②] 朱宏一(2008)对《现汉》(2005版)的轻声词进行了穷尽式的统计,计出词典共收轻声词2592个,除去"子"尾轻声词,共有其他轻声词1441个。《现汉》单双音节口语词中的轻声词数量、比例如表4.4所示:

表4.4 《现汉》单双音口语词轻声数量、比例表

	单双音节词目总数	轻声词汇	非轻声词汇
数量	694	233	461
比例		33.57%	66.43%

---

① 朱宏一.《现代汉语词典》第5版轻声处理评析[J].中国语文,2008(6):566—572.
② 中国社会科学院语言研究所词典编辑室.现代汉语词典[M].北京:商务印书馆,2005:凡例3.

由表可见,单双音节口语词中有 1/3 为轻声词,占《现汉》轻声词总量(2592 个)的近 1/10。可见,轻声是口语中一种重要的语音现象。

(二)非轻声同形词

《现汉》〈口〉标记轻声词中有不少另立条目的同形词,例如"口子""女人"等。笔者依据语料作了进一步调查,以探究这些同形词与口语词的相互关系。它们与轻声词的关系具体有如下几种:

(1)轻声起到区分口语词与非口语词的作用:轻声词为口语词,非轻声词不带口语色彩。如"图书"一词:

【图书】túshū 名 图书和书刊,一般指书籍:~目录丨~资料

【图书】tú·shu 〈口〉名 指图章。

类似的例子还有"星星""女人""男人"与"口子"等。

(2)轻声起到区分口语词与方言词的作用,如"姑娘"轻声词为口语词、非轻声词为方言词。如:

【姑娘】gūniáng〈方〉名 ❶姑母。❷丈夫的妹妹。

【姑娘】gū·niang 名 ❶未婚的女子。❷〈口〉女儿。

同类词还有"面糊",非轻声("糨糊"义)带方言色彩;轻声则带口语色彩。

(3)轻声还能与其他因素共同作用,起到区分不同口语词的作用。典型例子为"犄角",轻声与非轻声时均为口语词,但两者的意义不同。

【犄角】jījiǎo(~儿)〈口〉名 ❶物体两个边沿相接的地方;棱角:桌子~。❷角落:屋子~。

【犄角】jī·jiao〈口〉名〈口〉角¹①:牛~。

同例还有"老公"一词,两个同形词均带有〈口〉标记,但非轻声时是"丈夫"的意思,轻声则表示"太监"。

由以上例子看来,轻声确实具有辨义作用,它能起到区分同形词的基义或其他陪义的作用。

二、儿化

(一)数量统计

儿化是现代汉语口语中一种重要的语音现象。关于儿化的作用,有学者认为它能起到区别词性的作用,是名词化的标志[①];还有认为其还能起区别词义的作用[②];还有学者认为其表示亲切、小、喜爱或是蔑视的感情色彩[③],但周一民(1998)却认为大多数儿化词并不具有这样的作用。

而在儿化的范围上,鲁允中(2001)认为儿化主要用于常用的、口语色彩比较浓厚的词语上,反之,带有书面庄重色彩的词汇儿化的极少。可以认为儿化与现代汉语口语词具有较为紧密的联系。

《现汉》对儿化有两种处理形式,具体为:"书面上有时儿化有时不儿化,口语里必须儿化的词,自成条目,如【今儿】、【小孩儿】。书面上一般不儿化,但口语里一般儿化的,在释义前加'(~儿)',如【米粒】条。"[④]

此外,《现汉》还结合义项、搭配、词形等因素,标注儿化。

首先,从义项上看,针对"(~儿)"的多义词,《现汉》的处理方法为:"释义不止一项的,如口语里一般都儿化,就把'(~儿)'放在

---

① 任学良.汉语造词法[M].北京:中国社会科学出版社,1981.周一民.北京口语语法:词法卷[M].北京:语文出版社,1998.
② 黄伯荣,廖序东.《现代汉语》[M].北京:高等教育出版社,1997.周一民.北京口语语法:词法卷[M].北京:语文出版社,1998.
③ 钱曾怡.论儿化[J].中国语言学报,1995(5).
④ 中国社会科学院语言研究所词典编辑室.现代汉语词典[M].北京:商务印书馆,2005:凡例3.

注音之后,第一义项之前,如【模样】条。如只有个别义项儿化,就把'(～ᵣ)'放在有关义项数码之后,如【零碎】❶……❷(～ᵣ)。"①

其次,《现汉》还考虑到了搭配因素:"如单字儿化与非儿化意义相同,分别用于不同的搭配中,也在释义前加'(～ᵣ)',通过举例表示在有些搭配中儿化,在另一些搭配中不儿化,如'胆'❷(～ᵣ)胆量:～怯|～大心细|～小如鼠|壮壮～ᵣ。"②

再次,《现汉》对儿化条目还作了形式区分:"重叠式在口语中经常带'的'或'ᵣ的',条目中一般不加'的'或'ᵣ的',只在注解前面加'(～的)'或'(～ᵣ的)',如【白花花】…(～的),【乖乖】…(～ᵣ的)。"③

根据统计,《现汉》中儿化与非儿化词的数量、比例如表 4.5 所示:

表 4.5 《现汉》单双音节口语词儿化比例

	儿化词语	非儿化词语
数量	227	468
比例	32.71%	67.29%

而在 227 条儿化口语词中,必须儿化与一般儿化的词语数量、比例如表 4.6 所示:

表 4.6 《现汉》单双音节儿化口语词儿化情况

	必须儿化词	一般儿化词语
数量	148	79
比例	65.20%	34.80%

---

① 中国社会科学院语言研究所词典编辑室.现代汉语词典[M].北京:商务印书馆,2005:凡例 3.
② 中国社会科学院语言研究所词典编辑室.现代汉语词典[M].北京:商务印书馆,2005:凡例 3.
③ 中国社会科学院语言研究所词典编辑室.现代汉语词典[M].北京:商务印书馆,2005:凡例 3.

由以上两表可见,儿化确实是口语中一个重要的语音现象。而单双音节口语词的儿化比例就达到了总量的 1/3,其中六成为必须儿化的词语。

(二)同一词形的儿化与非儿化

一般认为儿化具有区别词语的词性、概念义或色彩义等作用,这在口语词中有充分的体现:相同词形的词语会因为是否儿化,或是儿化的位置不同有所差异,儿化可成为口语与非口语词的界限;同为口语词也会因为是否儿化,或是儿化的位置不同,造成词类或词义的显著差异。具体说来有如下几种:

1. 儿化与非儿化均为口语词的情况

同一词形儿化与非儿化均带有口语色彩的共有三对,可分为两种情况:

第一类为词类不同,词汇的概念义也不同的。例如"对眼"与"对眼儿",前者为形容词,后者为名词:

【对眼】¹ duì//yǎn〈口〉形 合乎自己的眼光;满意:几块花布看着都不~。

【对眼】² duì//yǎn(~儿)〈口〉名 内斜视。

同类情况还有"块(量词)"与"块儿(名词)"。

第二类为词类相同、词汇的概念义不同的。如"犄角"与"犄角儿",两词一儿化一轻声,所指却大不相同:

【犄角】jījiǎo(~儿)〈口〉名 ❶物体两个边沿相接的地方;棱角:桌子~。❷角落:屋子~。

【犄角】jī·jiao〈口〉名〈口〉角¹①:牛~。

2. 儿化的为口语词,非儿化不是口语词的情况

此种情况可分为三类:

第一，词类不同，词汇的概念义也不同。如"当"与"当儿"，前者在《现汉》中分立为四个词目，具有动词与介词两种词类，均无口语色彩，甚至作为语素使用时还有书面语色彩，如"螳臂当车""锐不可当"与"瓦当"等。而"当儿"却为口语词：

【当儿】dāngr〈口〉 名 ❶当口儿：正在犯愁的～，他来帮忙了。❷空儿；空隙：两张床中间留一尺宽的～。

同类情况还有"份(量词)"与"份儿(名词)"，"后(方位词)"与"后儿(时间词)"等。

第二，词类相同，词语的概念义不同的，如：

【小人】xiǎorén 名 ❶古代指地位低的人，后来地位低的人也用于自称。❷指人格卑鄙的人：～得志｜势利～。

【小人儿】xiǎorénr〈口〉 名 ❶对未成年人的爱称。❷比较小的人的形象：画～。

同样情况的还有"变法"与"变法儿"。

第三类为词语的词类、概念义都相同，但语体陪义不同，即儿化词带有口语语体色彩，非儿化词则无，这类词相对前两类较少。例如"样片儿"与"样片"：

【样片儿】yàngpiānr〈口〉 名 样片。

【样片】yàngpiàn 名 摄制出来供审查的电影片或电视片。

3. 儿化的位置不同

大部分词语的儿化韵都加在词尾，如"花儿""鸟儿"。但也有例外，如"姐儿们"的儿化就位于两音节之间，这样的词语共七条：分别是"哥儿们""姐儿们""片儿警""玩儿命""玩儿完""爷儿们""娘儿们"，其中"哥们""姐们""爷们"三个词形均有两种儿化形式。具体说来它们的情况又可分为：

第一,语义相同,互为异形口语词,如"哥们ᵣ""哥ᵣ们":

【哥们ᵣ】gē·menr〈口〉名 (1)弟兄们:他们家～好几个呢。(2)称同辈的朋友(带亲热的口气):他和我是～,俩人好得无话不说。‖也说哥ᵣ们(gēr·men)。

【哥ᵣ们】gēr·men〈口〉名 哥们ᵣ。

"姐们ᵣ"与"姐ᵣ们"也属于这一情况。

第二,语义不同,如"爷们ᵣ"与"爷ᵣ们"所指不同,且一为方言词,一为口语词:

【爷们ᵣ】yé·menr〈方〉名 ❶爷ᵣ们。❷男人之间的互称(含亲昵意)。

【爷ᵣ们】yér·men〈口〉名 长辈男子和晚辈男子的合称。

与"哥ᵣ们""姐ᵣ们"不同的是,与"爷ᵣ们"对应的"娘ᵣ们",并没有"娘ᵣ们"这样儿化位置改变的词形。

由上可见,儿化词与口语词之间存在较大的相关性。同时,儿化与否以及儿化的位置,也可能使词义发生改变。

(三)儿化口语词的词类

儿化词中名词数量众多,却也不乏其他词类,例如上文中的"玩ᵣ命""玩ᵣ完"均为动词。笔者统计了儿化口语词的词类分布(见表4.7):

表4.7 儿化口语词词类分布表

词类	名	动	副	形容	代	量	兼类
数量	133	61	10	10	8	2	3
比例	58.59%	26.87%	4.40%	4.41%	3.52%	0.88%	1.32%

可以看出,名词占了口语儿化词的50%以上,儿化词与名词之间既有很大的关联性,又不完全对等。有四成多的儿化词并非名词,例如"挨肩ᵣ"为动词,"成总ᵣ"为副词,"大伙ᵣ"为代词,"够

味ᵣ"为形容词,"块ᵣ"为量词等。但非名词性的93条儿化词,除了"呲ᵣ""几ᵣ""哪ᵣ""那ᵣ""停ᵣ""块ᵣ"外,大多为动宾或偏正结构,即儿化的音节本身具有名词性,如"是个ᵣ"尽管为动词,但"个ᵣ"是名词语素。

第四节 单双音节口语词构词分析

一、词类分析

《现汉》在区分词和非词的基础上,对词语进行了词类标注,并区分了名词、动词、形容词、数词、代词等12种词类。其中,《现汉》单双音节口语词的词类分布情况如表4.8所示:

表4.8 《现汉》单双音节口语词词类分布表

词类	名词	动词	形容词	数量词	量词	代词
数量	336	240	79	2	7	11
词类	副词	介词	连词	助词	叹词	拟声词
数量	24	3	5	3	0	0

注:①本表只计口语义项的词类;②部分口语词为兼类词,因此统计结果的总数大于单双音口语词数。

口语词的词类由多到少依次为:名、动、形、副、代、量、连、助、介、数量词,无叹词与拟声词。

二、构词法①与常用词缀

(一)构词法

口语词的构词法如下表所示:总体看来,典型单双音节口语词

---

① 本节研究的构词法包括"单字"＋后缀"儿"的构词形式,因此不局限于双音节词。

中,合成词数量远超过单纯词,而在合成词内部,附加式为数不少,占总量的近 1/4。

表 4.9 单双音节口语词构词法分布表

结构	单纯词	合成词		
		附加	重叠	其他
数量	14	130	16	534
举例	邋遢、哈喇、轱辘、嘟噜、叨唠、吩咐	粗拉、锄儿、戳子	星星、奶奶	奔命、水灵、地面

(二)常用词缀

典型口语词中附加式数量较多,附加式的词缀又以"子""儿""头"为最。李如龙(2007)曾就 1983 版《现汉》统计了其中方言词、口语词与书面语词带"子""儿""头"的词缀情况。由表 4.10 可见,方言词、口语词中带"子""儿""头"词缀的情况远高于书面语词。

表 4.10 方言词、口语词、书面语词带子、儿、头词缀表

	〈方〉	〈口〉	〈书〉	备注
子	201	122	15	皆非后缀:如学~、游~、外~、孺~、~婿、~嗣
儿	203	145	1	宁馨~
头	75	29	1	肩~

注:表格中备注为作者所加。

《现汉》694 个单双音节词中带"子""儿""头"词缀的数量如表 4.11 所示,其中带后缀"子"的有 69 个,带"儿"的有 147 个,带"头"的有 18 个。

表 4.11　单双音节口语词带"子""儿""头"词缀表

	子	儿	头
数量	69	147	18
举例	盆子、奶子 林子、瘤子	地儿、靛颏儿 豆角儿、多会儿	当头、号头 浪头、领头

本章仅研究单双音节口语词,因此有些数据比之李如龙(2007)的要少些。但总体而言,《现汉》从 1983 版至 2005 版,其间历经 22 年,"子""儿""头"作为口语重要词缀的特点仍未改变。

除了"子""儿""头"外,还有一些口语常用词缀。周一民(1998)认为,北京话动词的常用后缀有巴、达、拉、喽、哧、咕、道、腾、哥等,如撕巴、甩达、抠哧;形容词后缀有"巴",如干巴、蔫巴、紧巴、结巴、皱巴。在《现汉》中,以上词缀"阿""喽""哧"均未作为词缀出现,而"哥"(鹦哥)与"道"均未作为动词后缀出现。其余的前后缀使用情况如表 4.12 所示:

表 4.12　《现汉》其他词缀出现数量表

	巴	达	拉	咕	腾	老
数量	1	1	4	1	2	7
举例	干巴	溜达	扒拉、半拉、粗拉、拨拉	捅咕	倒腾、踢腾	老公、老娘、老婆、老外

根据上表可见,除"子""儿""头"外,其他词缀在典型口语词中并不常见,其原因可能来自于北京话与普通话之间的差异,也可能与《现汉》口语词总量有限有关。

三、单音节口语语素的单用与构词

单双音节口语词具有多义且义项复杂的特点。此外,一部分单音节口语词还可作为成词语素存在。从语素的构词能力看,周荐(2004)认为《现汉》标〈书〉或释为"古代称……"的单字大多不具有构词能力,而标〈方〉的单字有些也不具构词能力。吴茗(2008)考察了最高频的50个语素,认为语素的语体特征限制了语素项的构词能力:如其调查的语素"分(fèn)²"(〈书〉料想)只构成了"自分"1个书面语词;"火❽"(〈口〉兴旺;兴隆)只构成了5个词。

据统计,《现汉》第五版有105个单音口语词(或语素),笔者调查统计了其构词能力。

(一)口语语素的基本构词情况

《现汉》所出单音节口语词可分为四类:只能构词、只能单用、既可单用又可构词,以及"单音节+儿"的情况(如"昨儿")。"单音节+儿"在《现汉》中是以双字条目形式出现的,但儿化韵不算一个音节,故而此类情况单独统计、不列入考察范围。单字口语语素口语义项的单用与构词能力①如表4.13所示。

表4.13 《现汉》单音节口语语素构词情况表

	单音+儿化	只能构词	既可单用 又可构词	只能单用
数量	26	1	47	31
举例	爷儿、昨儿、雏儿、几儿	草	抻、爹、玄、把、敲、血	剋、怪(副词:很;非常)、攥、蹅

根据上表可见,只能构词而不能单用的口语语素只有一个"草"(表示雌性的家畜或家禽,如草鸡),既可单用又可构词的口语

---

① 例如"撅¹"在《现汉》的释义为:"翘起:～嘴 | ～着尾巴。〈口〉当面使人难堪;顶撞:～人 | 他平白地～了我一顿。"尽管作为"翘起"解释时"撅"能构成"撅嘴"一词,但其口语义项并没有构词能力,因此被列入只能单用的口语词。

语素有47个,只能单用的口语语素有31个占总量的近40%。

同时,大多数可构词的语素构词能力也不强,大多只能构成一两个词语:例如"抻"只构成"抻面","砢"只构成"砢窝ㄦ","嘬"只构成"嘬瘪子"。从《现汉》看来,构词数最多的口语素为"血〈口〉"(xiě),共构成了14个词语(如"血糊糊""血淋淋""咯血")。

而反观书、口通用语素,吴茗(2008)调查了《频率词典》排名前50位的素形,他们构成了581个语素项,12083个词语。平均每个素形构词约242个,每个语素项构词约21个,构词能力最强的语素项为后缀"子",构词942个。可见口语语素与通用语素构词能力上有所差距。

(二)从同形同义语素看口语语素的构词能力

另有一个例子也能说明口语语素较弱的构词能力。有六对异读语素,它们词形、概念义(至少部分义项)相同,但读音不同,分别为:"熟"〈口〉(shóu)、"熟"(shú),"血〈口〉"(xiě)、"血"(xuè),"色〈口〉"(shǎi)、"色"(sè),"尿〈口〉"(suī)、"尿"(niào)①,"虹〈口〉"(jiàng)、"虹"(hóng),"壳(~ㄦ)〈口〉"(ké)、"壳"(qiào)。笔者将六个口语语素与对应的通用语素之间的构词能力差异逐一作了分析。

"熟"shóu,《现汉》的释义为"〈口〉义同'熟'(shú)","熟"(shú)在《现汉》中共构成了54个词(成熟、熟人、熟语、熟谙、熟化),而"熟〈口〉"shóu则没有构词能力。

"血〈口〉"(xiě)义同"血"(xuè),"血"(xiě)共构成了14个词语(如"血糊糊""血淋淋""咯血"),而"血"(xuè)则构成了115个词语(如"血性""血循环""血证""血象""血口喷人"等),是口语语素的8倍。

---

① 构词数据主要来源于1996版《现汉》,兼参考2005版。

"色〈口〉"(shǎi)和"色"(sè)的义项❶相同。"色〈口〉"(shǎi)共构成13个词语,而"色"(sè)则构成了191个词语(如"有声有色""驼色""使眼色""色泽""冷色"等),其中"颜色"这一语素义共构成双音词92个。

"尿〈口〉"(suī)与"尿"(niào)的义项❶相同。"尿〈口〉"(suī)共同构成了2个词语,"尿泡""尿脬"。而"尿"(niào)则构成了14个词语("尿液""尿血""糖尿病"等)。

"虹〈口〉"(jiàng)义同"虹"(hóng)。"虹〈口〉"(jiàng)没有构词能力,限于单用;而"虹"(hóng)则构成了7个词语(如"彩虹""虹膜""虹吸现象"等)。

"壳(～儿)〈口〉"(ké)义同"壳"(qiào)。其中"壳"(qiào)构成了8个词语(如"地壳""甲壳"等),而"壳〈口〉"(ké)构成了7个词语(如"贝壳""脑壳"),这是口语语素与通用语素构词能力最接近的一对。

表4.14 同形异读语素构词能力区分表

语素	熟		血		色	
	shú	shóu〈口〉	xuè	xiě〈口〉	sè	shǎi〈口〉
构词数量	54	0	115	14	191	13
语素	尿		虹		壳	
	niào	suī〈口〉	hóng	jiàng〈口〉	qiào	ké〈口〉
构词数量	14	2	7	0	8	7

由上表可见,文白异读的语素中,口语语素受语体陪义的限制,构词能力明显少于书、口通用语素。

总之,与通用语素相比,现代汉语典型的单音节口语语素构词能力较弱,这也从侧面说明了语体陪义较大地限制了语素的构词能力。

四、双音节口语词的语素组合特点

王东海(2002)认为"语体同一"是同义语素编码的重要规则,在词语内部文言性的语素宜跟文言性的语素组合,口语性的语素宜跟口语性的语素组合。张志毅(2005)提出:"具有文言性的语素较宜相互结合,具有口语性的语素较宜相互组合,而不宜或较少交叉组合。"①此外,周荐(2004)提到汉语复合词"能搭配在一起的两个语素,风格上常是协调一致的"②。那么,双音口语词在语素组合上是否具有这一特点?

以"妈"和"母"两个语素作判断,在《现汉》中"妈"具有〈口〉标记,"母"虽无〈书〉标记,但相对于"妈"却更偏向于书面语。与其相组合的语素可以有"后"与"继""干"与"义",其中"后""干"口语性质强,"继""义"则书面语性质强。具体组合见表4.15:

表 4.15 书、口语素组合情况表

	后(口)	继(书)	干(口)	义(书)
母(书)	+	+	−	+
妈(口)	+	−	+	−

由表可见,除了"后"的适用性比较强,能够同时与"妈""母"组合外,其他语素均遵循"书+书",或是"口+口"的组合原则:可以说"继母",却不说"继妈",可以说"干妈",却不说"干母"。同时,这种"口+口"语素组合而成的词语往往具有比较通俗的色彩,例如《现汉》就将"后妈"注为口语词。

---

① 张志毅.词汇语义学(修订本)[M].北京:商务印书馆,2005:185.
② 周荐.复合词构成的语素选择[C]//词汇学词典学研究.北京:商务印书馆,2004:28.

笔者根据《现汉》的语体标记考察了其他双音节口语词的语素组合情况：若该语素在《现汉》中无任何标记，则认定为书、口通用语素（以下简称通用语素）；若该语素在《现汉》中有〈口〉标记，则称为口语语素；方言语素、书面语素同理推之即可。具体说来，双音节口语词的语素有如下六种组合形式：

1. **通用语素＋通用语素（儿）**

这类组合在《现汉》〈口〉标记词汇中最占优势。具体说来，它们又可以分为如下两种形式：

(1) 较通俗的通用语素＋通用语素（儿）

师娘、忙活、抹脸、拉倒、拉稀、夸嘴、抠搜、揪心、搅和、豁嘴、活该、缠磨

小孩儿、摸黑儿、没门儿、没谱儿、没词儿、铆劲儿、究根儿、皇历儿、慌神儿

(2) 通用语素＋词缀（或词缀＋通用语素）

腔子、扒拉、忙乎、漏子、瘤子、老公、老婆、号头、拐子、池子、粗拉

2. **口语语素＋通用语素（儿）**

把角儿、把口儿、绷脸、镩子、后爹、后妈、毛票、赶明儿、赶趟儿、聊天儿、颜色、赚头、舅妈、玄乎

3. **口语语素＋口语语素**

爸爸、妈妈、嚷嚷

4. **方言语素＋通用语素（儿）**

挨宰、撺弄、奶水、奶头、奶子

5. **方言语素＋方言语素**

撺掇、屃屃、奶奶

6. **双音节语素**

吩咐、嘟噜、轱辘、哈喇、邋遢

综合看来,由于《现汉》的语体标记标准从严,无标记的通用语素数量远超其他语素,因此口语词中"通用语素+通用语素"的情况依然是最多的。但《现汉》双音节〈口〉标记词汇仍体现了明显的口语特征,口语词的构成具有如下特点:

第一,语素的口语色彩浓厚。除了使用典型的口语语素与方言语素外,口语词中所用的通用语素大多较为通俗,例如"夸嘴"为口语词,其释义为"夸口",但"嘴"比"口"更为通俗,因此"夸嘴"为口语词,而"夸口"不是。此外,儿化与口语词缀的使用也增加了词语的口语色彩。

第二,方言语素与口语语素的关系紧密。例如方言语素"奶"(〈方〉乳房),组成了"奶水""奶子""奶头"等口语词;再如"宰"(〈方〉比喻向买东西或接受服务的人索取高价)组成了口语词"挨宰"。可见方言语素也是构成口语词的重要力量。

第三,《现汉》〈口〉标记词中未出现典型的书面语素,这也从侧面证明了语素的语体同一组合规律。

总而言之,口语词的语素构成体现了语体同一性原则:比较通俗的通用语素是构成口语词的主要力量,口语语素次之,方言语素也是口语词的重要构成部分。此外,词缀在口语词也具有重要构词作用。

第五节 单双音节口语词的用字与同异形分析

一、用字

根据统计,《现汉》694 条单双音节口语词中,共用字 1431个[①],其中字种(即不同的字形)684 个。高频字种如表 4.16 所示:

---

① 包含词目中的"儿"缀。

表 4.16 《现汉》单音节口语词用字表

排序	1	2	3	4	5	6	7	8	9	10
字目	儿	子	头	打	活	小	片	大	当	老
数量	149	69	21	15	12	12	10	9	8	8

除了"子""儿""头""老"等字形简单的重要词缀外,典型口语词使用的汉字常用度如何？笔者结合《现代汉语常用字表》作了分析。

表 4.17 《现汉》单双音节词用字常用度分析表

	用字总量	2500 常用字	1000 次常用字	非常用字
数量	684	578	55	51
占口语词比例		84.50%	8.04%	7.46%

总体而言,《现汉》〈口〉标记单双音节口语词中,将近 85% 的用字在 2500 常用字范围内,另外 8% 属于 1000 次常用字。此外,还有 51 个非常用字,如"剜""煅""糯"等。非常用字的主要特点为:

首先,字形复杂、笔画多。例如,"邋"有 18 画,"撅"有 15 画。

其次,构词能力不强。不少字作为语素用时构词能力很弱,如"糯"只能构成"糯糊""糯子"两个词,"蠓"只能构成"蠓虫儿"一个词。

二、异形

异形词指的是普通话书面语中并存并用的同音、同义而书写形式不同的词语。《现汉》将异形词分为推荐词形与非推荐词形两类,具体采取了两种处理方式:

第一种为"括号标注"类异形词,"已有国家试行标准的,以推荐词形立目并作注解,非推荐词形加括号附列于推荐词形之后;在同一大字头下的非推荐词形不再出条,不在同一大字头下的非推荐词形如果出条,只注明见推荐词形。如【含糊】(含胡),'含胡'不再出条;又如【嘉宾】(佳宾),【佳宾】虽然出条,但只注为:见〖嘉宾〗。"①

第二种为"也作"类异形词:"国家标准未作规定的,以推荐词形立目并作注解,注解后加'也作某',如【辞藻】……也作词藻;【莫名其妙】……也作莫明其妙。非推荐词形如果出条,只注同推荐词形,如【词藻】……同'辞藻'。"②

据白云(2007)统计,《现汉》五版共收 1513 个异形词。在《现汉》694 条单双音节口语词中,异形词目共有 28 对(56 条),其中类型与数量如表 4.18 所示:

表 4.18 《现汉》单双音节口语词异形情况表

	"括号标注"类异形词	"也作"类异形词
数量(对)	7	21
举例	分付(推荐词形:吩咐)	昨儿个(推荐词形:昨儿)

由上表可见,《现汉》单双音节口语词中的异形词共 56 条,占《现汉》异形词总数(1513 个)的 4% 左右,而 694 条单双音节口语词仅占现汉 65000 条词目总数的 1% 左右。从相对数量上看,异形在口语词中的比例不小。实际上,多音节口语词的异形数量更大,占到总量的 10% 左右。

---

① 中国社会科学院语言研究所词典编辑室.现代汉语词典[M].北京:商务印书馆,2005:凡例 3.

② 中国社会科学院语言研究所词典编辑室.现代汉语词典[M].北京:商务印书馆,2005:凡例 3.

口语词中异形词数量多,究其原因应当是由于这些词汇不少源自于口语,产生时并没有固定的书面语形式,后来人们就使用了不同的字符予以记录。基于这一原因,美国1979年出版的《汉英现代汉语文学作品口语词典》(Chinese-English Dictionary of Colloquial Terms Used in Modern Chinese Literature)就认为词形多是判定口语词的重要依据。

三、同形

《现汉》对同形词的处理也较为复杂,可以分为单字条目与多字条目两类同形。

(一)单字条目(字头)的同形

单字条目的同形有三种情况:一种是"形同而音、义不同的,分立条目",如"弹"(dàn)和"弹"(tán);另一种是"形、义相同而音不相同,各有适用范围的,也分立条目",如"熟"(shú)和"熟"(shóu);还有一种是"形同音同但在意义上需要分别处理的,也分立条目"[①],这类如"花¹"和"花²"。

(二)多字条目的同形

而多字条目"形同而音、义不同的,分立条目……形同音同,但在意义上需要分别处理的,也分立条目"[②]。

这几类情况均存在于口语词中。其中,第一类形同而音义不同的同形词,在口语词中主要体现为轻声、儿化带来的同形词,如【犄角】(~儿)jījiǎo与【犄角】jī·jiao,【图书】túshū与【图书】tú·shu。

---

① 中国社会科学院语言研究所词典编辑室.现代汉语词典[M].北京:商务印书馆,2005:凡例2.

② 中国社会科学院语言研究所词典编辑室.现代汉语词典[M].北京:商务印书馆,2005:凡例2.

第二类为 6 对形同义同,但读音不同的词语,即"熟"〈口〉(shóu)、"熟"(shú),"血〈口〉"(xiě)、"血"(xuè),色〈口〉"(shǎi)、"色"(sè),"尿〈口〉"(suī)、"尿"(niào)、"虹"(hóng)、"壳(~儿)〈口〉"(ké)、"壳"(qiāo)。它们的适用范围不同,在构词能力上也有差异,笔者在上一节中已详细谈过,此处不多赘述。

第三类形、音相同,但因为语义不同,分立条目有 35 条,如"怪¹""批⁴"。这类口语词也分两种:

其一是两个同形词,一为口语词,另一为书口通用语词。如上文提到的"批⁴(~儿)"(〈口〉名 棉麻等未捻成线、绳时的细线)、"怪¹"(〈口〉副 很;非常)等。就"批"而言,动词(批准、审批义)与量词的义项较为常用,而口语义项(名〈口〉棉麻等未捻成线、绳时的细缕:线~儿丨麻~儿)则较为少见。

其二是两个分立条目的同形词均为口语词,但由于义项相差太大被分立条目,如"对眼¹"(〈口〉合乎自己的眼光;满意)与"对眼²(~儿)"(〈口〉内斜视)。

第六节 单双音节口语词语义场分析

关于口语词描绘的事物或者概念问题,陈建民(1984)曾提出"日常用语比较具体形象……数理化用语内容比较抽象"[①]的说法。笔者将结合语义场理论,借助类义词典《同义词词林》探索口语词所属的语义场类型。

一、语义场理论

语义场是义位聚合关系的体现。贾彦德(1986)将语义场的最

---

① 陈建民.汉语口语[M].北京:北京出版社,1984:266.

小子场分为分类义场、顺序义场、关系义场、反义义场、两极义场、部分否定义场和同义义场。张志毅(2005)认为:"现代汉语至少有6000个底层义场包含同义结构关系的义位,其义位总数大约占现代汉语义位的2/3。"[①]其根据底层义场中的义位之间的关系,分析出十种结构关系:同义结构、反义结构、上下义结构、类义结构、总分结构、交叉结构、序列结构、多义结构、构词结构、组合结构。下文探讨的主要是表示类义关系的同类语义场。

二、《现汉》口语词语义场分析方法

(一)语义场判定依据:《同义词词林》

《同义词词林》是一部重要的现代汉语类义词典,其共收词六万多条,在收词时以语义为主兼顾词类的分类方法,同时还注意将题材相同的尽可能集中。它以四个大范畴统率词汇:(1)人类及一切事物概念的本体名称;(2)人和事物的属性、运动及状态;(3)人以及事物之间的相互关系;(4)语言本身的特殊表达方式。据宋婧婧等(2004)统计,全书实际将词汇分为五级,形成了12大类、94中类、1428小类(主题词群)、3925词群(主题词)和11000左右的词组(段)。以"星期"一词为例,其层级情况为:

第一级　大类C:时间与空间

第二级　中类Ca:时间

第三级　小类Ca22:旬、星期

第四级　主题词"星期"词群:星期、周、礼拜

第五级　分段排列的同义词组:星期一、周一、礼拜一、月曜日……

(二)数据处理

笔者利用access将《同义词词林》(以下简称《词林》)与《现汉》

---

① 张志毅、张庆云.词汇语义学[M].北京:商务印书馆,2005:64.

单双音节口语词相关联,以初步确定口语词的语义场,主要方法为:首先将所有《现汉》单双音节口语词(包括异形词①)调出,再将《词林》的条目与其关联。经过语料库的关联,共有793条词项(笔者注:词项指在《词林》中出现的所有词形,如同一个词形若在《词林》中出现了6次,就为6个词项)在《词林》中出现。

很明显,这与694条单双音节口语词的总量并不相符,造成这一现象的主要原因在于:

首先,不少口语词是多义词,例如"把"这一词形就在《词林》中出现了13次,产生了13个词项。

其次,有些词语在《词林》为语义兼类,就此造成了不少一对多条目。

再次,有些《现汉》口语词《词林》未收。

(三)《词林》的同形词项与《现汉》对应情况

通过逐条分析,《词林》的词项与《现汉》口语词的义项对应存在如下几种情况:

1.《词林》的同形词项与《现汉》各义项一一对应

所谓同形词项是指在《词林》中分属不同类别的同一词形,它们在《现汉》中或是同形异义词,或分属同一词目的不同义项。例如"男人"一词在《词林》中出现了两次,就为同形词项。

通过检索可以发现,不少词项在《现汉》与《词林》中存在一一对应的情况,以"玩意儿"一词为例:

---

① 将异形词也统计入内的原因在于《词林》中可能收录的为某词形的异形词目。将异形词目也调入,可防止数据缺失。

表 4.19 "玩意儿"词项与《现汉》义项对应表

《现汉》义项	《词林》类别
玩具。	Bp35:玩具
指曲艺、杂技等,如大鼓、相声、双簧、魔术。	Dk30:曲艺　杂技　武术
指东西;事物:他手里拿的是什么~?	Ba01:物　物体

2.《词林》的词项数少于《现汉》义项数

例如"礼拜"的口语义项:

❷〈口〉名 期:下~｜开学已经三个~了。❸〈口〉名 跟"天(或日)、一、二、三、四、五、六"连用,表示一星期中间的某一天:~三｜~六。❹〈口〉名 指礼拜天:过~。

《词林》中对应的类别有两个:Ca22 旬　星期;Hk01 祷告　礼拜　受洗　祝福。其中"Hk01 祷告　礼拜　受洗　祝福"对应《现汉》义项❹,义项❷❸被《词林》统一归入 Ca22 旬　星期。

3.《词林》的词项数多于《现汉》义项数

例如"家什":

《现汉》:〈口〉用具;器物;家具:食堂里的~擦得很干净｜锣鼓~打得震天价响。

《词林》:Ba05 器具　设备;Bo01 机器　工具　泵

尽管"家什"在《现汉》中是单义词,却有三个释义词,它们在《词林》中被细分为两个不同的类别。

4.《词林》所有词项均无法与《现汉》对应

例如"鬼"一词:

《现汉》:❻〈口〉机灵(多指小孩儿或者动物):这孩子~得很!

《词林》：人　人民　众人(Aa01)；神　鬼　妖　魂　妖魔鬼怪(Dh01)；好　坏(Ed03)

《词林》出现的所有词项都无法与《现汉》对应，只能按照释义重新划分所属类别。

5.《词林》未出现的口语词形

据统计有 228 条《现汉》口语词形未在《词林》中出现，如"打蔫ㄦ""挨肩ㄦ""拉倒"等，为了增加统计信度将进行条目增补。

(四)词形的增加方法

首先，根据某一词形的同义词、近义词查找所属类别。例如"撅"的口语语义为"当面使人难堪；顶撞"，但这一义项在《词林》中未出现，笔者以近义词"顶撞"进行查找，得到所属类别：骂　争吵　顶嘴　吵闹(Hi42)。

其次，利用上义词查找所属类别。即通过查找与该词存在上层语义关系的词语确定语义类别，例如"家畜"就是"猪、牛、羊"的上义词。

再如，在本次调查中，口语词"局子"的义项❷为"指镖局、拳局等"，但这两个释义词语均未在《词林》中出现。根据语义其应当属于营业性的机构，这样找到"Dm：机构"，归属 Dm04。如此就完成了"局子"的语义所属类别的划分。

再次，根据释义查找同类词。同类词是与所查找词语在语义场中具有共类关系的词语，比如"苹果、香蕉、葡萄"都是水果的一类。在本调查中，口语词"毛"的释义为"〈口〉一圆的十分之一；角"。但查找"角""毛"后，均未发现表示货币的类别，再查找"圆"，发现其属于"Dj05：货币　票据"，这样，根据同类归类的原则找到了"毛"(〈口〉一圆的十分之一；角)的归类。

(五)词项的修订

词项的修订包含增加与删除两种，其中词项的增加方法与前

一段提到的词形增加方法相同,删除的主要为非口语义项的词项。例如"娘们"一条在《现汉》中为:

【娘ᵣ们】 名 ❶〈口〉长辈妇女和男女晚辈合称。❷〈方〉称成年妇女(含轻蔑意,可以用于单数)。❸〈方〉妻子。

笔者只保留义项❶,其对应语义类别 Ab01 男人　女人　男女

(六)多余词项的保留

《词林》与《现汉》的编写时代、编写人员不同,对语义的分合与归属也有所不同,因此有些在《现汉》中为单义的词语,在《词林》中却被归为不同的语义场,例如"够味ᵣ"一词:

《现汉》:〈口〉工力达到相当高的水平;意味深长;耐人寻味;这两句他唱得挺~。

《词林》:咸　淡　可口　难吃(Ec10);好　坏(Ed03)

"够味ᵣ"在日常用语中确实具有"可口"义,因此对"Ec01:咸　淡　可口　难吃"这一语义归属予以保留。

(七)异形词的特殊处理

为了防止漏收词条,异形词的推荐与非推荐词形均被列入统计范围。若两个词形均在检索结果中出现,则删去非推荐词形,以免重复统计;如检索结果中只出现非推荐词形,未出现推荐词形,则保留非推荐词形,以保证调查结果的完整性。

例如,"花销"为《现汉》的推荐词形,"花消"为非推荐词形,但《词林》只收了"花消",却无"花销",就予以保留,并在语料库"花消"的"备注"一栏中标记"花销异形"。

经过以上的整理工作,仍然有部分义项很难找到对应的归属类,例如"熟"的义项❹,为"加工、锻炼过的"(如"熟皮子""熟铁"),就较难找到语义归属,暂不将其列入统计范围。

经过词项的增删与合并,最终《词林》中出现的《现汉》单双音

节口语词项共 847 条。

三、单双音节口语词语义场分析

口语词在《词林》前三级的大类、中类及小类分布如下表所示。这些口语词涵盖了 12 个大类,其中"物""活动""特征"三个大类口语词较多。

表 4.20　口语词所属义类(大类)分布情况表

大类	大类名	数量	比率	大类	大类名	数量	比率
A	人	91	10.74%	G	心理活动	3	0.003%
B	物	146	17.24%	H	活动	37	4.37%
C	时间与空间	51	6.02%	I	活动	122	14.40%
D	抽象事物	122	14.40%	J	现象与状态	76	8.97%
E	特征	115	13.58%	K	关联	8	0.94%
F	动作	45	5.31%	L	助词	31	3.66%

847 条词项共属于 90 个中类义场,其中含有 20 个以上口语词的中类义场为:

表 4.21　口语词所属前 15 位中类义类分布情况表

排序	二级名	数量	排序	二级名	数量	排序	二级名	数量
1	性质	45	6	表象	29	11	上肢动作	24
2	社交	45	7	用品	28	12	经济	23
3	亲人　眷属	42	8	文教	28	13	德才	22
4	生活	38	9	全身	27	14	心理活动	21
5	时间	32	10	生理现象	26	15	机具	20

847 个词项共属于 492 个小类,其中具有最多口语词的为"父

母 父母 父子"与"账目 款项 费用"两类。

表 4.22 口语词所属前 25 位小类义类分布情况表

小类名	数量	小类名	数量	小类名	数量
父 母 父母 父子	10	子女 子女	5	戏剧 唱腔 舞蹈 电影 镜头	5
账目 款项 费用	10	容貌 姿势 步伐 装束	5	夫妻 夫妻	5
讲话 谈天	9	日	5	了解 认识 体会 不解	5
姑父 姑母 姨父 姨母 舅父 舅母	7	曲艺 杂技 武术	5	灯 镜子 眼镜	5
货币 票据	7	人 人民 众人	5	痒 酸痛 肿胀	5
走 跑	6	衣服 上装 裤子 裙子	5	咳 吐泻 吐泻	5
骂 争吵 顶嘴 吵闹	6	非常 多么	5	颈 肩 胸 乳房	5
翻 扇 撒	6	成功 失败 垮台 落空	5		
好 坏	6	男人 女人 男女	5		

聚合较多口语词的语义场可称为优势语义场,这些语义场体现了口语词在基义方面的特点:

(一)语义的模糊性

陈建民(1984)认为日常口语中使用的很多词语的概念义具有模糊性,没有明确的界限,而科学术语则相反,这在典型口语词中也有所体现。

典型口语词中有 45 个词项属于"性质"义场,例如:

厚实、匀和、玄、赖、糟糕、软和、熟、吃香、魔怔、中溜儿、水灵、可以、棒

它们均隶属于"特征"大类（占词项总数的13.58%），基本为形容词，主要用于描绘人或事物的性质，在概念义上具有模糊性，与对应的反义关系词语没有明显的界线。例如"鬼"表示"机灵"，但机灵与不机灵的界限就很难说明。

（二）亲属义场为优势语义场

有42个口语词项属于亲属义场，占总数的百分之五，如：爸爸、爸、妈妈、妈、后爹、姨儿、婶子等。亲属词语一直是汉语词汇系统的重要组成部分，早在两千多年前，《尔雅》的第四篇"释亲"就比较系统地记录了当时社会的亲属称谓词汇与亲属制度。《词林》共收录亲属场口语词42条，大部分亲属义均有相应的口语词。包括：

父母：爸爸、爸、爹、妈妈、妈、后娘、后妈、后爹

祖辈：奶奶、爷爷

夫妻：老婆、老公、男人、女人

子女：闺女、姑娘

兄弟姐妹：哥儿、哥们儿、哥儿们、姐、姐儿们、姐们儿

其他血亲：大伯、伯伯、姨儿、姨妈、叔叔、姑妈

姻亲：嫂子、婶子、妗子

合称：娘儿、娘儿们、爷儿、爷儿们

缺乏的亲属关系口语词为"胞、堂、表"关系与"公婆、岳父母"关系。

从亲属义场的优势地位看，汉语复杂的长幼尊卑、姻亲血亲关系，不仅在书面语中井然有序，在人们的日常口语中也同样分明。

（三）社交、生活义场为优势语义场

社交、生活义场（中类）含有45个口语词项，是含有口语词项

最多的中类,与性质义场并列第一。这些词语和普通大众的人际交往息息相关,来自于人民的日常生活。如:

缠磨、串气、呲、撺掇、撺弄、叨叨、叨登、叨唠、顶嘴、搅和、夸嘴、撒谎、使坏、数落、抬杠、吓唬、言语、养活、知会、聊天儿、送信儿、言声儿、吩咐、听喝

这些词语中有不少都或多或少含有贬义,而且是基义中所包含的贬义,而非陪义的贬义。① 例如"缠磨""撒谎""撺掇"与"串气"等。

四、从缺失语义场看口语词特点

《词林》的前两级中,口语词涵盖了全部的12个大类,以及94个中类的90个(缺的4个中类义场为:Ad 籍属、Bj 微生物、Hl 迷信活动、Ke 呼叹)。在第三级中,《词林》共收1428个主题词群,《现汉》口语词占其中的492个。口语词中缺失的主题词群主要属于以下义场:

(一)专业领域语义场

1. 科学技术义场

生物类:微生物、细菌、病菌

数学类:比率、比例、比重

动物类:鳄鱼、鲸鱼、海豚、江豚、海参、鲍鱼、海蜇、龟、鳖

医学类:医疗、防护、器材

化工类:五金、金、银、铜、石油、酒精、润滑油、煤焦油、赛璐珞、搪瓷、电木

口语词一般具有通俗、形象的色彩,但以上领域的专业性附带

---

① 张志毅(2005)认为,陪义的褒贬被称作带褒贬色彩的词,而基义的褒贬则一般叫作褒义词或贬义词。

了严肃、理性的色彩,与口语词的风格不太契合,因此这些类别出现了语义场的缺失。

2. 政治、军事类义场

政治类:政治、政体、专政

军事活动:军队、战争;军官、将士、军人、士兵;军舰、战斗机、坦克

与经济、文化生活义场具有较多口语词相比,政治、军事类语义场较为缺乏口语词,整个司法类语义场也仅有"官司"一个口语词。原因在于政治、军事题材过于严肃,与人民群众的日常生活差距较大,出现了口语词的缺失。

(二)旧义位义场

如"宰相、中式者、幕宾、门客、使者"这样的旧义位义场,没有口语词存在。

总而言之,缺失的语义场具有专业性强、义位的语域陪义强等特点。口语词反映的往往是与人民群众的经济、文化相关的事物与活动,一些领域的专业色彩与口语词的通俗色彩并不契合,词类语义场容易出现口语词的缺失。

第七节 单双音节口语词陪义分析

在基本义之外,口语词的陪义包括褒贬、形象、时代、方言等内容。

一、褒贬色彩

张志毅(2005)认为,表情义位有两类:一类是基义表示的情感态度,石安石(1993)称其为情感概念化;另一类是陪义对待基义的情感态度。前者主要为常常提到的褒义词/贬义词,而后者则被称

为带褒贬色彩的词语。

不少单双音节口语词的基义带有贬义色彩。如：

坏蛋、赖、神经、使坏、使绊、送死、糟糕、装蒜、缠磨、刺挠、刺痒、粗拉、佝偻、鬼、黑帖、黑信、揪心、矫情、拉倒、拉稀、邋遢、屈心、小看

带有褒义色彩的单双音节口语词数量则较少，只有六个：好气儿、借光、俊俏、夸嘴、水灵、顺当。

总体看来，带褒义色彩的口语词数量远少于带贬义色彩的。

二、形象陪义

形象陪义指的是"陪义中显现的伴随对象的形、色、音或味等等素义"①。张志毅（2005）将形象陪义分为如下几类：形态形象（汗颜）、颜色形象（彩霞）、声音形象（啊呀）、动态形象（蚕食）、味觉形象（香扑扑）、触觉形象（冰冷）。他认为应该将基义中的形象与形象陪义相区分，例如"高、牛、香"等均为基义中的形象色彩。带有形态与颜色形象陪义的口语词数量相对较多，主要有：

形态形象：帽花、棉猴儿、罗锅、榆钱、月牙、打蔫儿、虎牙、水灵、信瓢儿

颜色形象：黄花闺女、黄花、黄片、白班、黑帖、黑信、云彩

声音形象：呼噜、打嗝儿、叨叨、嚷嚷

动态形象：斗眼、呼扇、神聊

味觉形象：醋心、吃香

触觉形象：光溜、滑溜、梆硬、硬朗

三、时代陪义

义位的时代陪义有历史义位、古义位、旧义位、现代义位与新

---

① 张志毅.词汇语义学[M].北京：商务印书馆.2005：41.

义位五种(张志毅,2005)。其中,现汉单双音节口语词大多取自于共时层面,绝大多数表示的是现代义位。

旧义位是即将消亡或消亡不久的义位。表旧义位的口语词有:洋车(人力车)、洋火(火柴)、洋钱(银圆)、老公(太监)、汉民(汉族人)、汗褂儿(汗衫)、默片儿(默片)、辕子(辕,车前驾牲畜的两根直木)

此外,口语词中还存在一些潜在的旧义位,它们介于现代义位与旧义位之间,随着在当代生活中使用频率的降低,在未来可能成为旧义位。例如:

秤砣、大牢(监狱)、茅房(厕所)、棉猴儿(风帽连着衣领的棉大衣)

与旧义位相对的是新义位,此处的新义位主要为改革开放之后产生的义位。单双音节口语词的新义位有"港(形容具有香港地方的特色)","大片儿"与"黄片儿"等。多音词有"记录片儿""警匪片儿"等。

由上文可见,《现汉》单双音节口语词以现代义位为主,兼有少量的旧义位与极少量的新义位。随着时代的发展,建议《现汉》在今后的改版过程中,可不断补充一些比较稳定的新义位,并逐步淘汰很少在共时语言生活中出现的旧义位,如"老公[2]"的口语义为"太监",但这一语义已逐渐消亡,可考虑不再立目。

四、方言陪义

词语的方言陪义指其具有的方言色彩。一般说来,词语的通行地区越广,进入民族共同语的程度越深,方言陪义也越弱。

《现汉》口语词的方言陪义浓厚,按方言陪义的程度可分为两类:

第一,是完全进入民族共同语的词语,基本没有方言陪义。如:爸爸、星星、打嗝儿、灯泡、干吗、舅舅、奶奶、脑袋、撒谎

第二,是基本或大部分进入民族共同语的词语,仍带有部分方

言陪义。如：

爹、估堆儿、豁嘴、身量、抬杠、淘神、现下、想头、有盼儿

而对部分进入或者尚未进入民族共同语的词语，《现汉》作了〈方〉标记。如：

癞子、费难、拿人、脾性、烧包、厅堂、小开

但《现汉》对个别词语的语体标记还有待商榷。例如"挨肩儿"（同胞兄弟姐妹排行相连，年岁相差很小）、"靛颏儿"（红点颏和蓝点颏的统称）与"拿糖"（拿乔）等词语，尽管《现汉》赋予了〈口〉标记，但在普通话中使用得并不多，相对而言方言色彩更为浓厚，可考虑给予〈方〉标记。

第五章　对外汉语口语词教学研究

第三章立足于语料库统计,在比较中探讨了口语的词汇特征;第四章借助了语文词典《现汉》的〈口〉标记词汇,对典型单双音节口语词的语言特点进行了分析。汉语的书面语与口语分歧大,口语词具有自身特点,这给对外汉语教学带来了困难与挑战。本章研究将从本体转向应用,分析对外汉语语体词的教学问题。

第一节　对外汉语教学语体研究概述

近年来,对外汉语教学中的语体研究逐步引起学者的重视,综合而言主要有如下类型的研究:

一、对外汉语语体词教学研究

第一,综合看来,学界逐渐提倡增加对外汉语教学方面的语体研究。其中,陶红印(1999)从汉语语体研究的必要性、语体的分类方法与原则入手,认为进行分语体的语法研究是未来语言学的趋势。李泉(2003,2004)提出了类似的观点,认为现有的对外汉语教学语法大纲与教材主要以共核语法为主,缺乏语体观念,书面语与口语的语法区分不明确。他提出应当基于语体,建构面向对外汉语教学的语法体系,具体可分为共核语法、书面语语法与口语语法三类。曾毅平(2009)提出了多种类型的语体区分系统,并从教学大纲、课程设置、教材编写以及教法原则等方面,探讨了语体理论在对外汉语教学中的应用。

第二,在书面语词方面,冯胜利(2006)一直着力于汉语书面语的研究,他认为汉语书面语至少具有五个方面的特征,其中与词汇相关的有语体典雅与词语长短的对应关系、嵌偶单音词的遴用及合偶双音词的使用。汉语书面正式语体的语法特点是韵律和句法交互作用的结果。他还提出有关学写汉语书面正式语体的一些方法。汲传波、刘芳芳(2015)通过比较37个汉语口语格式在HSK动态作文语料库和现代汉语平衡语料库中使用频率的差异,证明外国留学生书面语中确实存在口语化倾向:与汉语母语者相比,留学生在书面语中过多使用其中的19个汉语口语格式。他们还对不同国别留学生在书面语中使用口语格式的频率进行了排序。

第三,在口语方面,相对于口语领域的其他研究,口语词研究相对薄弱,口语词研究多与语法、语篇等其他项目相结合,专门的研究较为少见。如周芸、张婧(2010)针对泰国学生进行了谈话体的教学研究,认为谈话语体能力包括谈话语体语境的认知能力、谈话语体标记的掌握能力、谈话语体的理解能力和表达能力、谈话语体其他语体的协调能力等四种能力组成。两位学者还就泰国学生词汇等方面的偏误作了具体分析,提出在大纲与教材中增加语体能力的建议。

专门进行口语词及语体研究的有:王福生(2002)、关丽君(2004)曾就对外汉语教学中口语和书面语词汇等级的划分等问题进行探讨;余文青(2002)则以汉语学习者为调查对象,探讨了汉语作为第二语言学习者在口头和书面两种表达方式上词汇使用特点。宋婧婧(2008)从现代汉语口语词在本体研究上分析了现代汉语口语词的特点,进而探讨对外汉语口语词教学的重难点以及存在的问题,提出了整合大规模语料库、进行社会调查等解决对策。

二、对外汉语教材中的语体及语体词研究

李泉(2004)认为现有部分教材课文的语体特征不明确,有些口语语篇过于书面语化,有些书面语语篇则过于口语化。曾毅平(2009)就教材编写中的语体问题给出四点建议:(1)教材编写中语体呈现的顺序应当由单一语体逐步向多语体过渡,呈现的方式应是螺旋式的;(2)教材语料的选择要符合语体习得顺序,针对具体课文可就原始语料,采取保留语体、调整语体或改变语体属性等多种方式进行处理;(3)生词与注释可标注语体属性;(4)可针对语体进行教材中的练习设计,以培养学生的语感。

在书面语方面,读写教材的研究为数众多。如曾毅平(2007)就《这样阅读》《汉语阅读教程》和《中级汉语阅读》三部对外汉语阅读教材进行语体研究,发现其语言领域广泛,但分布不平衡;科学与艺术语体最多,在语篇中约占75%的份额;语体典型性与阅读材料的题材、内容关联性较大。

在口语方面,张莹(2005)立足于中高级听力课本,调查了其中的词汇与语法项目的语体分布,发现以通用性、中性的词汇为主,口语的词汇与语法项目数量明显不足。

吴越(2007)立足于《中级汉语口语》等六本较为典型的中高级汉语口语教材,通过一系列的定量统计考察其语体值,认为其中大多数教材(六本中有五本)以口语语体为主,仅有一本属于中性语体。并对口语教材的编写提出了相关建议:在课文编排上可依据学生水平适当增加口语表达与句式;在生词方面,对典型口语词或书面语词加注;在注释上,常用的固定格式、俗语以及谚语需加以说明;在练习方面,应增加语体练习。

三、汉语水平考试中的语体词研究

杜义宁(2014)就新 HSK(1～3 级)听力材料的语体词进行研究,将词汇按照语体分为通用、口语和书面语词三类,并将大纲词汇与听力材料中的词汇进行了关联分析,认为初级阶段的学生语体意识较为薄弱,就此在总体设计、教法、教学以及其他方面,提出了分阶段培养语体意识、将语体意识的培养融汇于教学中等建议。曹毓方(2015)以所教授留学生及 HSK 动态作文语料库中的材料作为研究语料,从语体角度对其中出现的词汇及语法偏误进行了归类,并考察了偏误的原因,对语体教学提出了一些建议。

四、专门用途汉语语体研究

与书口通用、口语和书面语的三分法不同,专门用途汉语是从语言领域角度区分出的语体类型,实际是汉语的语言领域变体。当今成果较多的研究领域包括商务、旅游、科技和医学等。相对而言,商务汉语的体系发展得最为成熟:(1)具有完整的大纲。2006年"国家汉办"委托北京大学研制了商务汉语考试大纲,以指导商务汉语的教学与测试,进而满足从事经贸商务活动的汉语学习者需求。(2)设立专门的考试。商务领域有专门的商务汉语考试(简称 BCT),并具有完整的测试与评价体系。(3)编写了系统的教材。近些年来商务汉语教材层出不穷,使用较为广泛的有对外经贸大学出版的《商务汉语》和外语教学与研究出版社的《经理人汉语》,其他成体系的还有北大出版的《新丝路》等教材。(4)开设了多样的课程。开设汉语课程的学校大都提供分级别、分课型的商务汉语课程,例如初级、中级、高级商务汉语,以及商务汉语视听说、商务汉语口语、商务汉语写作等课程。(5)具有相应的理论研究以指导实践。

总体而言,与本体口语研究的匮乏不同,对外汉语教学界对口语教学较为重视,但口语研究依旧有所欠缺。从研究数量看,在知网中以"对外汉语"为篇名进行检索,可搜索到相关论文10539篇,而以"对外汉语"+"口语"两个词为篇名进行检索,可得论文471篇,占总量的4%左右。现有的对外汉语口语研究主要集中在教材方面,以"对外汉语"+"口语词"为篇名检索仅得论文2篇,专门的口语词研究仅占口语研究的约0.42%。

从研究成果看,现有成果以概括性、经验性以及初步建议为主,在研究方法上存在调查、定量统计的不足,研究深度与广度不足,尤其结合汉语口语测试、学生口语习得情况的研究数量较少;在研究范围上,以书面语研究为主,口语方面的研究不足;在研究成果上能直接用于教学的实践成果不多。

第二节　新旧HSK词汇大纲收录口语词比较研究

在对外汉语教学领域,汉语水平考试(HSK)大纲具有重大指导意义。例如,《汉语水平词汇与汉字等级大纲》(以下简称旧大纲)的作用为:"(1)作为我国初等、中等汉语水平考试[简称HSK(初、中等)]和高等汉语水平考试[简称HSK(高等)]的主要命题依据。(2)作为我国对外汉语教学总体设计、教材编写、课堂教学和成绩测试的重要依据。(3)作为我国少数民族汉语教学以及中小学语文教学的重要参考。(4)作为编制汉语水平四级通用字典及其他词书编纂的框架范围。"[1]

旧大纲在参考已有的多个词表的基础上,辅之以人工干预,得

---

[1] 国家汉语水平考试委员会办公室考试中心制定.汉语水平词汇与汉字等级大纲:修订本[M].北京:经济科学出版社,2001:13.

出常用词语8822条,分为甲乙丙丁四级。

在吸收旧HSK大纲优点并考虑海内外教学实际的基础上,《新汉语水平考试大纲》(以下简称新大纲)于2009年左右推出,每级后均附有词表,共5000条词语按难度被分为1～6级。对其中收录的口语词进行研究,可从语体角度对大纲的修订与优化提出参考意见。笔者在下文中将其与《现汉》口语词进行关联,分析其中口语词的收录情况。

一、《大纲》口语词的选取与排除

利用access将《大纲》词汇(以下不分新旧大纲时均简称为《大纲》)与《现汉》口语词初步关联,可获100～200条词语。但这一结果还需要修正,因为《大纲》只标注所收词语的词形、语法类别、语音和级别,并没有列出其中的义项,所收的词语是否为口语义项,需进行人工排除工作。排除的具体情况如下:

(一)单义词词类与《大纲》完全不统一

即《现汉》的口语词条为单义词,只有一个词类,但该词类与《大纲》完全不对等。如《现汉》中的口语量词"停":

【停²】:(～儿)〈口〉|量|总数分成几等份,其中一份叫一停儿:三～儿去了两～儿,还剩一～儿 | 十～儿有九～儿是好的。

旧大纲标记"停"为甲级、动词,为《现汉》"停¹"词目的基本义,与口语词"停²"完全不同,可直接予以删除。

同类删除的词还有"批⁴",《现汉》带〈口〉标记的为名词,新旧大纲标为量词或动词。

(二)口语义项的词类与《大纲》不统一

这种情况指的是,《现汉》中该词目为多义词,各义项对应不同的词类,其中口语义项的词类与《大纲》不同。如"港"在《现汉》中

的口语义项显示为形容词:

【港】❶ 名 高等植物中栽培植物以外的草本植物的统称:野～｜青～｜割～。……❺〈口〉形 形容具有香港地方的特色:打扮得真～｜她这一身儿才～呢!

但旧大纲标"港"为乙级、名词,与《现汉》的〈口〉标记的词类不符,笔者予以排除。再如"鬼",《现汉》的口语义项为形容词,旧大纲标为名词。再如《现汉》"黄²"的口语义项为动词"事情失败或计划不能实现",但在新大纲为 3 级词,教学中首先教授的应为基本的颜色义,故《大纲》与口语义项不够统一。

(三)非词语素的排除

由于《现汉》对不成词的语素不作词类标记,而旧大纲对成词的条目均标注了词类。因此不成词的口语语素也不是其收录的词语。如:

【草】❶ 名 高等植物中栽培植物以外的草本植物的统称:野～｜青～｜割～。……❺〈口〉雌性的(多指家畜或家禽):～驴｜～鸡。

二、大纲口语词分布情况分析

(一)各级词表收词对比

经人工干预,旧大纲收录口语词 132 条,占总词汇量的 1.49%,新大纲收口语词 84 条,占总词汇量的 1.68%,新旧大纲收口语词比例较为接近。从各级词汇分布情况看,新旧大纲各级口语词数量如表 5.1、5.2 所示。总体而言,口语词在旧大纲各级别分布较为均衡,乙级最多,甲级最少;新大纲的口语词数量与级别、收词总量呈现正相关状态,即级别越高,收词总量越多,口语词越多,有其合理性。

表 5.1 旧 HSK 大纲所收口语词分布情况表

级别	甲	乙	丙	丁
词语	25	40	35	32
举例	爸爸、北边、妈妈	看不起、干吗	岁数、玩意儿	怎、云彩

表 5.2 新 HSK 大纲所收口语词分布情况表

级别	1	2	3	4	5	6
词语数	7	6	7	13	26	25
举例	妈妈、哪儿	爸爸	奶奶、爷爷	收拾	老百姓、礼拜天	巴不得、成天、大伙儿

(二)收录口语词差异分析

将两部大纲口语词表进行重复率分析,有 74 条相同,58 条为旧大纲有新大纲未收的,另有 10 条为新大纲新增的。如图 5.1 所示:

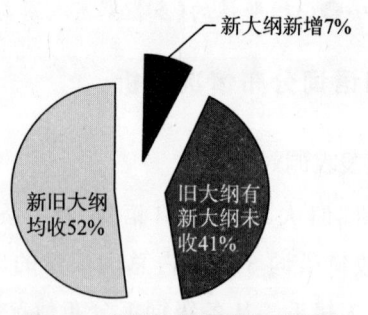

图 5.1 新旧大纲口语词变化图

总体而言,新大纲较之旧大纲体现出如下特点:

第一,口语词的数量虽减少了约 36%,但与词汇总量的减少成正比,因为新大纲总收词量较之旧大纲减少了 40%。此外,在新旧大纲中,口语词占词语总数的比例均较小。

第二,对口语词的增减更符合语言使用的实际。例如增加了"巴不得""哪儿""赚"等较为口语化、较为常用的词语,删除了"半拉""云彩""蝇子"等日常使用度较低的词语。

第三,新大纲口语词的语言领域分布更为合理。旧大纲将高频的政治性词语排在生活性词语之前,例如政治色彩浓厚、学习者一般不常使用的"国民党"为乙级词,留学生来华后很容易用到的"房租"却列为丁级词,政治性的"整风""起义"被标为丙级词,带口语色彩的"埋怨""撒谎"却被列为丁级词。而新大纲有所改进,生活性词语有所增加,政治性词语有所减少,例如不收旧大纲已收的"国民党"与"整风"两词,前者的政治性质较强,后者时代性太弱。

(三)音节分析

本书第二、三章的研究显示,音节与语体具有一定联系。汉唐之后双音节化逐步兴起,从两部大纲收录口语词的数量上看,均为双音节最多,单音词次之,多音词最少。其中旧大纲收双音词75个,占口语词总量的56.82%,新大纲收双音词39个,占46.43%,这符合汉语词汇双音词占多数的基本情况。此外,新旧大纲均收录了不少典型的单音节口语词,如"挺""愣""俩"等,体现了单音词的重要地位。具体如表5.3所示:

表5.3 新旧大纲收录口语词音节数表

	音节数	单音节	双音节	多音节
旧大纲	数量	44	75	13
	比例	33.33%	56.82%	9.85%
新大纲	数量	34	39	11
	比例	40.48%	46.43%	13.10%

(四)语义场分析

大纲口语词与日常生活具有较大的关联度,例如有以下语义场:

亲属义场:爸爸、妈妈、爸、奶奶、叔叔、嫂子、老婆、婶子、闺女

日常交际义场:撒谎、完蛋、吩咐、聊天、过年、倒腾、唠叨、收拾

生活物品义场:灯泡、衣裳、钟点

综上,两部大纲收录口语词时均兼顾了级别、音节及语义分布。新大纲收录的词语相对更贴近日常生活,体现了急用先学的原则。此外,新大纲在细节方面纠正了旧大纲的一些错误,例如"打交道"在《现汉》中是轻声词语,旧大纲未标轻声,新大纲已作改进。

三、《大纲》收口语词的问题

尽管新大纲较之旧大纲已作改进,但两版大纲仍存在一些共有的问题。

(一)缺乏义项

新旧大纲均未标词语的义项,故而教学中词语的不同义项如何定级、定序往往存在随意性,这给教学的总体设计、教材编写以及课堂教学造成了一定困扰。在单音节口语词中,这一问题尤其突出:不少单音节词义项众多,而且能产性强,例如两版大纲均收的"把"有11个义项,但在《现汉》中只有一个为口语义项,为动词"紧靠"(例如"把墙角站着","把着胡同口儿有个小饭馆"),仅根据词类很难区分每个义项的所属级别。许多口语词仅有部分义项具有口语色彩,因此未标义项就难以确定词汇各义项的教学顺序,难以发挥大纲的指导作用。

这一问题已引发不少关注,如赵金铭、张博(2003)就曾提出利用大型语料库进行精细的词频和义频统计,以对旧大纲进行修订

的建议。

(二)对轻声与儿化词的处理有待商议

轻声与儿化是汉语口语词汇的重要现象,也是对外汉语教学的难点。《现汉》针对轻声与儿化的不同情况,采取了不同的处理方式。新旧大纲的处理均略显简单。

1. 轻声

《现汉》对语音的处理有轻读、间读与重读三种方式,而新旧大纲只笼统地划分了轻声与非轻声。例如口语词"吩咐",《现汉》标为间读词"fēn·fù",但新旧大纲均未标轻声。对于可轻声、可不轻声的词,一律不标轻声,实际是将轻声的使用情况简化处理。

尽管这种处理方法有减轻外国人学习负担的考虑。但综合考虑《大纲》的指导性与服务对象,建议不妨既列出间读的情况,又增加说明对间读不必要求过严。

2. 儿化

《现汉》对儿化的处理分为口语里必须儿化与一般儿化两种,并做了不同的标记,前者直接在词条里体现,如"当儿",而后者则是在释义前加(～儿),如"【犄角】jījiǎo(～儿)〈口〉",但《大纲》却无仔细的区分。因此对于口语中一般要儿化的词语,如"谈天",新旧大纲均不标儿化,处理略显简单。

(三)语体、领域的不均衡性

从参照语料看,旧大纲在编制过程中借助了七个动态性词频统计资料,但除了《北京口语调查》这一词表外,其他六个词表主要采自书面语料,口语语料明显不足。从数量上看,大纲收录的书面语词远多于口语词,如旧大纲收录了133个典型口语词,而按照冯胜利的统计,旧大纲仅丙级以下就有将近400个合偶双音书面语词,再加上成语,书面语表达要远多于口语,有厚此薄彼之嫌;而新大纲口语词仅 84 个,数量更少。

　　由于《大纲》具有指导性与规范性作用,语体的不均衡将进一步影响对外汉语教学的教材编写、课堂教学及总体设计,不利于学生口语能力的培养。此外,大纲对多音节的"语"结构收录不足,俗语、惯用语也是口语表达的重要成分,可考虑适当增加。李红印(2005)曾提出设立语汇大纲的建议,有其合理性。

四、对《大纲》收录口语词的建议

(一)注意语体的平衡度

　　口语词数量不足并非《大纲》独有的现象,其背景是汉语研究重书面轻口语的传统,以及口语研究取样难度大的现实因素。词典编纂、语料库中的口语研究也较为有限,例如《现汉》第六版收录书面语词约 5000 条,口语词却不足 1000 条。故而要增加《大纲》词汇语体平衡度的根本方法,是增加参照语料的丰富度、增加口语语料以及扩大语料的分布领域。在此基础上进行词频的统计、词汇的选编,才能使《大纲》更符合语言使用的实际,以满足学习者需求。

　　在计量方面,除统计词频外,还应细化到义频。但迄今为止义频统计(尤其是口语词义频)数据匮乏,本体研究的不足限制了应用研究的发展。

(二)适度增加口语词的数量

　　现有的语料统计大多依赖于书面语料,部分依赖于平衡语料。口语词在书面语语料中的词频较低,故而难以进入高频词表。但在 HSK 考试中又常出现口语词,贺俊岚(2008)对 2005 年 12 月在中国和韩国举办的 HSK 考试中听力理解题里出现的口语词汇和口语中的固定表达作了统计,发现 35 个听力题中出现了 30 个汉语常用口语词和口语表达,还不包括在其他题型(阅读理解、综合、语法)中出现的口语词汇。由此可见口语词汇在 HSK 考试中出现频率不低。

其中不少口语词或口语表达《大纲》并未收录,例如"新手""后事""小意思""婆婆妈妈""有完没完""靠得住"等,这容易引发教师或学习者的困惑。

要增加口语词,首要方法在于增加语料的语体平衡度。此外,增加口语词需注意以下方面:

1. **注重词语的实用性**

即从对外汉语教学的角度出发,从学生的日常交际、学习的需要出发,先选学生实际交际中需要的词语,后选与学生生活距离较远的词语。例如,与学生文化生活相关的"影片儿",与经济生活相关的"毛"(量词,一圆的十分之一;角)可先选,而日常生活中不那么常用的"螺丝钉"等口语词应当后选。

2. **注重词语的时代性**

即尽可能选取具有现代义位、新义位的词语,少选具有旧义位的词语。如《现汉》中的"洋车"(人力车)、"洋钱"(银圆)虽有〈口〉标记,但在现代社会的使用频率很低,不应当选。

3. **注重词语的区域覆盖率**

现代汉语口语词的内涵广泛,众多口语词来自于方言,如巴不得、憋屈、成天、顶嘴、大婶儿、姥爷及闺女等。但在收录中需考察该词语是否在较大程度上进入现代汉语共同语,以区分口语词与方言词。根本的解决方法是进行词语的社会调查,最终收录地域覆盖较广的口语词。

(三)注重细节处理

在细节处理方面,第一,除给予基本拼音、词性、级别等基本信息外(新大纲除一级外未标词性),大纲还应当提供义项和语体标注信息,否则容易对教学造成困扰。第二,轻声与儿化是口语词的重要特征。可从教学实际出发,参照权威语文词典如《现汉》的最新研究成果,对轻声、儿化等细节进行处理,轻声中增加间读的情况,儿化中增加一般要儿化的情况。

综上所述,在新大纲中适度加大口语词的比重,注重处理细节、增加义项,可以提高大纲词汇的丰富性,强化学习者对于口语词的理解和运用,从而增强其语用能力。

尽管《大纲》收录口语词还存在一些问题,但《大纲》作为对外汉语教学的指导材料,在选词上以常用性与均匀性为原则,选取大量书、口通用语词,是比较合理的。相应的情况是,不少典型的口语词在词频上,尤其在书面语语料中的词频较低,很难进入现今的高频词统计体系。同时《大纲》具有通用性与平衡性,倘若我们只从各自不同的研究角度对其进行评判,以要求其增收某类词语,是有失公允的。为此,要解决口语词的学习问题,使汉语学习者系统地获得更多地道的汉语口语表达,可考虑依据一定的选词原则编写一本口语手册,对所收的口语词进行分级与排序。

第三节　汉语作为第二语言学习者语体词习得情况研究

汉语的书面语与口语分离性强,具有较大的差异,这是汉语的重要特征,也是汉语作为第二语言学习者需要面临的一大难点。而现有的语体研究数量有限、深度广度不足,HSK大纲作为指导性的材料所选口语词的数量也不足。那么汉语作为第二语言学习者的语体意识如何?他们在语体方面容易犯何种偏误?本节将展开学习者语体词习得情况的调查与分析。

一、汉语作为第二语言学习者语体意识调查

(一)调查设计

笔者进行了一项小调查,以调查学生主观上的语体态度以及对语体词的客观判断能力,并设计了问卷(见附录二)。问卷内容包括三方面的内容:

第一部分主要调查学生主观上的语体态度、语体学习中的困难等项目,其中关于语体态度的选项采用四度区分,例如"你在语体使用中会遇到问题吗?"选项按照频繁程度分为"经常""有时""偶尔""从不"。

第二、三部分主要调查学生对语体词的判断能力。第二部分选择了40个词语,结合《现汉》的语体标记,将其分为口语词、书面语词与通用语词,其中口语词如"爸爸""老公""撒谎"等,书面语词如"腼腆""窈窕""生辰"等,剩余的为通用语词。要求学生判断这些词语的语体类型,并分别作不同的标记。

第三部分要求学生根据上下文语境选择合适的语体词。例如:

中国著名的古典小说《红楼梦》深受读者(青睐 qīng lài/看得起 kàn dé qǐ)The famous Chinese classical novel *Dream of Red Mansions* appeal to modern reader.

这一题中,句子的整体风格基调偏书面语,故应当选择偏书面语的"青睐",而非偏口语的"看得起"。

(二)调查对象

调查对象有两类,其一是中国大学生,其二为高级阶段的留学生,他们主要来自于厦门理工学院与汉风堂汉语国际学校,留学生来源国范围广泛。两类学生各50名,最终回收留学生有效问卷48份,中国学生的问卷全部回收。填写问卷时,要求答题者尤其

是留学生不采用词典等任何求助方式,完全依照主观判断。问卷中每个词语的语体类型主要依照《现汉》中的语体标注进行判断,仅有个别词语如"喂",尽管《现汉》中并无语体标记,口语中常用、通俗风格较强,笔者将其标记为口语词。

(三)调查结果

1. 语体态度

第一题关于语体态度的调查有两类问题。其一是留学生对语体困难的主观判断[①]:

认为自己经常、有时、偶尔在语体使用中遇到问题的留学生百分比分别为:31.25%,56.25%,12.50%。没有留学生在语体使用中从未遇到任何问题。

在语体偏误问题中,经常、有时、偶尔发生语体偏误的留学生比例分别为:18.75%,50%,31.25%。没有留学生从未发生语体偏误。

由以上数据可见大部分留学生在学习汉语的过程中均遇到了语体问题,并发生过偏误。

其二是哪一类语体词更容易理解,留学生的判断情况如下:

在 HSK 练习中,12.50%的留学生选择了口语体,43.75%的留学生选择了书面语体,12.50%的留学生选择了通用语体,另有31.25%的留学生选择不确定。

在日常交际中,有 31.25%的留学生选择了口语体,31.25%的留学生选择了书面语体,12.50%的留学生选择了通用语体,另有 25%的留学生选择不确定。

根据数据,选择书面语词容易理解的留学生多于选择口语词

---

① 由于中国学生不参加 HSK 考试,且母语者语体方面的问题很少,故而第一道中国学生无须作答。

容易理解的学生,即较多留学生认为口语词的难度高于书面语词,尤其是在 HSK 测试中。对此,笔者对留学生进行了回访。有学生表示,书面语词课堂教授较多,也容易在词典中查到。另外在答题时也可作些猜测,看到笔画比较繁杂的或是不认识的汉字,如"腼腆"就可能是书面语词。但典型的口语词平时教得不多,有些在词典中查不到,在进行 HSK 考试时口语词大多出现在听力题中,增加了听力测试的难度。

2. 选择语体词能力

在语体判断与选择两道题中,综合而言第三道选择题留学生的完成情况较好,平均正确率达到了 76.25%。

语体词判断题的完成情况则不尽如人意。在 40 个语体词中,正确率最高的词语为口语词"喂",判断正确率为 100%,留学生表示该词有口字旁,在口语中经常使用,因此较好判断。错误率较高的词语有"老公""工钱",正确率均低于 20%,大多数留学生将"老公"列入通用语词,"工钱"列入通用语词或书面语词。经过回访,有些留学生表示并不了解"老公"的非正式特征,而将"工钱"选入书面语词的留学生大多表示不认识该词语。最终中国学生和留学生的语体能力差异如表 5.4 所示。

表 5.4　中国学生、留学生语体词判断结果表

语体类型	口语词	书面语词	通用语词
汉语作为第二语言学习者选择出的语体词比率	60%	20%	20%
中国学生选择出的语体词比率	22.5%	22.5%	55%

总体而言,汉语作为第二语言学习者的判断结果与中国学生差异很大,可见他们的语体意识有待加强。

二、汉语学习者语体词汇偏误类型分析

笔者结合教学搜集到的以及一些中介语语料库中的案例进行分析。其中部分书面语料来自"北京语言大学 HSK 动态作文库"(http://202.112.195.192:8060/hsk/login.asp)。还有些材料为教学中搜集的学生书面与口头表达案例，主要来自于笔者任教的厦门理工学院留学生。

综合而言，从词汇上看，汉语作为第二语言学习者存在的语体词偏误可分为几种情况。[①]

（一）书面语中的词汇使用偏误

1. 书面语以通用语词为主

通用语词是汉语中最为常用、高频且急需使用的词汇。学生在学习伊始需要掌握该类词汇，但随着其语言能力的提高，不分语体、语境地过量使用通用语词，将使其语言能力固化，阻碍书面表达能力的进一步提高。例如有一名通过 HSK 四级的学生的自我介绍如下：

我叫 A[②]，正名叫 A。我来捷克，是<u>一个很小的国家</u>，在德国、波兰、斯洛伐克和奥地利中间。

我来中国因为我想学中文。为什么呢？因为我是中文系的学生，在布拉格查理大学东亚系读中国历史和文学。虽然我在捷克上了中文课，但我的中文还是很差。

我的爱好就是运动。我喜欢做普拉提，瑜伽，有时候去跑步。另外，我对智能手机和新的应用程序有兴趣。平常我看关于安卓

---

① 鉴于本书的研究对象为语体，以下中介语料仅以下画线形式标记语体偏误，其他偏误不标明。

② 为保护留学生隐私此处以 A 代替。以下同。

新闻的网站,然后下载各种各样的应用程式。

有空的话,我喜欢看电影。跟朋友一起去电影院或者电脑看。

——捷克学生,《自我介绍》(厦门理工学院)

本段对话用了大量的书、口通用语词,并没有典型的书面语词,虽是书面语篇却呈现出较为通俗的风格。例如"一个很小的国家",书面语一般精简为"一个小国";"有空的话,我喜欢看电影。跟朋友一起去电影院或者电脑看"这个句子,用词简单、句子杂糅,并无书面语简洁、严谨的正式性风格。这是在对外汉语教学中最容易出现的问题,即学生的书面语篇并没有明显的偏误或错误,但从语体看不够正式、用词不够丰富。

2. 书面语杂糅口语词

第一类情况是书面语中杂糅过多口语词(或口语化词汇),使总体的语体风格正式度降低,也影响表达的严谨性与精确性。例如随机检索来自于 HSK 动态作文语料库的内容,有:

所以我求求你给我您的公司的工作。你的公司很有名。

——印度考生《一封求职信》(北京语言大学 HSK 动态作文语料库)

其中"求求你"正式程度低,且在求职信中使用恳求语气不妥,可改用"希望"。

笔者在教学中也遇到此类问题。例如以下学生习作:

我的朋友

您好!

<u>我来介绍一下我的朋友。</u>在韩国,我认识的一个朋友,叫权保林。她是我在大学认识的朋友。她今年 21 岁,韩国仁德大学汉语系 2 年级的学生。<u>然后</u>她已经在韩国汉语学了一年了。虽然她只学了一小段时间,但是她的汉语水平进步很快。

<u>然后</u>,我觉得她说汉语说得很流利,<u>还有</u>她的发音很清晰。她已经获得了新 HSK4 级。我觉得她很<u>厉害</u>。……<u>还有</u>,他知道很多 pop song 和流行歌曲。

——韩国学生,中级班,HSK 四级(厦门理工学院)

　　在中级程度的汉语学习者(大部分已过 HSK 四级)以"我的朋友"为题的习作中,较多地使用了"还有""然后"。其中,"还有"作为连接词具有口语特征,显得过于随意,相对来说使用"此外""另外"较为合适。而语篇中的"然后"并没有实际语义,一般仅作为话语标记使用,不适用于书面语篇。此外,"厉害"表示能力强时,也主要用于口语,书面语一般说"优秀""能干"。

　　再如以下语篇是 HSK 作文《求职信》,这封信既使用了书面语词,如"本人""具有""关系"等,也杂糅了口语表达。

　　本人要找<u>一个(一份)</u>翻译工作。本人是一九七一年出生在汉城的女生,文化水平是大学毕业,专业是汉语。本人在大学的时候,在"学生翻译协会"做过关于贸易方面、新闻方面的翻译工作,已经经过这个时间的体验,具有了在翻译工作上所需要的基本能力、方式。本人还会基本英语会话,一九九二年得到了美国的 ELS 领下的证书,生活上所必须的英语已经<u>学会</u>。本人还有些操作打字机、电脑的能力。本人的打字的速度,十分钟一千二百字左右,这包括中文、英文。在电脑方面来讲,本人今年一月份,已经通过了国家考试,得到了第三级技术资格。

　　本人所要的工作,基本上是关系到汉语翻释工作,但是按照公司的必要,可以应做其他本人能做的工课。本人希望的公司不是大型企业,而是中小企业,工资是一个月薪水两百到两百五十元左右。今天该报纸的读者当中,<u>有想见我商量的人</u>,<u>请到这里打个电话</u>;(01)523—4227,或者来信给我,地址如下;

——韩国学生,《求职信》(北京语言大学 HSK 动态作文语料库)

上文中,"生活上所必须的英语已经学会",其中"学会"较为通俗,应为"掌握";"在电脑方面来讲","来讲"较为口语化,可删除;另有此句,"如果贵公司招聘我,我永远忘不了贵公司"。其中"忘不了"较为口语化,与篇章的整体风格不符。留学生在书面语中过多地使用通用语词或是口语词,主要原因在于词汇量的不足,以及对书面语体词汇把握不好时采取的回避策略。

3. 韵律搭配不当

韵律搭配不当主要为合偶双音词与嵌偶单音词的音节搭配不当。合偶双音词与嵌偶单音词是冯胜利(2006)提出的概念,其中合偶双音词是要求和另一个双音词组织成一个"双+双(或多于双)"的韵律格式的词语,例如"阅读书籍"不说"阅读书","损害利益"不说"损害利"。而嵌偶单音词是嵌入双音节模块才能使用的单音词,具有"单+单"韵律模式。例如"贵校"不说"贵学校","遍访"不能说"普遍访"。学生在这两类词使用上主要存在如下错误:

其一是合偶双音词的搭配不符合"双+双(或多于双)"的内在机制。例如"从事"是合偶双音词,与之搭配的应当为双音词,如"从事工作"等。但留学生在写作中无法意识到这种"双+双"的韵律搭配规律,采用了"他从事卖衣服的事"这样的句子,这种偏误实际是韵律搭配的偏误。同类的还有"种植"一词,一般应当搭配双音词表达为"种植树木",但有些学生在造句中却说"种植树""种植花""种植草"。

再如有学生介绍家人时说道,"我妈妈为人好",其中"为人"一般搭配双音词如"为人正直""为人处事",不能与单音的"好"搭配,宜改为双音"很好"。

其二是嵌偶单音词的音节搭配不当。有学生不了解这一内在搭配机制,写道"我们对贵银行的服务表示满意",而实际应为"贵行"。这类偏误不影响理解,却不合现代汉语书面语的内在搭配机制。

4. 因对语义把握不清造成的书面语词误用

当学生没有学习过某个书面语词,或对词语掌握不好时,易发生书面语词的误用。例如写作练习中有"启发"一词,有学生写道:"我在现在的公司工作已经十几年了。有老板的信赖,所以这次的新工作后发时,老板给我很重要的任务。"学生不理解"启发"的含义,以生造词"后发"代替。

(二)口语中的词汇使用偏误

1. **口语表达杂糅书面语词**

汉语作为第二语言学习者在进行口语表达时,不恰当地杂糅了一些书面语词。以汉语学习者的两段口语录音转写为例:

我想介绍一下。我的名字是 B,我三年前来至住在厦门。我出生在爱尔兰,虽然我的父母都是来自印度。我嫁一个可爱的人叫 Steve。有两个美妙孩子,一个女孩,叫 natasa,23 岁。一个儿子,他是 21 岁,称为 naryan。我的丈夫在理工大学教授计算。我们俩一起住在校园里。我们的公寓是在教师的食堂以上的实验酒店六楼。没有电梯!因为我一直在这里,我已经做了很多中国朋友。在我的空闲时间,我喜欢花时间散步、看书、看电影,玩一些运动,比如,乒乓球和游泳。我也非常喜欢中国的朋友见面和交谈。其他的事情,让我感兴趣的是中国的历史和文学。三年以后,我还觉得生活在厦门是大冒险。我爱它!

——爱尔兰学生 HSK 三级(厦门理工学院)

该语篇出现了较多的偏误。此外在语体方面,作为口语语篇,整体风格通俗、随意,并不正式,但却杂糅了一些书面语词,使整个语篇的语体不统一:

第一,"我三年前来至住在厦门",其中"来至"的"至"是书面语素,且"来至"是生造词,应为口语词"来到"。

第二,"有两个美妙的孩子"中,"美妙"偏向书面语,且不用来形容人,应为"有两个可爱的孩子"。

第三,"我丈夫在理工大学教授计算机"中"教授"过于书面语,由于本语篇整体语体风格非正式度较高,较为口语化,因此使用"教"比"教授"更符合整体语篇风格特征。

第四,"我们的公寓是在教师的食堂以上的实验酒店六楼",其中"以上"的用法不对,且过于书面语,应为"上面"。

再看学生课堂上的口语表达"来到中国":

来到中国

我来中国厦门差不多一年四个月了。以我来看,这条道路非常难。先我在三个机场等了五个多小时。然后我坐飞机最少坐了十四个小时。后来厦门对我说"欢迎光临",但是城市的夏天天气不太亲热的。我看见了很长中国文字,可是我不懂。我感觉非常着急。

……

由于我在中国已经那么长时间,差不多一年半,我开始明白中国人的做法。然而有很多奇怪的事情我可以想一想我才来到中国。

——俄罗斯学生 HSK 四级(厦门理工学院)

除了一些明显的词汇、语法错误外,这一整体风格通俗的口语语篇同样存在杂糅书面语表达的问题:"以我看来"这一表述较为书面语化,并不适用于口语语篇,可改为"我觉得";"由于"偏书面语,在口语中一般用"因为"。

再如,有学生在课堂介绍自己的经历时说"因为害怕,我在教室门口踌躇",其中"踌躇"一词书面语色彩过重。笔者与学生交谈后了解到,该学生是在查词典后用了这一词语,但他并没有意识到该词一般不用在口语中,具有书面语体色彩。

2. 口语词的误用

口语词的误用有多种原因,其中之一是汉语口语中有一些对中国人而言"习而不察"的表达,留学生却在交际中不解其意。

在笔者十多年的对外汉语教学过程中,多次遇到这一问题:在课堂上询问留学生"做完了吗?",中国人一般说"做完了",但有些留学生的回答总为"完了"。在有上下文语境的情况下,答句省略为"完了"可以理解,但偏误的情况是:

教师:谁做完了?
学生:我完了。

或者为:

教师:你做完了吗?
学生:我完了。

此处的"完了"则有"完蛋"义,与教师的回答不符,就形成了偏误。

其二是汉语的口语中存在一些表达,学习者在与中国人交际中时常遇到,这些表达词典少收,HSK 大纲不录,课本不教,加之汉语的同音词多,学生容易不解或误解。

例如,有学生听到这个句子,"他这样穿好雷人啊!"认为是,"他这样穿好累人!"他百思不得其解,后来猜测是衣服太多所以累人。直到教师在课堂上教授流行语后才恍然大悟。留学生常表示他们在课堂上很容易听懂老师的话,因为汉语教师会根据经验控制语速与词汇难度,但日常交际中却常遇到困难。

3. 口语中某些项目的过度泛化

口语交际具有即时性,对遣词造句的要求不高,但却并不意味着可以容忍大量偏误。例如,留学生在学习汉语伊始容易用量词

"个"代替其他量词,但到了中高级阶段仍在口语中过度泛化,"一个桌子""一个公司""一个电影""一个课"之类的用法比比皆是,尽管不影响交际理解,却阻碍了学生口语表达能力的提升。

(三)总结

综合而言,汉语作为第二语言学习者在使用语体词中主要有四方面的问题:

第一,书面语与口语语篇均主要使用书、口通用词语,典型语体词较少,书面语与口语的语体区分度不显著。例如在表示程度令人满意时,留学生无论在口语还是书面语中均喜欢使用通用语词"好",例如"老师很好""住的地方很好""学校很好""她长得很好"等等,这时并不产生偏误,但过多地使用通用语词,一来使表达不够精准,二来也影响学生语言水平的提高。这实际是对结构与项目把握不清时采用的一种回避与简化策略。

词汇密度是衡量语篇信息量的重要指标,也用以衡量学习者的语言水平。词汇密度越高,说明传递的信息量大、学习者的语言能力较高,理解语篇的难度越大;词汇密度低,则说明传递的信息量小、实义词少或者重复使用率高,理解语篇的难度较低。郭洋洋(2013)调查留学生口语语篇的词汇密度后发现,学生课堂口语的词汇密度集中在 30%~36% 之间,这与我们上文统计有声媒体口语访谈语料 70% 以上的词汇密度差距较大,说明汉语学习者较之母语者,表达冗余过多,传递的信息量较小。

第二,语体杂糅、语篇的整体语体风格不统一。无论口语或是书面语都有正式非正式之分,口头表达有相对正式的情况,书面语表达也有随意之时,这既具有个体性,也与交际的场合、目的密切相关,但无论何种情况,一定的语境需要使用与之相应的语体词,使整个语篇呈现出整体统一的风格。

综合而言,汉语作为第二语言学习者在口语与书面表达中,均存在语体杂糅的问题。

第三,语体词搭配不当。词汇的语体搭配不当主要有两种类型:一种是前后词语的风格不同一,如"他有很多的想象力"应为"丰富的想象力";一种是书面语词的音节搭配不符合语言内在机制,尤其是嵌偶单音词与合偶双音词的音节搭配不当。

第四,语体词的误用。除了语体、风格搭配的问题外,对语体词语义把握不清的情况也时有发生,例如上文提到的口语中的"完了""雷人",还有书面语中的"启发"等词的使用偏误。

第四节 对外汉语口语词教学建议

汉语的书面语与口语具有强分歧性,第三章提到,从来源上看,典型的口语词与方言词联系紧密,而典型书面语词则与古语词密不可分;从音节上看,单双音节词汇在口语和书面语里呈现出不同的分布特点;从共时的变化上看,口语词比书面语词变化更为迅速、容易消失;从产生时间上看,口语词和书面语词的产生时间各有早晚;从造词法看,口语造词多着眼于音,而书面语造词更着力于义,但两者又互相影响、转化。

留学生语体词习得情况不佳,HSK大纲收录口语词的情况也不尽如人意。此外,在实际的教学设计中,大部分教师只能依照自身的经验,随机地进行口语词教学,任意性有余,系统性不足。那么教学中书面语词、通用语词及口语词的教学顺序孰先孰后?如何在教学中把握口语词的特点?下文将结合第三章、第四章以及本章的研究成果,提供一定的参考建议。

一、口语词教学的总体设计:习得顺序、词汇量

从对外汉语教学角度看,第四章的本体研究对语体词的习得

顺序、口语所需词汇量等问题,具有启发意义。

1. 汉语书面语与口语词汇的分级问题

汉语书面语与口语词汇的分级问题在对外汉语教学中受到的关注不多,王福生(2002)曾就汉语作为第二语言学习的特点,将汉语词汇分为五级:第一级——纯粹的口语词汇;第二级——普通的口语词汇;第三级——口语和书面语共用词汇;第四级——普通书面语词汇;第五级——鲜用的书面语词汇。如下图,王福生认为学习的顺序应当为从第一级到第五级逐步深入。①

但第三章的研究结果显示,一般说来,词汇的使用频率,随着语体、语域陪义的增加而逐渐降低,语体、语域陪义越弱的词语,使用频率越高。书面语与口语的通用词主要为使用频度较高、不带语体色彩的常用词,尤其是常用单音词。

从比例上看,各级别词汇在实际语料中的分布情况绝不是均等的,如图 5.2 所示,数量最大的为第三级——口语和书面语共同词汇,越往两端数量越少。

从使用频率上看,口语和书面语通用的词语均较为高频,其中不乏古今通用、能产性高的基本词汇,这些是对外汉语教学的核心;越往两端的词语使用频率越低,但在学生语言能力进一步提升中起到重要作用。这启发我们在对外汉语教学中,应当遵循常用先学、急用先学的原则,抓住最大量的书、口常用词,之后再根据学生水平逐步向两端推移。

2. 完成书面语与口语理解的词汇量

Laufer(1989)认为要理解书面语篇,需掌握其中 95% 的词。

---

① 王福生(2002)对各级别词语的称法也有不妥。其认为纯粹的口语词汇指的是《汉语三千常用词》里的词语,但实际上,这些词在书面语中也常用。

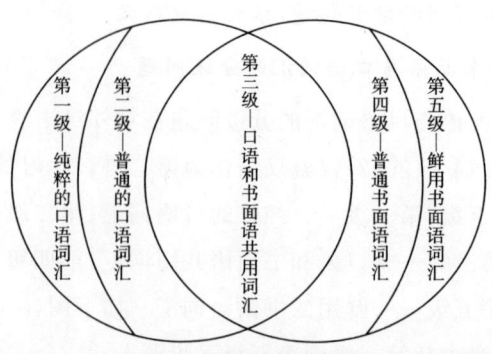

图 5.2　语体词分布图

而口语交际中借助身势语、语气及表情等非语言手段的辅助,所需的词汇覆盖率应当略微低于书面语。此外,由于第三章搜集的为传媒语料,理解难度略高于日常口语及平衡语料,要求的覆盖率可以适当放宽。

笔者统计了第三章口语访谈语料中三个位值的词种覆盖率,其中 2000～2500 词是一些语料库常统计的数据,而 5000 词是新 HSK 大纲的收词量,8822 是旧 HSK 大纲的收词量。具体如下表所示:

表 5.5　口语访谈语料词种覆盖率表

位次	词种覆盖率
2500 词	86.87%
5000 词	92.41%
8822 词	95.83%

第一,关于日常口语的词汇量,王惠(2010)的统计结果是 2500 条左右。英语界的口语语料库建设与研究均有一定成果,基于 300 万词的 CANCODE 口语语料库统计结果表明,要达到 90%

的覆盖率需要2000词①。由于本书语料选自传媒领域,相对于日常语料专业性略强,词种覆盖率统计结果略低。在前2500位高频词种的覆盖率方面,口语访谈语料的覆盖率为86.82%。借助口语中的非语言手段,2500条词将近90%的覆盖率应当能基本理解交际内容。

新HSK大纲的总收词量为5000条,统计结果显示,前5000词种在口语访谈语料中的覆盖率达到了92.41%,故而新大纲5000词的标准应当能基本满足书面语与口语的交际要求。

而旧HSK大纲的总收词量为8822条,相应位次词种在口语访谈中的覆盖率超过了95%,较之5000词增加的3822条词语,带来了约3%的覆盖率增长。随着词种量的增加,语料覆盖率增长却逐渐放缓,说明从词汇角度看,在中高级阶段的语言能力提升较之初中级阶段更为困难。总体而言,海外汉语学习者语言能力参差不齐,新HSK大纲修订之后减少了词汇总量,使此项考试更适应不同层次海外汉语教学的状况。

第二,任何位次的词种覆盖率均为口语高于书面语。据统计,2500位高频词种在书面语中的覆盖率为72.96%,较之口语访谈语料减少了约14%。这意味着一般情况下,具有相同的词汇量理解口语的难度要小于书面语,在掌握了基本的书、口通用语词后,在语体词的学习顺序方面,可考虑从难度更小的口语词入手,再掌握书面语词。

3. 关注口语关联词类的教学

口语关联词类,是指与口语相关度比较高的词类,此处主要指

---

① McCarthy, M. What Constitutes a Basic Vocabulary for Spoken Communication[J]. Soudies in English Language and Literature, 1999(1): 233—249.

的是语气词、拟声词和叹词。第三章统计数据显示,口语中使用了更多的语气词、叹词、拟声词等口语关联类词汇。对此,教学中应注意如下三点:

第一,在进行对外汉语口语教学时,不应忽视语气词、叹词的教学,这样可帮助学生通过此类词语判断说话人表达的意思。

第二,可遵循常用先学的原则,按照口语关联类词汇在口语中的出现频率来安排教学顺序。例如,语气词的总体出现频率高于叹词与拟声词,因此可在教学中先引入语气词。

第三,教学中可向学生归纳这类词语的基本字形特点,例如形旁"口"+声旁,也不应忽视例外(如"也好""好家伙"等)。

二、典型口语词的特征及教学建议

如第四章所言,典型口语词在语音、语义、构词以及用字方面具有自身的特点,在对外汉语教学方面也有所启发。

(一)典型口语词的语音特征与对外汉语教学

从语音方面看,轻声与儿化仍然是汉语口语词汇教学的难点,这主要表现在如下几个方面:

首先,轻声词、儿化词在汉语口语词中比率很大,尽管学界对普通话的轻声、儿化情况进行了长期的研究,也发现了一些适用规律,例如后缀词尾(子、儿、头、巴、们)、重叠式都与轻声联系较为紧密。但这些规律对实际的教学工作来说,仍稍显复杂。因此,大部分汉语作为第二语言学习者在掌握轻声、儿化词语时,主要还是采取逐个记忆的方法。

其次,轻声与儿化的情况相当复杂。轻声一般被认为是读得又短又轻的字音,但对汉语作为第二语言的学习者而言,这种解释缺乏规律性、显得含糊。黄海峰(2005)的研究显示,轻声的调位相当复杂,例如,"阴平+轻声音节",此时轻声为41调;"阳平+轻声音节",轻声为51调;"上声+轻声音节",轻声为33调;"去声+轻声音节",轻声为10调。儿化的情况亦然。《现汉》将儿化词语分为口语中一般儿化与口语中必须儿化两种情况,就体现了儿化词在实际使用中的复杂情况。加之在日常生活中,绝大多数中国人的普通话并不能达到"标准"的程度。例如,南方方言区的大多不习惯使用儿化词,而北京地区使用儿化又多于普通话,因此汉语作为第二语言学习者在实际交际中,处于不同地区、面对不同人群,就更易对轻声、儿化产生困惑。

第三,同一口语词形,由于轻声或儿化的作用,往往带来基义或陪义的变化,如"地"与"地儿","对眼"与"对眼儿"。如果学生不明白其中的区别,就可能在口语交际中产生误解,因此在实际教学中,尤其要重视对这些词语的分级、分类,因词施教。

(二)典型口语词语义特点与对外汉语教学

1. 义项:典型单音节口语词的多义性

第四章的统计数据显示,典型单双音节口语词中有为数众多的多义词,它们中不乏常用词,如"黄""把"与"火"等。这些词语的口语义项,与学生在初级阶段掌握的常用义项似同实异,如不加以区分与引导,可能会令其产生误解。

2. 基义:与日常交际的强关联性

从语义场上看,口语词多与日常生活相联系,与人们的社会生活息息相关。这就对汉语作为第二语言学习者,尤其是刚刚来华、没有或汉语基础较差的学习者们提出了挑战:一方面,他们初级阶段在课堂上学的主要是常用词的常用义项,而典型口语词或口语义项却未必高频、常用;另一方面,大多数中国人并不了解外国人的语言能力,也不可能像对外汉语教师一样,懂得在交际中尽可能放慢语速,使用简单的词语。因此,学习者在日常交际中,可能很快就能遇到这些尚未学到的口语词,如何帮助他们更好地解决这一问题,以更顺畅地进行交际,也是对外汉语教学可探讨的问题。

3. 陪义:复杂性

口语词往往带有一定的形象、方言与色彩陪义,其中以方言陪义尤为突出。教学中可尝试利用不同词语的不同特点,使用相应的教学策略,例如在教"拍马屁"时,可利用形象色彩进行教学。

总之,口语词的语义特征既给对外汉语教学提供了规律,也带来了众多挑战。首先,单双音节尤其是单音节口语词具有多义性、不完全口语性,这容易使学生将口语义项与其他常用义项混淆。其次,口语词大多与日常生活联系紧密,与学生的日常生活息息相关,这意味着学生容易在日常交际中听到、用到这些词语。再次,口语词具有一定的形象、方言的陪义,因此学习者中的来华留学生在不同方言区将遇到不同类型的问题,可考虑根据不同的情况因词施教。

(三)用字、词形与对外汉语教学

第一,从用字方面看,典型口语词中既有常用字,也有一些非常用字。常用字以作为词缀的"子""儿""头"最为突出,非常用字则具有字形较难、字频较低的特点,不宜过早引入。但汉语学习者在日常交际中可能会遇到这些词汇,不理解它们的语义可能会影响交际。为解决这一问题,笔者认为对字形较难的口语词,可以采用听说领先、读写居后的教学策略。

第二,在同形、异形方面,异形口语词为数不少,这与口语词最早出现于口语,没有固定的书面语形式有关。而同形词的数量多,则说明经过历史的发展,这些词的口语义项与其他义项之间产生了较大的差距。

在对外汉语教学中,应当对学生解释这些词的差别,以防他们望文生义。尤其是多音同形词,学生更容易混淆,应当突出讲解。

当然,有些同形词实际具有相同的来源,在义项上也还有一定的联系,因此也不可过分强调这些词之间的差异,以增加学生的识记负担。

(四)口语词的构词特点与对外汉语教学

第一,附加式的口语词以"子""儿""头"为主要词缀,这提示我们应重视对外汉语口语词的词缀教学。

第二,口语语素的总体构词能力不强,但它们又是构成口语词的重要部分,因此在对外汉语教学中,何时教、怎么教,需视情况而定。

语素在构词上具有同类聚合的特点,可向学生说明这一特点,既让他们认识口语词的构词特点,又能引发其对汉语内部构词规则的兴趣。

三、口语词的课堂教学策略

汉语口语交际中的词汇具有与书面语不同的特点,而典型的口语词也有其特性,在总体设计与课堂教学等各个环节中对这些特点予以重视,将有助于学生了解并把握口语词的特点。

但具体落到某个词汇的时候,学生在语体方面仍可能会遇到两类问题:第一是不理解某些语体词的含义,例如"大不了……"跟"大"没有关系,表达的只是做最坏打算的意思;第二是无法确定词汇的语体风格。因此在具体词语的教学中,应当把握如下的教学策略:

(一)讲授词汇的语体风格

在词汇教学中不仅要教授词语的基义,也不应忽视其语体陪义。讲授、辨析陪义时可采取灵活多样的方法。

方法一是在搭配中讲解词语的语体风格。例如有学生说"生日那天我的脸考究",如果在教授"考究"时告知学生这是书面语词,与之搭配的应当为同样具有书面语性质的"妆容",学生就不易犯此类错误。在词语辨析中,辨析的内容既要包括传统的语义与句法功能,也应包括词汇的语体风格差异。

方法二是进行语体转换练习,以培养学生的语体分寸感。上一节提到有些学生无论书面语还是口语均无明显的语体偏误,但书面语篇与口语语篇语体风格趋同,使用的均为书、口通用语词,这阻碍了其语言水平的提高,这种隐性的问题更值得我们深入思考。对此可设计语体转换练习,例如要求学生将口语表达转写为书面语,或是将书面语习作口述,以增强其语感。另外,还可设练习环节"头脑风暴",进行同一概念义下不同语体词的联想练习,例如,巴不得(口)——迫切期待(书)、老婆(口)——妻子(书)、爸爸(口)——父亲(书)等。

(二)听说类课程应适当增加口语流行语等方面的教学内容

如"黄"(表示事情失败)、"雷"(表示令人震惊)等新的流行语,词典少收,教材不教,却是口语交际的成分之一,故而教师在教学中应适当增加此类内容,既可引发学生的兴趣,也可提高其口语能力。笔者在初级口语课教学中,每次课上均有5~10分钟的"口语流行语"环节,每次讲解、操练2个左右的口语词(或口语表达)。如教授"我的天哪"后,学生很快学以致用,并得到中国人的肯定,这种正面强化无疑增强了学生的自信心,提升了其学习热情。

总之,口语词乃至语体词的教授应基于本体研究与教学经验,把握口语词特征,采取灵活多样的教学方法。但也应看到,学生的课堂学习时间有限,不太可能完全依赖教师的课堂讲授。尽管学习者在学习口语词时也可以咨询中国人(包括中国老师、朋友等),但这一方法易受到客观环境的限制:现今对外汉语教学的主体对象已由国内转向海外,从汉语口语习得环境看,除了少部分有机会与父母说汉语的第二代移民外,大部分海外学习者都缺乏课外的汉语交际环境；对来华留学生来说，日常口语交际具有即时性，他们常常只能依靠猜测来理解说话者所用之词，不好反复询问，而且有时即使询问，普通人也往往"习而不察"，解释不清。此外，当学生在影视作品中听到不熟悉的口语词，想在一般语文词典中查找时，也可能一无所获。

那么，除了在课堂上学习外，学习者如何掌握更多地道的口语词汇？当学习者在影视作品中听到不熟悉的口语词，想在一般语文词典中查找却没有结果时，又有何解决方法？如何帮助他们在非汉语环境下提高汉语口语交际能力？编写口语词典或口语词手册，甚至基于口语词典的条目做成手机 app 软件，以方便学生查询、背诵，就成为更为便捷、实用的解决之道。

此外，对教学研究人员而言，口语词典为开展现代汉语口语词的进一步研究提供了依据。口语词典的编撰也为对外汉语教学的总体设计、教材编写、测试等环节提供了参考。

第六章 汉语口语词典研究及口语词手册的编写

上一章进行了对外汉语教学的语体词研究,并认为在词典中给予语体标注或编写专门的书面语、口语词典,对学生掌握语体词大有裨益。在书面语方面,冯胜利(2006)曾经编著过《汉语书面语初编》,对汉语作为第二语言学习者掌握书面语词汇与句式有所帮助。但专门面向汉语作为第二语言教学的口语词典却较为缺乏,笔者将在下文中主要探讨口语词典的编撰问题。本章的词典研究将分为两个部分:一是海内外口语词典的出版情况,二是统计分析国内汉语口语词典的收词情况。

此外,对口语词讲授不足,会影响学生的口语理解与交际能力,但过多地教授口语词,尤其将某些多义的单音节口语词的所有义项一次性笼统教授,又会使学生对词义理解产生混乱,增加学习负担。那么对外汉语口语词典在选词上有何依据?如何设定参数对口语词进行定级、定序?也将在本章中展开讨论。

第一节 英美出版汉语作为第二语言口语词典研究

如上一章所言,海外的汉语学习者中,除了部分有机会与父母说汉语的第二代移民外,大部分人都缺乏课外的汉语交际机会。当学习者面临缺乏口语词习得环境时,汉语口语词典理应承担一部分释义答疑的工作。实际上,早在百年之前,海外的汉语教学研究机构就已认识到这一问题,并展开了汉语口语词典的编写工作。笔者将立足于美英出版的五部口语词典进行研究。

一、研究所选英美出版汉语口语词典

海外的汉语教学界一向都重视口语的学习和研究。现今国内逐步引进与研究海外出版的汉语教材,但有关海外出版的汉语词典的研究尚不多见,口语词典的研究就更为匮乏。下文将以英美出版(主要为美国)的部分汉语口语词典为调研对象,对这一研究领域进行补充。① 主要研究对象为汉民族共同语(词典中多称为"国语""通语"或"官话")或基础方言词典,南方方言口语词典(闽粤吴语等)不在此列。

笔者共获得了五部较具代表性的英美出版口语词典(词典英文名为spoken,speaking或colloquial等),出版时间从20世纪初至20世纪60年代不等。词典的基本出版情况如表6.1所示:

表6.1 海外出版口语词典出版基本情况表

词典名	出版年代	编写者	出版单位
英汉北京口语词典(An English-Chinese Dictionary of Peking Colloquial)	1918(1st) 1924(2nd)	Walter Hillie, K.C.M.G.,C.B(1st) Trelawny Backhouse, BT. & Sidney Barton,C.M.G.	上海Kwang Hsüeh印刷房印刷,伦敦Kegan,Paul,Trech,Trübner公司出版
汉语口语词典(Dictionary of Spoken Chinese)	1945(1st) 1966(2nd)	耶鲁大学远东语言研究所	耶鲁大学出版社

---

① 本研究采用的口语词典主要为美国夏威夷大学馆藏,特此致谢。

续表

词典名	出版年代	编写者	出版单位
国语字典（Concise Dictionary of Spoken Chinese）	1947	Yuenren Chao，Liensheng Yang（赵元任、杨联升）	哈佛大学出版社
英汉—汉英常用辞汇（IFEL Vocabulary of Spoken Chinese）	1954	Po-fei Huang	耶鲁大学出版社
现代汉语文学作品汉英口语词典（Chinese-English Dictionary of Colloquial Terms Used in Modern Chinese Literature）	1979	David Collier 美国中英译学协会校订	耶鲁大学远东出版社

二、具体词典评析

（一）英汉北京口语词典（*An English-Chinese Dictionary of Peking Colloquial*,1924,2nd）

第一版出版于1918年,第二版1924年。编者为 Walter Hillier, Trelawny Backhouse 等。上海 Kwang Hsüeh 印刷房印刷,伦敦 Kegan, Paul, Trech, Trübner 公司出版。

该词典收条4万左右,体例为英文条目、威妥玛拼音、中文词目一一对应,如下所示：

Despise, to	ch'iao^2-pu chi'i^3	起不瞧①
Chance	k'o^3 ch'iao^3	巧可

该词典编写的主要特点有:

首先,在选词上,既收录了典型的口语词,也收录了书、口通用的常用词,甚至还有一些现在看来属于书面语和文言的成分。如"执行死刑""有陈诉于行政官署之权"等。此外,词典除收录"词"成分外,还有一些"语"成分,如"不可同日而语";甚至还有句子成分,例如"我闭着眼睛就去咯""那个人太糟糕"等。

其次,从编写对象出发组织编写,体例比较合理。根据前言介绍,词典的编写对象主要是偶然到中国的旅行家、游客,或为在中国居住却不懂汉语的外国人。这种"英语——威妥玛拼法——汉语"对应的简洁体例,能帮助使用者尽快找到所需词目,还可作为日常出行的口语手册使用。

再次,以编写通语词典为目标。由于中国方言的地域差异,编者认为以当时的情况很难编写出一部真正的通语词典,但官话中存在不少相似的成分,因此本词典仍然具有一定的普适性。

总体看来,词典在一定程度上反映了19世纪初北京地区的语言使用情况,编写体例简洁合理,对当时的汉语学习者、来华人员具有实用价值,对现今的研究人员来说,极具研究价值。

(二)汉语口语词典(*Dictionary of Spoken Chinese*,1945/1966)

耶鲁大学远东语言研究所主编,耶鲁大学出版社,第一版于1945年出版,修订本的出版时间为1966年,笔者将以修订本为基础评析。

该词典主要为中级程度的汉语普通话口语学习者编写,既是学习者培养高级口语技能的工具,也是一部现代汉语口语的语法

---

① 当时汉字采取了从右到左的编排形式。

参考书。词典在收词上注重弥补一般汉语词典的空白,提供了一些在书面语中少见的口语表达,且不收非日常口语使用的词语。

词典分为汉—英与英—汉两部分:汉英部分收字约 3000 个,收词 6000 以上;英汉部分收英文单词 3000 以上,词下另有词组。① 词典的标音系统为耶鲁拼音,释义、例句完备。

总体看来,该词典具有如下特点:

首先,体例上包括汉—英与英—汉两部分,有助于学习者根据不同需要查询所需词语。词典的导言亦对此做了说明:汉英部分主要用于听力与阅读理解,而英汉部分则旨在帮助学习者查询交际中需要的词语。

其次,进行了词、语和语素的语法类别标记。汉语的不同成分在词典中被分为 27 类,词典的导言描述了每类词语的语法功能。这 27 个语法类别与现今国内的汉语词类划分有同有异,主要有:

(1)副词(A);(2)属性词(AT);(3)助动词(AV);(4)语素(B);(5)同动词(CV);(6)趋向补语(DC);(7)趋向动词(DV);(8)功用动词(FV);(9)感叹词(I);(10)习语(IE);(11)方位词(L);(12)量词(M);(13)名词(N);(14)数词(NU);(15)拟声词(ON);(16)助词(P);(17)代词(PN);(18)固定结构(PT);(19)动后词(PV);(20)地点词(PW);(21)疑问词(Q);(22)结果补语(RC);(23)结果结语(RC);(24)指示语(SP);(25)状态动词(SV);(26)时间词(TW);(27)动宾结构动词(VO)。

再次,词典的例句丰富,口语色彩较浓。例如"的话"的例句:"要是我是你~,绝对不干。"

最后,翻译完整。除给出对译词外,对例句也作了英文翻译。

---

① 词典并未说明收字、收词量,该数据由笔者估算而得。

(三)赵元任《国语字典》(Concise Dictionary of Spoken Chinese,1947)

赵元任、杨联升(Lien Sheng Yang)主编,哈佛大学出版社哈佛燕京学社1947年出版(Cambridge:Pub.for the Harvard-Yenching Institute by Harvard Univ.Press,1947)。

在编写体例上,字典使用对译词直接释义的方法,并在释义后列举了可由该字组成的词语,标音体系采用了国语罗马字与威妥玛两种,收字量超过3000个。字条示例如:钉 dinq.(ting⁴).F to bind, to nail down.

在语法方面,字典将汉字分为自由语素(free)与非自由语素(bound)两种,并在字后作标注,帮助使用者理解由字组词的方法。

(四)英汉—汉英常用辞汇(IFEL Vocabulary of Spoken Chinese,1954)

Po-fei Huang 主编,耶鲁大学出版社1954年出版。

词典收录近9000个汉语词。和《英汉北京口语词典》的编写体例类似,本词典并没有给出中文释义,但却增加了词的语法类别,样例如下:

Ability　　　　N：běnshr　　　CP
Aborigines　　N：tǔrén　　　　RC

词典对汉语研究的一些问题进行了探索:

第一,在多种汉语标音符号中,选择采用由耶鲁大学创制的耶鲁拼音。词典的编写时间为20世纪50年代,彼时已经有多种字母注音符号,包括19世纪60年代威妥玛主创的威妥玛拼音(Wade-Giles system),自1926年开始使用的国语罗马字以及注音符号等。

其中,威妥玛拼法创制早,国际影响大,但由于注音附加符号易脱落等原因,某些音节容易混淆。例如胡明扬曾经遇到一位英国教师将"张长江"读作"枪枪枪"。这一问题在部分海外华人的姓氏拼写中依然存在,例如因为威妥玛拼法"屈、朱"都一律拼写为Chu,仅依照拼音很难分辨原姓氏。而国语罗马字没有调号,而是用拼写规则的变化(一般为加入或改变字母)来表示声调,这一标音方式过于复杂,不易为人所接受。耶鲁拼音(Yale Spelling system)起源于第二次世界大战期间美国耶鲁大学的语言培训班。为了帮助学员在短期内掌握汉语,耶鲁大学远东语言研究所设计了一套拼写汉语读音的方案,并运用于所编教材和词典,《英汉—汉英常用辞汇》就是其中的一部。

第二,对词条进行了系统的词类标注,并提示了每种词类的语法功能。我国国内最早进行现代汉语词类标注的词典是1982年出版的《简明汉英词典》,而美国早在近30年前就开展了这一工作。《英汉—汉英常用辞汇》将汉语词类分为名物词、动词与非独立词三种大类,每个大类下还有若干小类,一共18个小类(如表6.2所示)。

表6.2 《英汉—汉英常用辞汇》语法类别表

大类	小类	示例
动词表达 (verb expressions)	状态动词(stative verbs)	大、老
	功能动词(functive verbs)	来、有、卖
	同位动词(equative verbs)	是、叫(be called,named)、姓
	同动词(coverbs)	给(他)、吃(筷子)、到(上海)
	动后语(postverbs)	(住)在、(送)给、(走)到
	动结式(resultative verbs)	看不懂、吃完了、好不了
	助动词(auxiliary verbs)	会、可以
	副词(adverbs)	都、也许

续表

大类	小类	示例
名词表达（nominal expressions）	名词(nouns)	人
	量词(measure)	个
	数词(numbers)	几、零
	指示语(specifiers)	两个、三个人、几块糖
	代词(prounces)	他
	地点词(placewords)	家、上海
	时间词(timewords)	今天、礼拜六
非独立词(expressions which are not fullwords)	助词(particles)	interrogative particles：吗、啊、吧
		aspect particles：着、过
	感叹词(exclamations)	啊、哦、嗨、哎呀
	粘着语素(boundforms)	方、战

词典的导言部分介绍了不同词类的语法功能，如状态动词(stative verb)的语法功能是修饰名词、修饰动词。此外，词典给不能成词的语素予以特殊标记，有助学习者理解汉语的字词关系。

第三，词典采用了分词连写的注音方式，将词与词之间用空格隔开，如"出主意"被标为"chū júyi"，并提出了区分词与其他成分的基本方法。

词典前言中提到，汉字是单音节的，而口语中使用的词语却多是多音节的。因此在罗马字标音时，哪些音节应该连写、哪些应当分离出现了问题。这与其说是标音问题，不如说是"词"的确定问题，就此词典的导言中提出了几种方法：

①黏着语素：词典对条目中的粘着语素作了特别标记，并指出粘着语素不能独立，需要与其他成分合起来构成词语。

②音节间的不可分离性(inseparable):主要方法为用"的"来确定名词性成分,用"了"来确定动词性成分。例如"学校"不能说成"学的校","应当"不能说成"应了当",故而它们均为词。

③轻声(loss of tone):例如"东西(thing)""学生""知道"与"上头",它们的第二个音节均为轻声,均为词。

④语法功能的改变(change of function):例如"疼"在"我的头疼得不得了"中是功能动词(functive verb),但"头疼"却为状态动词(stative verb),说明"头疼"是一个词而非短语。

⑤语义的改变:例如"大头"不表示"大的头"时,是一个词语。

⑥动宾结构:一是位置不能转换(not transposable),例如"生气"这一动宾式中不能加入介词"把",说成"把气生了",说明其为一个词;二是语法功能的改变,例如"有钱""有意思"不是动宾结构词组,而是形容词。

(五)《汉英现代汉语文学作品口语词典》(*Chinese-English Dictionary of Colloquial Terms Used in Modern Chinese Literature*,1979)

David Collier 主编,美国中英译学协会校订,耶鲁大学远东出版社 1979 年出版。

词典的编写目的在于帮助外国人理解中国现当代文学作品中的口语词。词典共选取了口语词 11000 多条,主要语料来源于中国现当代文学作品。总体看来,词典具有如下特点:

首先,这是一部真正意义上的典型口语词词典。与前文提到的常用词、口语词并收的词典不同,本词典选取的全部为典型口语词,例如"抽抽""挨个儿"与"结实"等。

其次,基于语料库提取词目。根据词典前言介绍,本词典是美国中英译学协会(CETA)项目的一部分,而 CETA 项目共收录了 100000 条汉语通用词语,525000 条科技词语,并为 2000 多部汉语词典作了索引。所有的文件都以可读的格式存于电脑,词典的语料就来自于这个项目。

再次,词典提出了利用词形与词义判定口语词的方法,很具创见性。其基本方法包括:

(1)同一词条以多种不同的书写形式出现,即现今所说的异形。例如口语词"死气白赖",还另有"死气白咧""死求白赖"与"死漆白赖"等书写形式。产生这一情况的原因在于,相比书面语,口语的书写形式相对不够规范。

(2)在完整的词语中间增加复音节词缀。例如"糊卢巴涂""噁拉巴心"。

(3)词语有词尾词缀,或为重叠式,如"黑谷隆冬""孩里孩气"。

(4)非常用词的使用。例如用"唠嗑"或者"唠喀"取代了常用的"说",在中国东北的文学作品中就经常出现。

(5)使用词语的非常用义项。例如,在东北的一些地方,"电车"指的是汽车,与我们一般的理解和定义不同。再如,"收拾"常用义为清洁或者整理,而口语里则是痛打、严惩的意思。

(6)合成词中一旦出现"戛"或"嘎",基本为口语词。

总体看来,与其说词典编写者提供了口语词的判定方法,不如说其总结了口语词在用字、构词与语义上的一些特点。这些特点例如词缀多、异形多以及多义性等,笔者在第四章中就曾予以论证。

词典的出版时间为1979年,编写时间则更早,当时我国正处于改革开放前后,来大陆学习汉语的学生不多,汉语作为第二语言学习者并没有良好的口语实践环境,并不了解哪些词语是口语词。因此这些口语词的判定方法,从教学角度看具有一定价值,也较为简便易行。当然,这些规律并不绝对,不能过度泛化。

(六)总结

各部词典的主要信息整理如表 6.3 所示：

表 6.3 海外出版口语词典编写情况表

词典名	出版年代	选词数	语法类别标记	释义方式与例句	注音体系
英汉北京口语词典	1918(1st) 1924(2nd)	40000 左右		对译词语	威妥玛拼法
汉语口语词典	1945(1st) 1966(2nd)	3000(汉英); 6000(英汉)	有	对译词语,有例句(例句带翻译)	耶鲁拼音
国语字典	1947	3000 以上	有(仅标记自由与粘着语素两种)	对译词语,有例句,构词	国语罗马字、威妥玛
英汉—汉英常用辞汇	1954	将近 9000	有	对译词语,无例句	耶鲁拼音
现代汉语文学作品汉英口语词典	1979	11000 多条		对译词语,无例句	汉语拼音

三、海外出版口语词典对我国对外汉语词典编写的启示

上文提到的口语词典编者既有汉语母语者,也有汉语非母语的教师、研究者,他们在编写词典之前都有过一定的汉语学习经历,这有助于他们结合自身经验,设身处地考虑汉语第二语言学习者的真正需要,使词典更符合使用者的需要。总体看来,词典在如下方面对我们有所启示：

(一)对口语词教学的重视

海外早在 19 世纪就开始了对汉语口语词的研究,研究对象既有通语,也有北京话及其他方言。其中有不少与"口语"相关的词典。

第六章 汉语口语词典研究及口语词手册的编写

美国曾经出版过一本《汉语词典索引》(Chinese Dictionaries: An Extensive Bibliography of Dictionaries in Chinese and Other Languages),比较完备地收录了中国与其他国家出版的汉语词典并列出索引。其中与口语相关的索引有两部分:一是通语的口语、俗语类的词典有 40 部;二是方言类词典(包括北方话、北京话以及南方方言词典①)135 部,其中北京话词典 10 部。口语词典在辞书编撰中占一席之地。

海外重视汉语口语词典编写,究其原因应当有如下两点:

第一,学习第二语言一般要从口语入手。先听说再读写是母语的习得(学习)顺序,也符合大部分汉语作为第二语言学习者的学习顺序,尤其大多数汉语作为第二语言学习者均为成年人,较之未成年人在口语学习中有更大的困难,因此学习愿望也更为迫切。例如英国著名汉学家、外交家以及汉语教育者威妥玛曾经提到:"书面语上的困难,总会被发现,经过不断努力总会被克服;可是,除了讲的那种话既特别又吃力,听着又陌生之外,甚至比较精通于讲话都不是一般天资的成年人做得到的。"②

第二,我国历来对口语研究的忽视,使国人缺乏编写口语学习材料的兴趣,外国学习者只能自力更生编写材料。明清之际,西方人尤其是传教士来华,面临的首要问题就是学习汉语,但汉语从语法到书写形式都与印欧语系语言迥异,为此他们编写了《西儒耳目资》、《语言自迩集》等经典的汉语教材,也编写了系列词典尤其是方言词典。例如麦都思主编的《汉语福建方言词典》、杜嘉德主编的《厦英大辞典》等,这些既为当时的外国人士提供了汉语学习的资料,也为当代的历史、语言研究提供了宝贵资料。

---

① 方言词即方言地区使用的口语词。
② 威妥玛.语言自迩集——19 世纪中期的北京话[M],张卫东,译.北京:北京大学出版社,2002:23.

（二）根据使用者需要进行编排

词典的编写体例需从使用者的需求出发。例如《英汉北京口语词典》主要为来华外国人士的词汇手册，受篇幅所限，只给对译词，不提供更多的语法信息。而其他几部口语词典则不满足于给予简单的对译词，或多或少提供了一些词语的使用信息，以帮助学习者掌握词汇。具体看来，词典在如下方面考虑到了使用者的需要：

1. 语法类别的标注

耶鲁大学出版的词典均进行了词语的语法类别标注。相比而言，我国"最早标注词性的词典是1982年出版的《简明汉英词典》，它是在1976年7月北京语言学院铅印的《汉英小词典》的基础上，修订而成的"[1]。而权威语文词典《现代汉语词典》直到第5版2005年才开始词类标注。

汉语词法的特殊性使词类的确定与划分面临了很多困难，"依句辨品、离句无品"，传统的根据词语在句中语法功能判断词类的方法，对汉语为母语的国人不存在困难。然而，汉语第二语言学习者却恰恰相反，他们需要先掌握词语的语法类别，再利用一定的规则正确地遣词造句。为汉语学习者提供词类信息，对汉语作为第二语言学习者而言具有重要意义。

大多数第二语言学习者一般会以学习词典（现今很多学习者以手机app词典取代纸质书，这只是词典载体的变化）代替语法书，因而在学习词典中提供词语的语法信息、对词语进行语法类别标注，符合广大学习汉语第二语言学习者的需要。

但相应的情况却是，我国词典的词类标注却比词类大讨论晚

---

[1] 刘英林、宋绍周.论汉语教学字词的统计与分级（代序）.汉语水平词汇与等级大纲[M].北京：经济科学出版社，2001：16.

了将近 30 年。究其原因,可能与汉语词类划分的复杂性与困难性有关。词典编纂者为了避免犯错误成为靶子,干脆避重就轻,采取不标词类的做法。

2. 描述词类的语法功能

通过语法功能区分词类的方法被介绍到这些词典中,以帮助汉语作为第二语言学习者。此外,这些词典还将汉语词类的语法功能与英语作比较,以帮助学习者在比较中掌握汉语词语的用法。例如《英汉汉英常用辞汇》(1954)前言中描述状态动词的语法功能时就作了如下说明:

状态动词(Stative verb)从来不带宾语。它们前可加"很"修饰,此外,除了述谓功能外,它们的功能还包括:(1)修饰名词(助词"的"可选),其功能相当于英文中的形容词。如"我要的房子";(2)修饰动词,相当于英文中的副词(仅限于某些状态动词)。如"他老说中国话。"

词典既标注了不同成分的语法类别,对每类成分的语法功能进行描述,并将其与英文中的相关成分进行比较,对学生掌握词汇的语法信息具有较大的帮助。此外,词典的语法信息提示简单明了,篇幅得当。

3. 其他信息的提供

《汉语口语词典》(耶鲁大学,1945/1966)是所有口语词典中提供信息最为完备的一部。除了词汇的语法类别外,它还提供了如下几类信息:

(1)词语的陪义信息

领域:化学术语(in chemistry)、军队术语(military term)、数学术语(in mathematics)、物理学术语(in physics)、常用姓氏(common surname)、朝代名(name of dynasty)

地域:大陆使用(current mainland usage)、北京土话(localism

of Peiping)

形象、情感信息:喻指(figuratively)、敬语(honorific)等

(2)搭配信息

一是与词缀的搭配信息:如上文提到,"子""儿""头"是汉语口语词的重要词缀,词典考虑到这一特点,在每个语素和词语后均标注了其与常用词缀的搭配情况。例如:

票(N)〈～子,～儿〉ticket.

片(M)〈～儿〉slice,thin piece.

西边(PW)〈～儿〉(in)the west part of area

与助词"着"的搭配信息:词典区分了"同动词"(coverb)、"功用动词"(functive verb)与"着"搭配的不同情况,指出"同动词"(coverb)与"着"搭配时并不改变语义,如"顺着";而功能动词(functive verb)与"着"搭配则表示进行,如"看着"。

二是量词搭配信息:词典标出了名词的常用搭配量词。例如:幼儿园(N)kindergarten(M 所)。

此外,词典还提供了前后语境搭配等信息。

(三)借助计算机辅助词典编写

随着科技的发展,现今语料库已大量用于词典编写中。但早在 30 多年前,美国就已在汉语口语词典中使用这一技术。

1979 年出版的《汉英现代汉语文学作品口语词典》的词条来自于以各种语言编写的 2000 多部汉语词典,所有词条都在计算机的辅助下进行存储与修改。

(四)用例的口语性

尽管上文提到的口语词典均为海外出版,编写者中不乏汉语非母语人士,但这却不影响其用例的真实可靠,词典的例句体现了较强的口语色彩。例如:

那个娃娃太小,你别撅她。(《汉语口语词典》)

我的指甲劈了。(《汉语口语词典》)

他正会ㄦ穷乂害病。(《国语字典》)

坐过来,咱们好说话。(《国语字典》)

四、海外编写口语词典的研究价值

(一)汉语本体的研究价值

1. 研究汉语口语的发展变化

这些海外出版的汉语口语词典最早的一部已有将近百年的历史,积累了大量的历史语言材料。通过对词条进行研究,可以了解当时汉语口语的使用状况,以及具体某一词汇的语义在百年间发生的变化。

例如《英汉北京口语词典》词典的第一版出版于1918年,从导言的落款时间来看,词典编写工作在1910年左右就已完成,距今已有近百年历史。当时是清朝与民国的交界时期,中国社会的经济、文化与语言生活正在发生巨大的转变,词典中不少词语的使用情况与现今存在差异。其变化主要表现在如下几方面:

(1)词语的语体变化

词典收录了大量的口语成分,例如"抹子""得大彩"以及"不相干"。但也出现了不少如今看来是书面语的成分。例如:

残喘、何尝看不透这步棋、推量、同归于尽、此款恐难改动、朔风凛凛、别辩驳我、为虎作伥、忧愁、捐躯洒血、年逾花甲、无所顾忌

这些词汇、短语甚至句子,在现代人看来是文绉绉的书面语,却被收入了当时的口语词典,排除了编者语感不准造成的失误外,还可就此分析百年来汉语口语的巨大变化。

(2)词语的潜伏与消亡

随着时代的演变,词典中收录的某些表达现今已很少使用,逐渐隐退甚至消亡,例如:

郡主、守节、屠所、左丞、仿照欧洲之陆制(continental system, in imitation of the European)、无形界中(immaterial, world)、寄人宇下、称道不置(satisfaction)、脏疮(syphilis)、凭天转(roulette)

此外，1966年出版的《汉语口语词典》也有一些现今少用的词语，如：膳宿生(boarding student)、蚂螂(dragonfly)。

词语的逐渐潜伏，一是由于其所指的事物或概念逐渐消亡，如"郡主""守节""左丞"，成为旧义位；而有些如"蚂螂"是北京话对蜻蜓的叫法，现普通话称作"蜻蜓"。

如果能够将词典的词条输入语料库，将其与当代使用的词语进行比较，应当能够发现更多百年来汉语词汇的变化。

2. 对汉语注音体系的研究价值

19世纪之前，反切在注音方法中占据重要地位，但有局限性，且不利于汉语非母语的外国人士掌握。明代进入中国的传教士采用字母为汉字注音，给国人带来了一些启发。1892年，卢戆章出版《一目了然初阶》，以音标形式标注闽南语等各地语音，在厦门地区产生了很大的影响。

其后，字母汉语注音体系逐步兴起，各方人士通过长期的探讨，创造了多样的注音体系，其中的代表有威妥玛拼法、国语罗马字、注音符号、美国的耶鲁拼音，以及现在通行的汉语拼音方案等。"口语"词典的性质决定其需要给读者提供语音信息，因此百年来汉语注音方式的沿革，及其各种注音方案在海外的使用情况，在口语词典中多有体现。笔者探讨的几部词典使用的标音体系如下：

《英汉北京口语词典》(1918，1924)：威妥玛拼法

《汉语口语词典》(1945，1966)：耶鲁拼音

《国语字典》(1947)：国语罗马字、威妥玛拼法

《英汉—汉英常用辞汇》(1954)：耶鲁拼音

《汉英现代汉语文学作品口语词典》(1979)：汉语拼音

威妥玛拼法自1869年Thomas F.Wade在《语言自迩集》中使用之后,在海外广为流传了一个多世纪,具有较大的影响力。国语罗马字为赵元任所创,耶鲁拼音由耶鲁大学的团队所创,他们在自编词典中采用自己的标音体系自然无可厚非。但十几年后的1979年,耶鲁大学编写的《汉英现代汉语文学作品口语词典》却开始采用汉语拼音,而非自己的耶鲁拼音体系,可见当时汉语拼音方案在世界华语圈中获得的认可。随着我国大陆的逐步开放,经济文化影响力逐渐加大,现今汉语拼音已经覆盖了大部分的海外华语圈。

3. 汉语词法研究价值

英语等不少语言是分词连写的,但汉语则不然。早年间部分汉语词典与教材并未注意到这一问题,在标音时不作分词处理,这容易让学习汉语的外国人感到困惑。

而耶鲁大学出版的《英汉—汉英常用辞汇》试图解决这一问题,提出了区分汉字(语素)与词的方法,并将词典的词条在标音时词内连写,词与词之间用空格隔开,体现了对汉语由"字"到"词"的思考。

此外,《英汉—汉英常用辞汇》对确定汉语"词"这一成分提出的方法,从当时的背景看也很有实用价值。

4. 口语词确定方法的研究价值

本书绪论中提到,"口语词"这一提法具有模糊性。口语词与通俗常用的通用语词的界限划分,以及口语词和方言词的区别,都是棘手问题。海外的词典编写者在调查条件有限的条件下,在《汉英现代汉语文学作品口语词典》中提出了从构词、语义和用字上判断口语词的方法,且这些判断方法确实具有一定的理据性(如第四章显示汉语口语词确实具有异形词多的特点)和创见性,体现了其对口语词特点的深入认识。

(二)对外汉语教学史的研究价值

现今提起海外汉语教学史料,一般都局限于《老乞大》《朴通事》《西儒耳目资》及《语言自迩集》等少数几部教材,对词典的关注程度不高。实际与教材相比,词典更具体系性、规范性,也更有利于词汇研究。这些词典为对外汉语教学历史提供的研究价值在于:

首先,展示汉语注音方案的演变。由19世纪中叶开始至20世纪中叶汉语拼音的出现,海外采用字母为汉语注音,始于16世纪利玛窦、金尼阁等西方传教士,再到其后具有较大影响力的威妥玛拼音、国语罗马字、北方话拉丁化新文字、耶鲁拼音以及汉语拼音等多种注音方式,而这些也都在汉语口语词典中得以体现,不同词典一般采用了当时主流的拼音方案。到19世纪50年代,经历了近百年的探索,博采众家之长,汉语拼音方案正式确立,如今已在国内外具有强大的影响力。1979年,耶鲁大学编写的《汉英现代汉语文学作品口语词典》也开始采用汉语拼音而非自创的耶鲁拼音方案,就可见一斑。

其次,英美汉语口语词典的编写,从个人自行组成的团队(如《英汉北京口语词典》的编者),再到学术研究机构(如耶鲁大学),再到比较官方的机构,从中可见汉语在海外的受关注程度逐步提升,这也是值得进一步探讨的问题。

此外,社会政治、经济、文化生活的变化往往会在词汇上有所体现,这些词典也是研究当时中国社会的基本情况以及对外交往情况的宝贵资料。

三、问题

受到出版者、出版年代、条件等限制,有些词典例如《英汉北京口语词典》仅简单给出了对译词与拼音,提供的用法信息略显不足。此外,不少汉语词典为外国人所编,汉语并非其母语,尽管经过了汉语为母语使用者的校对,但仍难免失误。

第二节 国内出版现代汉语口语词典述评

一、国内现代汉语口语词典出版情况

自80年代以来,我国陆续出版了一些口语词典。其中专门性的普通话①口语词典有徐志诚的《现代汉语口语词典》(1991)、张艳华的《现代汉语常用口语词典》(1995),在著作中列举口语词条有陈建民的《汉语口语》(1984),语文词典中进行〈口〉标记的主要有《现汉》(1978、1983、2005、2012版)与《现代汉语规范词典》(2004)②。

（一）陈建民《汉语口语》附录词条

陈建民(1984)在《汉语口语》中有"常见汉语口语词语举例"一节,列出了547条汉语口语词语。尽管该书并非口语词典,且研究范围主要限于北京话,但作为较早的现代汉语口语研究,这些词条仍具有研究价值。

作者根据词类将所选口语词分为名词、动词、形容词、助动词、副词、介词、连词和助词八大类,继而在每个大类下进行语义场区分。例如名词被分为人体器官的名称、亲属称呼、对各种人的称呼、表示具体事物的名称、疾病名称等七个小类。

该书重视口语与其他词语的对比:在口语词后用括号注明了对应的书面语词,如胳肢窝(腋)、今儿(今日)等;如果该词没有对

---

① 所列的部分词典在收词上存在普通话与基础方言界限不明的情况,本节将有所讨论。

② 另有一本施光亨主编的、专门的外向型《汉语口语词词典》,编写体例具有启发意义,但仅立目179条,与其他词典收词量差异较大,不作重复统计,将在下一节中另文讨论。

应的书面语词,则列出中性词,即书、口通用的词语,如:上、上面、上头(上),"上"是书、口通用的词语;如果该词既没有对应的书面语词,也没有书、口通用的词语,则在括号后加上释义,如:扎堆儿(北京话。凑在一起,常作状语。如"扎堆儿聊天"。)

这种将口语和其他语体词对应的方法,有助于在比较中认识口语词的特点。

(二)徐志诚《现代汉语口语词典》(辽宁人民出版社,1991年出版)

该词典的服务对象广泛,既有一般读者以及外国学生、海外华人,也包括文艺创作人员、翻译工作者和语言研究教学人员。

徐志诚(1991)在词典的《凡例》中介绍,词典收录了北京口语和北方口语的常用词3000多条,主要为家常口语体中的常用词语。具体类型包括:常用口语词、常用口语性成语、当代新出现的口语、个别旧时口语词、口语中的生动形式、口语词缀、口语中儿化后意义有变化的词以及某些粗俗词语共八种。

在编排上,词典参考了《现汉》,注意对轻声、儿化进行特殊处理;释义和例证上,词典一般使用对应的书面语词或书、口通用语词释义,这一方法有利于读者理解书口的差异,展开对口语词的进一步思考。

同时,该词典与陈建民《汉语口语》(1984)一样,重视口语词与书面语词的比较,在附录中提供了"常用书面语——口语词汇对照表",具有一定的使用与研究价值。另外,附录中的"汉语口语亲属称谓表"也有助于读者掌握该类词的口语用法。

但词典仍存在一些问题,首先表现在收词上,该书"还不是严格的规范口语词典。……在收词上没有严格地把口语词和方言词区分开来,像'半晌''倍儿''备不住''编派'等方言词,作为口语词编入了词典"①。

---

① 徐翁宇,赵葆云.口语词典的构想[J].现代外语,1995(4):55.

此外,作者对现代汉语口语的地域界定不够严谨。词典前言中赞成陈建民(1985)的观点,认为汉语口语是指"当代的排除掉其中已经过时的俚俗成分的北京口语"①,将口语词的其他来源排除在外。

(三)张艳华《现代汉语常用口语词典》(济南出版社,1995)

张艳华编写该词典"起初是为了教学②的需要"。词典"收集了大约7000个常用现代汉语口语词条,力求囊括口语词汇中生命力强、使用频率较高、应用面较广的部分。除少数容易使用的名词外,绝大部分词条在释义后还设有例句,以便于读者掌握和运用"。③

作为国内当代较早从对外汉语教学角度编写的现代汉语口语词典,《现代汉语常用口语词典》具有一定的实用价值。它收录了一些口语中常用的词语,例如"坐庄""作对"等,对汉语教师与学习者较有裨益。但与此同时,它在选词、释义方面,仍存在一些普遍问题。例如以下词条:

【坐蜡】zuòlà 比喻两头为难,处事棘手。例:你们都撒清了,让我自个儿~。

"坐蜡"并非普通话口语词,而是方言词。说明词典在口语词与方言词的界定上较为随意。

(四)《现代汉语规范词典》〈口〉标记词汇(外语教学与研究出版社 & 语文出版社,2004年联合出版)

《规范词典》有两种语体标记:其一是有文言色彩的词目作了〈文〉标记,如"锒铛";其二是口语色彩的词标〈口〉,如"旮旯儿"。

---

① 徐志诚.现代汉语口语词典[M].沈阳:辽宁人民出版社,1991:1.
② 这里的"教学"指"对外汉语教学"。
③ 张艳华.现代汉语常用口语词典[M].济南:济南出版社,1995:1.

经录入统计,该词典中的〈口〉标记词汇共有 1346 条。其中既有单音词如"煁""蔫",双音词如"扒拉""实诚",也有多音的如"叽里旮旯儿""缺心眼儿"等。和《现汉》不同,词典并未作方标记。

二、编写问题

(一)选词问题

1. 选词重复率分析

总体看来,这些词典立目数量差异较大,为相应的研究与实践带来了较大的困扰。笔者将各词典、著作中的所有词条和相关信息输入数据库,具体每部的收词情况为:

表 6.4 各词典收口语词情况表

词典名	《汉语口语》	《现代汉语口语词典》	《现代汉语常用口语词典》	《现代汉语规范词典》〈口〉标记
收词数量	547	3319	6526	1345

可以看出,张艳华编《现代汉语常用口语词典》共收词 6526 条,收词最多,范围最广;《汉语口语》仅是列举式的,收词范围最小,为 547 条。笔者利用 access 数据库软件作了选词的重复率统计(由于陈建民《汉语口语》并非词典,收词范围也主要局限于北京话,与笔者的研究语料有一定的差距,不列入统计范围)。据统计,这些词典中共出现了 11190 条词语,分属 9235 条词形。表 6.5 显示了词条在词典中的重复率:

表 6.5　词典收词重复情况表

类型	三部词典均出现词目数	在两部词典出现的词目数	仅在一部词典中出现的词目数
数量	345	1265	7625
比率（总词形数:9235）	3.74%	13.70%	82.57%
举例	不赖、活该、拧	下三烂、闹着玩儿、下不来台	黑帮、合拍、劳神

笔者根据词典的收词重复率,将三部词典都出现的词条称为拟定一级口语词,在两部词典中出现的叫做拟定二级口语词,而仅在一部词典中出现的称为拟定三级口语词,并将它们与《现汉》的收词情况进行比较。

2. 各级口语词与《现汉》口语词重复率

通过统计,这些词典与《现汉》〈口〉标记词的比较结果如下:

表 6.6　各级口语词与《现汉》〈口〉标记词汇重复情况表

口语词等级	拟定一级口语词	拟定二级口语词	拟定三级口语词	三部词典均未收的《现汉》口语词
各级词总量	345	1265	7625	
重复数	156	497	243	128
重复率	45.22%	39.29%	3.19%	

由上表可见,各级口语词与《现汉》之间的重复率不高。从绝对数量上看,拟定二级口语词包含的《现汉》口语词最多;从相对数量看,各级口语词与《现汉》〈口〉标记词语的重复率从一级到三级呈现逐级下降趋势。尽管词典编者均为语言、教学方面的研究人员,但对口语词的选取却有所不同,这也间接说明了不同研究者对

口语词的语感判断差异明显。

相对而言,《现汉》的口语词标记呈现两大特征:其一,一些在其他口语词典收录的词语,在《现汉》中被标为〈方〉,如上文提到的"备不住"、"编派"。《现汉》收录约65000条词目,其中口语词仅900条左右,约为百分之一,只标最典型的口语词,不标一般口语词。其二,《现汉》的口语词主要取自"词"层面。一些口语词典,例如徐志诚《现代汉语口语词典》,选取了大量语类结构,例如"一个鼻子眼儿出气""人一走、茶就凉",还有一些固定结构,如"一来……二来""一头儿……一头儿",而《现汉》更侧重于"词"的选取,四音节及以上的口语结构仅有39条,占总数的4.5%,数量较少。

其中,各部词典均收录的口语词即拟定一级口语词有156条(详细条目见附录),这些词语的特点从音节上看,包含各音节词语,但以双音节为主。

其中单音节19条,包括:崩、吹、呲、得(dé)、得(děi)、怪(副词)、黄(动词)、赖(形容词:不好;坏)、愣、毛、饶、扎、着(zháo)、折(zhē)、炸、攥、嘬、约(yāo)、挺。

双音节如:脆生、撺掇、发愣、发蒙、改嘴、干吗、瞧见、老婆

多音节如:瞧不起、瞧得起、不是玩儿得、哩哩啦啦、疙疙瘩瘩、黑灯瞎火

这些词语往往较为稳定,很少反映新生事物,且具有比较鲜明的口语特征,很少在正式语体中使用。

再看《现汉》已收录但其他词典均未收录的口语词:

从音节上看,这些词主要是双音节与多音节的,单音节只有"爸""毙""港""扛""壳""熟""血"及"啰"几条。这说明单音的口语词已较为研究者所认可。

从词汇描述的语义上看,这些词描绘的大多是新兴事物,这应当与《现汉》多次改版,补充了一些新词语有关。例如《现汉》所收

"～片儿"格式的〈口〉标记词,其他词典均未收录,如"大片儿""唱片儿""彩色片儿""有声片儿""科教片儿""录像片儿"及"警匪片儿"等。

3. 问题

总体看来,各部词典的口语词选编标准不一,差异较大,具体存在如下问题:

(1)口语词和方言词的界限不明

对词语是否进入民族共同语没有进行严格的区分。徐志诚《现代汉语口语词典》(1991)中选取的一些词语,例如"备不住""编派",实际还有比较重的方言陪义,《现汉》也标其为方言词,选入口语词典有待商榷。

(2)口语词和流行语的界限不清

例如张艳华的《现代汉语常用口语词典》对"口语词"的界定不够明确,其收录的"四小龙""双轨制""四化""海外关系""五七干校"等词条,更类似于当时的流行语。流行语中既有专业词语,也有口语词。作为口语词典应当收录流行语中口语风格明显、生命力较强的部分,而"海外关系""五七干校"等词语口语风格不明显,现今看来已成为旧词语,收录此类词语并不严谨。

(3)词与其他结构的界限不清

一些词典还收录了非词的固定结构,如"一来……二来""一头儿……一头儿"(徐志诚《现代汉语口语词典》),对词与其他结构的界限区分不明确。

(二)标注问题

1. 标注词类

标注词类有助于第二语言学习者正确地使用词汇,《现代汉语口语词典》(1991)、《现代汉语常用口语词典》(1995)口语词典均以学习汉语的外国人作为受众,却未作任何词类标记。相反,上一节提到的海外汉语词典从第二语言学习者的角度出发,也受到英语的影响,大多作了词类标记。

2. 其他语体标记

除收录普通话口语词外,词典还收录了一部分尚且完全进入民族共同语的方言词,可考虑对这类词作〈方〉标记。此外,有些词语在语体上属于俚俗口语词,而有些只属于非正式的一般口语词,若能仿照英语学习者词典,对这些词语分别标记〈infml〉(非正式)与〈slang〉(俚语),让使用者认识词语使用的语境、语体,应该能够更好地帮助他们掌握这些词语。

(三) 释义问题

所有的口语词典均使用"汉语解释汉语"的方法,作为语文词典自无可厚非。但《现代汉语口语词典》(1991)、《现代汉语常用口语词典》(1995)等学习者词典,所采取的释义方式应更为慎重考虑。

尽管一些世界著名的学习者词典(如"牛津""朗文"系列学习者词典)也采用目的语直接释义的方法,但前提是对释义元语言进行了严格的控制,释义词语相对简单,"朗文"外向型词典的释义词语更是被严格控制在 2000 个之内。相反,以上汉语口语词典的释义词语难度甚至高于词条本身,词典释义用语有时比词条本身还要复杂。例如张艳华《现代汉语常用口语词典》中的词条:

【死抠儿】sǐ kōur ①极吝啬。例:那家伙～,别想从他那儿得到什么。②在某一点上极力探求、深究。例:别～书本,得结合实际。①

---

① 张艳华.现代汉语常用口语词典[M].济南:济南出版社,1995:287.

【还口】被责骂和申诉的人为自己辩护或反骂对方。也说"还嘴"。①

这样,恐怕只有汉语水平达到高级程度的学生才有可能读懂释义,中级以下程度的学生只能望而生畏。

第三节 外向型汉语词典的口语词选编问题

一、一般外向型学习词典的语体标注

《现代汉语八百词》自1978年出版以来,一直深受对外汉语教师的喜爱。但该书选词以虚词为主,尽管也收了一部分实词,但实际是一部语法词典,也是语法学用例调查的典范著作。由于该书解释复杂并不适合水平一般的学习者使用,主要作为教师的语法参考书。其后陆续有少量外向型汉语词典出版,其中较有影响力的为《商务馆学汉语词典》。

(一)《商务馆学汉语词典》的语体标注

现今我国已出版了一些外向型汉语词典,《商务馆学汉语词典》(以下简称《学汉语》)是较新的一部,是"迄今为止我国第一部专门为具有中级汉语水平的外国人编的汉语原文词典"②。词典没有直接的〈口〉标记,但也收录了部分口语词,并对词语进行了语体信息提示,主要方法有:

1. 在释义中提供词汇的使用背景

这一方法主要帮助使用者在阅读释义的过程中,理解词语的

---

① 张艳华.现代汉语常用口语词典[M].济南:济南出版社,1995:132.
② 江蓝生.商务馆学汉语词典·序[M]//鲁健骥,吕文华.商务馆学汉语词典.北京:商务印书馆,2006:1.

使用范围。如：

【老大妈】lǎodàmā（名）口语中对不认识的老年妇女的尊敬的称呼,多用于北方话：老大妈,你要去哪儿？｜你去问问前边那位老大妈吧。

2. 在释义后用"注意"提示词汇的使用范围

以"注意"标记进行用法提示是《学汉语》的一大特色。这些提示既包括搭配、语法等信息,也包括词汇的语体、感情色彩。例如下面的例子,就对词语的使用语境进行了提示。

【跟】gēn（介）……注意"跟"做介词时多用在口语中。

（连）……注意"跟"做连词多用在口语中。

【老公】lǎogōng（名）……注意"老公"是比较随便的称呼,不用在正式的场合。

《学汉语》还提示了避免在口语中使用的词语。

【何】hé……注意用"何"提问有文言色彩,口语中不用。

3. 辨析词语的语体色彩

例如词条"改变"下的辨析："动词'改'和'改变'有时可以换用……'改'的口语色彩浓。"

《学汉语》收词10000多条,受众限于中级汉语水平,因此最典型的、带有俚俗意味的口语词收录不多。

(二)英语外向型学习者词典的语体标注

《学汉语》并无专门的语体标记,那么外向型的语文词典语体标记情况如何？英语外向型学习者词典历史悠久,笔者以较为著名学习者词典牛津(OALD)为例,分析其语体标记。

第六版《牛津高阶英语词典》(2000)对词条的附加意义进行了

14种标注,和口语有关的有:formal/informal/slang(正式/非正式/俚俗),spoken/written(口语/书面语)。其中,"口语"指的是"主要用于非正式谈话中的表达。例如 give me a break! 或 Don't ask!""书面语"指的是"主要用于书面语言中的表达,如 groundswell,hotfoot,vis-à-vis。""正式"(fml)是指"严肃或非官方场合"的表达,"非正式"(infml)则相反,"俚语"(slang)则为极其非正式的表达。

《牛津高阶英语词典》对口语词进行了至少两级区分:一是非正式(informal),二是俚俗(slang)。而汉语的学习者词典,如前文提到的《商务馆学汉语》,并没有鲜明的口语标记;一般的汉语语文词典如《现汉》《现代汉语规范词典》,则只作〈书〉(或〈文〉)、〈口〉两级标注,口语词不再分级。

英语学习者词典按照口语词的非正式程度进行语体的再划分,确实存在合理性。例如母亲、妈妈、娘三个词,《现汉》将"妈妈"与"娘"均作了〈口〉标记,但它们在使用范围上仍有不同。相对而言,"妈妈"为一般口语词,而"娘"则具有一定的方言陪义,应当归入俚俗级。

总之,受收词数限制,很难要求中小型的综合性汉语学习词典收录大量的口语词。学习者若要了解典型的、带有俚俗意味的口语词,还应当依赖于专门性的口语词典。此外,专门性的汉语口语词典可参照英语学习者词典,对口语词按俚俗程度再度划分为〈口〉、〈俚〉两级。

二、外向型汉语口语词典:《汉语口语词词典》

由施光亨编著的《汉语口语词词典》由商务印书馆于2012年出版,使用对象主要为汉语教师和中等以上汉语水平的外国学习者。

(一)编写缘由

该书的编者在北京语言大学及世界各国从事了几十年的汉语教学,具有丰富的教学经验。编者在前言提到,一些汉语口语中常见的表达,一般词典上罕有收录。例如"看你说的",用于提醒对方说话的不妥之处,但留学生却一直不解其意,因为"说的"并不能看,只能"听"。这些表达中国人习惯使用但解释起来却有一定难度,正是王力先生所说的"习而不察"(《中国语法理论·导言》语)的内容。

(二)体例

该书的每个条目由词(或短语)目、拼音、释义、例证和其他内容组成。例如：

到头来 dàotóulái

副词。指事情持续到了最后的时候。多用于发生了想不到的或令人难以接受的事情。常在句首作状语。如：

(1)这些年来,他并没有任何力量去帮助别人,到头来,反倒是别人一直在帮助他。

(2)此后每次比赛,见了他我心里就打鼓,明明占了伤风,到头来赢的还是人家。

(3)咱穷啊!有啥法子?尽管我们平时很少往来,到头来咱们还得依靠人家。

(4)自学?!算了吧,这两年,为了让他考大学,我没少费心,请老师,买教材,……到头来怎么样?一场空,没用!他呀,他不是那块料。(袁其励:《道路就在你脚下》)[1]

---

[1] 施光亨.汉语口语词词典[M].北京:商务印书馆,2012:58.

(三)其他信息

除了释义之外,有些条目还增加了一些其他信息。

第一类信息是异形词,例如"等着瞧",也说"等着看""等着"。

第二类是以"提示""附说"方式体现的用法说明。其中"提示"130多处,主要帮助学习者进一步明确词语的使用特点,例如词目"两下子"后的"提示":

"两下子"前一般有指示词"那、这",如例(1)～(4)、(7),指前面所说的某方面的本领、技能。"有两下子"的主语可为指人名词、代词,如例(5)"刘总也有两下子";例(7)同。也可指关于某一方面的事,如例(6)"养花也有两下子"。

"有两下子"也可说"有几下子"。除"几"外,数字"两"不能以别的数字代替。如:

(8)上面表扬了他,书记拍着他的肩膀说:你真行,真有几下子。

"有两(/几)下子"的否定式是"没有两(/几)下子",一般用在表示假设的句中。如:

(9)他种植的稻子连年丰收,如果真没几下子,怎么可能呢?

(10)我亲眼见过他的收益,……这是艺术,没这两下子,能吹牛吗?(苏叔阳:《傻二舅》)[1]

"附说"20多处,重在解释语言结构的变化与特定的语境。例如:

"两下子"也说"一手""两手""一套""一刷子"。参见242页[一手]。[2]

---

[1] 施光亨.汉语口语词典[M].北京:商务印书馆,2012:118—119.
[2] 施光亨.汉语口语词典[M].北京:商务印书馆,2012:119.

第三类是近义词辨析,主要以"比较"形式出现,例如"出问题"一条:

> 出问题、出毛病、出事:三者意思相近。"出事"常特指事故、灾祸,性质较为严重,如"大街上汽车出了事",常指发生了交通事故。"出毛病"一般指出现机械故障,如"发现汽车出了毛病"。"出毛病""出事"也可说"出问题"。见45页[出毛病]、45页[出事]。①

(四)选词

编者在凡例中提到:"该书主要收录人们在口头上普遍使用的现代汉语普通话中的词和短语。只在某一方言或某一地区、某一群体中使用的词语不予收录。"②这界定了所选词语的类型、语体特征与地域特征。

首先,从音节数看来,所选179条词语既有词,也有大量的短语。所立词目单音的有如"大"等,双音有"罢了""半天""别说"等,三音节的如"够意思""够朋友""好家伙"等。此外,该书还收录了部分短语,如"……不到哪里去""哪儿的话""看你说的""只有……份儿"等。

其次,该书所收词语均为口语中常用的,这些表达在正式的书面语中较为罕见。例如"巴不得"一词,口语中可说"他巴不得马上见到你",书面语却说"他期望立即见你"。有些词目如"巴不得""罢了""半天"等在《现汉》中也有〈口〉标记。

再次,该书进行了地域界定,仅收普通话口语词,不收地域性的方言词。例如在"巴"字头,收了进入共同语的"巴不得",未收方言义较强的"巴巴儿地",这主要是根据编写目的与对象确定的。

---

① 施光亨.汉语口语词词典[M].北京:商务印书馆,2012:47.
② 施光亨.汉语口语词词典[M].北京:商务印书馆,2012:凡例1.

(五)启示与问题

综合看来,《汉语口语词词典》给了对外汉语口语词典编撰以如下的启示:

第一,从教学目的出发,为汉语学习者提供较多的语法、语用信息。全书共设"提示"130多处,"附说"20多处,"比较"10多组,为汉语学习者掌握词汇用法提供了较多帮助与便利。

第二,例证应做到丰富、语境充足、语言浅显且具有时代性。该书的例句十分丰富,不少例句有据可循而非编造,但又语言浅显。例如"好说话"条目下例句均有出处,可懂性强:

(1)你这老头儿,可是好说话。(顾笑言:《你在想什么》)

(2)老画家是个很和蔼的人,没有什么怪脾气,那三位女的,也都挺好说话。(范小青:《人物关系》)

第三,收词范围应限定为民族共同语的口语词,并符合对外汉语教学用途。此外,该书所收的一些短语如"说白了""什么呀",普通的词典中不收,HSK大纲中没有,教材中也少见,却在交际中具有自身的作用。在教学中,笔者曾遇到已过了HSK五级的韩国学生初到中国,遇到口语表达"这话是怎么说的",尽管用词简单,学生却不解其意,而此类词典、手册就弥补了这方面的空缺。

第四,词典的释义用词应简明易懂。在具体方法上,可采取互训释义,完整句释义,语义、语用相结合释义等手段。

但该书在收词上也存在一定问题:全书仅收词179条,作为一部"词典"收词量过窄;此外,该书收词主要依靠编写者的经验积累,缺乏客观依据,还有词和语分界不清等问题。

实际上,《汉语口语词典》并非严格意义的词典,而更类似于一部汉语口语词手册,在体例上虽不如词典严谨,但却为第二语言学习者提供了更多的语用信息及例句,同时在编排上也方便学生查阅。笔者认为可参考其体例,并增加收词量,编写一部可供对外汉语教学用的口语词手册。

第四节 汉语口语词手册选词原则与方法

为编写可供对外汉语教学用的口语词手册,需要有计量性的口语词表作为依据。基于语料库的常用词研究形成了众多英语词表,如柯林斯高频词汇、BNC 词表、OBE 词表、GSL 词表、AWL 词表及 VOA 词表等。其中也有口语词表:如 RANGE BNC(2006)共有 16 个词表,其前 14 个是基于 BNC(英国国家语料库)的口语子语料库获得的,其余两个词表为专有名词表与口语常用感叹词表。

现有基于汉语口语语料库的词表只有 1991 年北京语言学院研制的《北京口语调查》(选取常用词 6966 条),但该研究主要立足于北京口语。大规模口语语料的缺乏,使口语词汇手册的编写难以完全依据口语语料库与词频统计。

笔者将利用现有的材料,以案例的形式,探索口语手册的选词原则、方法。但实际的编写工作还有赖于进一步研究。

一、语料选择

在缺乏大规模汉语口语语料库的情况下,口语词典作为编写者多年积累的结晶,仍然是获得词条、进行研究的宝贵资料。此外,普通话的基础方言词典、新词语词典,也是选词的重要补充。就笔者掌握的现有资料来看,编写口语词手册的基本参考资料主要包括:

1. 口语词典(或语文词典的〈口〉标记词汇)

(1)《现汉》〈口〉标记词汇(2005)

(2)徐志诚《现代汉语口语词典》(1991)

(3)张艳华《现代汉语常用口语词典》(1995)

(4)《规范词典》〈口〉标记词汇(2004)

2. 北方方言与俗语词典

尽管普通话口语词不同于方言词,但却与方言词(尤其是北方话词语)之间存在错综复杂的关系,因此依赖于方言词典可以获取一些词语的方言分布信息,这类词典包括:

(1)《现代北京口语词典》(1997)

(2)《汉语方言大词典》(1999)

3. 通用词表

《汉语常用词表》(2008)

4. 新词语词典

现代汉语口语每年均涌现出一定数量的新词语,口语手册也需要对新词语进行增补。增补的词典可参考《新华新词语词典》,以及国家语委每年发布的新词语。但需要注意的是,收录的应为新词语中口语词的部分,而"一带一路""新常态"等非口语词不必收录。

5. 其他熟语、惯用语词典

二、选词标准

要编写一本比较科学的口语词手册,必须多层次、多角度进行词语的统计与筛选。笔者参考了大纲及其他词表的筛词方法,再综合自身的思考,拟定了口语词筛选的基本原则。

(一)频度原则

词频是选择词表的首要因素。一部口语词典频率统计的最理想情况是:第一,完全基于口语语料进行词频统计;第二,除词频外,还能细化到义频统计。但迄今为止大规模口语语料的不足,相关义频统计(尤其是口语词义频)数据更为匮乏,研究基础薄弱。

在这一情况下,笔者认为可采取一种折衷的方法,即根据词语在口语词典中的出现频率,辅之以现有语料的频度统计研究成果,来进行词语的选取。

(二)现代性原则

现代性原则即选取现今常用、高频的口语词,以摈弃旧有的、过时的口语词。例如洋车(人力车)、洋火(火柴)、洋钱(银圆)、老公(太监)、汉民(汉族人)、汗褂儿(汗衫)、默片儿(默片)以及辕子(辕,车前驾牲畜的两根直木)等,这些词语在现代社会的使用频率很低,应当后选或不选。

(三)语体区分度原则

语体区分度即应区分典型口语词与一般的通用语词,口语词典应主要选择典型口语词。为减少编写者个体的语感误差,可借助于多部已出版的口语词典(包括语文词典的〈口〉标记词语)来进行基本词目的选取。

解决以上三个问题的具体方法包括:第一,借助较为权威的、大型的当代词频统计资料;第二,借助人工干预。

(四)地域覆盖度原则

本原则要求词语的地域覆盖性广,以区分口语词与方言词。口语词典(或语文词典的〈口〉标记词)对此能进行一些区分,但解决的根本方法是进行词语的社会调查。

三、口语词的选取步骤

口语词的选取可按照如下步骤:

(一)各级词表的形成

口语词的选取主要立足于以下几部词典:《现汉》〈口〉标记词

汇(2005)、徐志诚《现代汉语口语词典》(1991)、张艳华《现代汉语常用口语词典》(1995)、《规范词典》〈口〉标记词汇(2004)。

首先,鉴于《现汉》的权威性,可先将《现汉》的〈口〉标记词语单独列出,考虑均收。

其次,将其他三部词典的语料合并,得出 9235 条词语。其中在三部词典均出现的词语有 345 条,所得词表可称为三次词表;在两部词典中出现的词语有 1265 条,笔者称之为二次词表;仅在一部词典中出现的词语有 7625 条,可称之为一次词表。《现汉》口语词直接被定为三次词表。接下来先对各词表进行删除。

(二)词语的删除

由词典获得的 9235 条词语还需进行删减,删减工作主要遵循如下方法:

1. 掌握合适的删除标准

(1)旧词语的删除:有些当代生活少用的词语,它们往往描述了一些曾经一度流行过的政治、经济或生活概念,如"地方粮票""洋火"等。

(2)书、口通用语词的删除:一些口语词典收词比较随意,将书、口通用语词也纳入口语词成分,如收词最多的《现代汉语常用口语词典》所收录的"回笼""马前卒"等词,口语色彩不足。

(3)非通语成分的删除:例如"编派""备不住"等词,具有较强的方言陪义,不宜收入通语的口语词典。

(4)冷僻概念的删除:有些词语尽管是口语词,但所指事物外国学习者很少接触,例如"蠓虫ᵣ""矸子"及"靛颏ᵣ"等。

2. 对各次词表的适当删除

一次词表:一次词表的 7625 条词语在各词典的出现频率不高,其删除工作可由编写者依照上文提出的标准完成。

二次词表:共有 1265 条口语词,删除应比一次词表慎重。一是严格按照标准进行删除;二是删除工作还应当参考词频统计资料。例如《现代汉语常用词表》共收词 56000 余条,若二次词表所收词语未进入这 56000 条词语之列,则可考虑予以删除。

三次词表包含两个部分:一是三部词典中均收录的口语词,共 345 条;二是《现汉》收录的口语词,共为 901 条。扣除两者重复的 157 条,三次词表共有词语 1089 条。对三次词表中词语的删除:(1)要结合词频;(2)可进行一定的社会语言学的调查,分析某一词语在不同地域中的覆盖率再决定是否删除。

经过多次增删,可获得一个基本的口语词表,估计该词表的总量大约在 3000~5000 之间。

(三)词语的增加

词典难以做到尽善尽美,词频统计资料也难以绝对准确地反映词语的使用情况。在实际使用中,还需依据语义场,利用同类词联想的方法添加口语词。主要包括:

1. 近义联想:例如可由"姐儿们"联想到同义的"姐们儿",两词可兼收。

2. 同类联想:例如收录了表示货币单位的"毛",就可考虑兼收"块"。

3. 上下位联想:例如收录了"影片儿",那么它的下位词"记录片儿""警匪片儿""科教片儿""大片儿"就可列入收词范围。

4. 反义联想:例如收录了"北边",就当考虑是否忽略了"南边""东边""西边";收录了口语词"爹",可注意"娘"是否已被收录;收录了"婶子",就可再收"叔叔"。

当然,口语词的分布是不均衡的,有些义位未必有口语词,而只有书口通用语词。例如表货币单位的"毛""块"是口语词(《现汉》也作了标记),但"分"这一义位却只有书、口通用语词。我们应当灵活运用类义联想标准,不宜过度泛化。

此外,手册可吸收小部分近年来比较流行的新词语,另列新词语表。具体可参考《新华新词语词典》与国家权威部门每年发布的新词语。

(四)人工干预

可仿照《大纲》词表的修订方式,邀请一些长期从事对外汉语教学与研究的教师,对词表进行定向干预。可要求每位参与人员定向增加或删除100个词,制作成"删除词词表"与"增补词词表"。

(五)社会调查

口语词典选词的最后步骤是词语的社会调查。主要步骤与方法是:

1. 调查表设计

可从词表中选取出具有争议性的口语词,列成"有争议口语词使用度调查表"。

调查表中设计的问题为:"你们家乡的人是否使用这些词语?""使用""虽不使用但可以理解""完全不理解",如表6.7所示:

表6.7 有争议口语词使用度调查表

词目	使用	虽不使用但可以理解	完全不理解
蠓虫儿			

2. 调查者的选取

选取调查者,应当综合年龄、受教育程度与职业等因素,力求具有代表性、抽样性,但最基本要素应是调查者的所在区域及方言影响。可将调查者分为官话区与南方方言区两类,由于晋语的分区存在一定的争议,可将其单独列出,设为模糊区。具体的分区如表6.8所示。

表 6.8　被调查者方言分区表

区域	官话区							南方方言区						模糊区
	东北	北京	胶辽	冀鲁	中原	兰银	江淮	西南	吴	客家	闽	粤	湘	赣	徽	晋

通过对不同区域使用口语词的调查、统计,可以获得这些词语在各个区域的分布情况,最后再根据每个词语在不同地区的接受度,决定取舍。

四、其他附属词表

RANGE BNC 的 16 个词表中有口语常用感叹词表。在汉语方面,语气词也是口语的重要成分,因此可增加语气词、感叹词表,作为附属词表。

总之,编写一部比较科学合理、具有当代特征的口语手册,需要进行大量的研究与实践工作,也需耗费较大的人力与物力。笔者制定了编写的思路与方法,开展了初步的实践工作,力争未来将口语手册的编撰作为口语教学的基本建设工程来完成。

第五节　口语词分级标注及操作过程

王福生(2002)曾从汉语作为第二语言学习者的特点出发,将汉语词汇分为五级,但并没有提出具体的分级方法。笔者认为,在分级过程中可借助一些频率统计数据,借助参数来对口语词进行分级,用以指导对外汉语口语词典的编写及口语词教学。

如本书第二章、第四章所言,现代汉语口语词,尤其是一些单音口语词的语义情况相当复杂,不仅义项数量多,而且存在口语和方言义项、口语与通用语体义项,甚至口语与书面语义项并存的情况。而与之相对的情况是,基于义频的计量成果缺乏,这无疑加大了口语词的统计难度。在语料中的多义词中,哪些义项是口语体的,需要进行超大规模的统计工作,绝非一人之力能够完成。例如"把"一词的11个义项中,只有一个动词性的口语义项(表"紧靠"义)。笔者在国家语委2000万字的平衡语料库中检索,"把"一词共出现了23496次,但有22557次是作为介词出现的,动词"把"共出现了42次,但没有一个口语义项。

基于以上研究条件,笔者将以《现汉》的463条单双音节、单义的口语词作为分析对象,它们只有单一的读音和义项,该词形在语料中的出现频率即为口语义项的频率。

一、词频统计依据材料

口语词的词频数据主要有两个:

(一)口语语料

口语语料来自于笔者自建的200万字有声媒体口语访谈语料库,具体语料介绍详见第三章。获取词频的方法为:利用access数据库软件将口语词与第三章的口语访谈语料的词表进行关联,得出词语在口语语料中的出现频次、词频排名。如果该词在语料中并未出现,则不作标记。

(二)现代汉语常用词表

由于第三章使用的语料容量有限,笔者又参考了当代词频研究的成果:2008年出版的《现代汉语常用词表(草案)》[①](以下简称《常用词表》)。

---

① 496条单义口语词在《现代汉语常用词表(草案)》中的排序,由厦门大学中文系苏新春教授提供,特此致谢!

该词表共收录了"现当代社会生活中比较稳定的、使用频率较高的汉语普通话常用词语56008个"①。词表依据的语料库主要有：国家语委"现代汉语通用语料库"中经分词标注的4500万字语料、《人民日报》2001年—2005年约1.35亿字的分词标注语料和厦门大学的现当代文学作品语料库约7000万字的语料。总共2.5亿字。

相对于《频率词典》等早先的词频统计结果，该词表收词量大，达到了56008个。同时，词频统计依据的语料类型多，数量大，代表了词频研究的新成果。

笔者标记了463条单义的单双音节口语词在《常用词表》中的频次，若该词语未收入《常用词表》，则不作标记。具体标记情况如表6.9所示：

表6.9 单双音节单义词出现频次表

ID	05词目	口语语料出现频次	口语语料词频排名	《常用词表》排名	词性	释义	义项数
6	爸	207	678	3326	名	父亲。也说爸爸。(bà·ba)	1
1	爸爸	524	275	1575	名	父亲	1
133	白班	1	22152	45497	名	(~儿)白天工作的班次；日班。	1
96	白搭	3	13823	29080	动	没有用处；不起作用；白费力气：这场球输定了，你上场也是~。	1

---

① 教育部.现代汉语常用词表（草案）[EB/OL].2008[2009-5-30].http://www.moe.edu.cn/edoas/website18/25/info1228806995399725.htm.

续表

ID	05词目	口语语料出现频次	口语语料词频排名	《常用词表》排名	词性	释义	义项数
57	板报	10	7067	27672	名	黑板报	1
41	伯伯	18	4827	11934	名	伯父：二～ 张～	1
134	差事	1	22693	12837	形	不中用；不合标准：这东西可太～了，怎么一碰就破了！	1
85	抻	4	12085	29383	动	拉；扯：～面｜～着脖子看｜皮筋儿越～越长	1
54	成天	11	6702	10334	副	整天：～忙碌	1

(三)统计结果

463条单双音节单义词共有136条在口语语料中出现，有324条词语在《常用词表》中出现，两者的重合率为136条。

二、分级参数的设定

(一)频率参数的设定

由于口语语料比平衡语料更能反映口语词的使用情况，因此笔者对词语的频率参数设定如下：(1)无论是否在《常用词表》中出现，只要该词语在口语语料中出现，频率参数就定为3；在《常用词表》中位于1～10000位的词语，频率参数同样定为3；(2)未在口语语料中出现，在《常用词表》中位于10001～25000位的词语，频率参数定为 2；(3)未在口语语料中出现，在《常用词表》中位于 25000 位之后的词语，频率参数定为 1；(4)在口语语料和《常用词表》均未出现的，频率定为 0。频率参数分为 0～3 四档。每档的取值范围如表 6.10 所示：

表 6.10　口语词频率参数定级表

频率参数值	3	2	1	0
类型	1. 口语语料出现的词语 2.《常用词表》前 10000 词	《常用词表》前 10001～25000 词	《常用词表》25000 位之后的词语	在口语语料和《常用词表》均未出现的词语

经统计，各级口语词的总量如表 6.11 所示：

表 6.11　各频率值数量表

频率参数值	3	2	1	0
数量	138	34	160	131

此外，笔者还人工干预了儿化词语的频率参数，例如"聊天儿"一词在口语语料与《常用词表》中均未出现，因为口语语料与《词表》只收录了"聊天"这一词形，且出现频率较高，因此我们将"聊天儿"的频率参数修订为 3。

(二)附属参数的设计

1. 难度参数

难度参数主要指所用字形的难度，确定方法是：(1)若该词所用汉字在《现代汉语常用字表》前 2500 常用字之内，则将难度参数值定为 3；(2)若使用汉字为排序 2501～3500 之间的次常用字，则将难度参数值定为 2;(3)若使用汉字在 3500 常用字以外的,定难度参数值为 1。难度参数值与汉字的常用度成正比,即汉字的常用度越高,学生学习的困难越小,难度参数值越高。

2. 构词参数

构词参数是针对单音节口语词而设的,学生通过掌握某些作为语素使用的单音节口语词,能进而掌握更多相关的口语词,例如"锄ᵣ"可组成"锄子""锄子ᵣ"。相对于词汇的难度与实用度,构词能力的重要性更低,故而只设置两度分类,最高赋值为 2。具体的方案为:(1)若该词语只能单用,不能构词,则赋值为 1;(2)如果该词既能单用又能构词,则赋值为 2;(3)双音节口语词等同于不能构词的单音语素,直接赋值为 1。

3. 实用度参数

实用度参数主要依赖于编者语感:(1)凡是属于生活等语义场,学生交际中比较需要的口语词,实用度参数定为 3;(2)属于其他专业领域义场的,定为 2;(3)比较生僻、人们日常生活中很难接触到的领域的词语,则定参数值为 1,如"蠓虫ᵣ"的参数值就为 1。

最后,将三大附属参数取平均值。最终的均值取值范围在 1~2.33 之间,其中取值小于等于 2 的有 83 个,大于 2 的有 385 个。

(三)口语词参数值设定与定级

将频率参数与附属参数平均,可得口语词的最终参数值:

口语词参数值=(频率参数+附属参数)/2

经过数据库的统计,笔者获得了 463 个单义口语词的参数平均值,其中均值最低的为 0.5,最高的为 2.83。具体的区间如表 6.12 所示:

表 6.12　口语词参数值区间表

口语词参数值	0～1(包含1)	1～2(包含2)	2～3(包含3)
定级	拟定三级口语词	拟定二级口语词	拟定一级口语词
数量	34	263	166
举例	串秧儿、黑信、矸子、靛颏儿、虼蚤、桑椹儿	后爹、好气儿、起小儿、石子儿、师娘、拨拉、吃喝儿	爸、爸爸、老公、白搭、大伙儿、干吗

在编写口语手册时,可将最终取值在2～3之间的,定为拟定一级口语词;在1～2之间的,定为拟定二级口语词;取值小于等于1的,定为拟定三级口语词。当然,这些仅为建议教学级别,最终每个词语的等级,还有赖于一定的人工干预。

其中,拟定一级口语词词频较高,学生日常生活中也较需使用。一般来说它们字形简单,一些单音语素还有构词能力,如"爸""爸爸""大伙儿""干吗"等词语就属于这一级别,建议在教学的初、中级阶段就可引入这些词语的教学,并收入对外汉语口语词典或口语手册。

拟定二级口语词出现频率与实用度上不及一级口语词,如"后爹""好气儿"与"起小儿"等,建议在对外汉语教学的中级以上阶段再予以引入,也可收入对外汉语口语词典或手册。

拟定三级口语词或是词频很低,或是对汉语学习者而言实用度较低,或是词形复杂,如"串秧儿""桑椹儿"与"矸子"等就属于这类词语,建议学生的汉语水平达到高级程度之后,再进行教学;中小型的对外汉语口语词典可根据需要,有选择性地收录这些词语。

最后的词语范例如下表所示,其他单义口语词的参数与拟定级别详见附录四。

第六章 汉语口语词典研究及口语词手册的编写

表 6.13 口语词分级范例表

词目	频率参数	附属参数			均值	总值	拟定级别
		难度参数	构词参数	常用度参数			
爸爸	3	3	1	3	2.67	2.33	一级
爹	3	3	2	3	2.67	2.83	一级

四、补充:语料未出现的词汇使用度分析

经统计,大量的词语在语料中的出现频率为零。究其原因主要在于:

第一,语料的语体性质、容量有限。我们参考的《常用词表》与口语访谈语料,前者包含的口语语料不足,后者家常语体类的内容不足。此外,笔者采用的口语访谈语料总量为200万字,对口语词研究而言仍显不足。

第二,有些典型口语词的方言陪义较强,俚俗色彩浓厚,因而很难在共同语的口语语料中出现。

此外,《现汉》的口语词中,还出现了一些笔者从未使用过、也不好理解含义的词语[①],比较典型的有"拿糖""挨肩儿""靛颏儿""矸子"四个词语。其中"拿糖"与"挨肩儿"被收进《方言大词典》,而"靛颏儿"与"矸子"未收。《方言大词典》所列的词语使用区域具体见表 6.14:

---

① 尽管笔者并非官话区人,但从普通话的角度考虑,这些词语在理解度上存在一些问题。

表 6.14 "拿糖""挨肩儿"使用区域表

词目	北京官话	东北官话	中原官话	江淮官话	西南官话	其他
拿糖	√	√	√	√	√	
挨肩儿	√					

由《方言大词典》看来,官话区均仍在使用"拿糖"与"挨肩儿",其中"拿糖"一词的使用地域甚至覆盖了五大官话区。但进一步考察这些词目在方言词典中的用例可发现,大部分用例的年代距今有一定距离,最晚出现的老舍作品也有将近百年的历史,它们现今在官话区的通行程度如何,以及南方方言区的人们是否理解这些词语,这些词语是否已完全进入了民族共同语系统,仍有待考察。

为此,笔者进行了小范围、试验性的调查:随机选取了31个来自不同方言区的人作了调查,他们年龄集中在15~35岁之间,职业包括记者、企业人士、公务员、学生等,受教育程度较高,其中29名学历为本科及以上。这些被调查者的地区分布如表6.15所示:

表 6.15 被调查者方言分区表

区域	官话区								南方方言区							模糊区
	东北	北京	胶辽	冀鲁	中原	兰银	江淮	西南	吴	客家	闽	粤	湘	赣	徽	晋
人数	2	2	1	3	2	2	3		2	1	4	2	2	1	1	2

笔者将每个词语按使用、理解程度分为三级:第一级为该词语在调查者所在区域依然使用;第二级是不使用该词语,但可以理解;第三级是完全不理解该词语的含义。结果如表6.16所示:

第六章 汉语口语词典研究及口语词手册的编写

表 6.16 对《现汉》口语词的认知度调查表

词目	平时使用	虽然不使用但可以理解	完全不理解
拿糖	2	0	29
挨肩儿	4	0	27
齇颏儿	2	0	29
矸子	0	0	31

从调查结果看来,这些词语的覆盖率不高。例如"拿糖"一词,方言词典认为其在北京、东北、中原、江淮以及西南官话地区均在使用,但实际上只有母语为北京话的调查者认识该词语;而另一个词"矸子"(指矸石)无人理解,其原因可能在于词语的所指对象与调查者的生活有一定距离;而"挨肩儿"一词,来自北京与东北官话区的调查者仍在使用[①];"齇颏儿"主要在来自北京话地区的调查者中使用。

尽管这仅是一个试验性的调查,覆盖面不够广,且被调查者较为年轻,但却在一定程度上反映了这几个词语在当代青年人中的使用情况,并可预测词语在未来的使用趋势与生命力。综合看来,这些词语的使用及被理解度不高,在青年人中的通行度不广,随着时间的推移可能会潜伏于语言之中。《现汉》可考虑对其作〈方〉标记,它们也不宜收入对外汉语口语词典中。在编写口语词词典时,可将这些存有疑问的词语作一个更为详细的词表,进行较为广泛的社会调查,以决定最终的词语选取。

笔者将本节的研究数据,制作成了"单双音节单义口语词分级表(对外汉语教学用)"(见附录四)。其中各种参数来自于第三章的"汉语口语访谈语料词频表"、第四章的"汉语典型口语词属性

---

① 说北京话的调查者提出,他们一般用"并肩儿"而非"挨肩儿"。

表"。由于当前缺乏大型的汉语口语语料库与汉语词汇义频统计结果,本研究只能提供部分样本,无法涉及所有的口语词。希望今后能进一步推动相关研究。

余 论

一、现代汉语口语词研究在其他领域的应用

现代汉语口语词研究还应当在其他领域有所应用,从笔者的关注点看,今后还可关注口语词研究与母语教学的关系。

我国古代的口语教学在相当长的历史时期内都未得到应有的重视,"汉代以后历代只重视古代书面语的传习,不重视,甚至不考虑当代口语的习得"[①]。直到新文化运动的开展,白话文的地位得以确立,与白话息息相关的口语才开始受到重视。

在当代,我国语文课程在纲领上越来越重视口语教学。教育部于2003年颁布的《普通高中语文课程标准(实验)》(简称"新课标")中,就认为口语交际能力是语文素养的重要部分,体现了管理机构对口语教学的重视。

但实际上,母语的口语教学,尤其是南方方言区的口语教学仍面临巨大的挑战,其主要原因有:

第一,汉语的书面语与口语具有较大的分歧。以词汇教学为例,现代汉语以北方话为基础方言。尽管南方方言,尤其是一些强势方言的词语也开始逐渐进入了普通话体系,但与来自北方话的词汇比,仍旧是沧海一粟,大多数南方方言区的人们只能通过学

---

① 张融化、曾仲珊.中国古代语文教育史[M].成都:四川教育出版社,2000:78.

习,而非完全依赖于习得培养口语交际能力,掌握口语词。

第二,我国有"书语取仕"的传统,尽管新课标重视口语教学,但考试仍是衡量教学质量的重要标准。高考受各种因素所限,只能考核书面语能力,无法进行口语交际能力的考查。在考试"指挥棒"的作用下,很难强求学校、教师以及学生对口语教学投入更多的精力。

在这一背景下,研究口语以及口语中的词汇,对母语的口语教学具有一定的意义。

二、未来的拓展性研究

口语词是现代汉语词汇的重要组成部分,与书、口通用语词、书面语词相比,研究资料要少得多,且与方言词还具有错综复杂的关系,要理清头绪相当困难。以笔者个人之力,只能管中窥豹,可见口语词之"一斑",本研究还有不少可以继续努力之处,有待今后通过团队的力量共同完成。

首先,语料范围还可进一步扩大。第三章的口语语料主要来自于电视谈话节目,这类语料有人称之为"准口语",用以表示它与最典型的日常口语的区别,这也是笔者在无法获取大规模日常口语语料时,采取的一种折衷做法。今后若有实力组织团队获得一定规模的日常口语语料,甚至再推而广之到不同领域、不同场合使用的口语语料,应当会有更多的发现。

其次,口语词与方言词具有比较紧密的联系,但哪些方言词已进入民族共同语,哪些尚未进入,相关研究主要依赖于相关语料与权威词典,未作较大规模的社会调查,这是今后可拓展的方向。

再次,汉语作为第二语言学习者的口语词使用情况调查,既应当包括来华汉语留学生,还应当涵盖数量更多的在海外的学习者,扩大调查面。此外,还可分"国别""语别"地进行学习者语体词习得情况调查与分析。

总之,长期以来,汉语口语词典数量少,精品更少,其背景是学界口语理论与应用研究的不足。要进一步展开口语词调查,并进而指导教学,需要进行三项基础工作:口语语料库的建设、口语词典的编撰以及口语社会调查的开展。这些均需要有识之士借助团队的力量才能得以完成。

参考文献

一、中文文献

(一)工具书

北京语言学院语言教学研究所.现代汉语频率词典[M].北京:北京语言学院出版社,1986.

陈刚,宋孝才,张秀珍.现代北京口语词典[M].北京:语文出版社,1997.

陈章太,李行健.普通话基础方言基本词汇集[M].北京:语文出版社,1996.

李荣.现代汉语方言大词典:综合本[M].南京:江苏教育出版社,2004.

高艾军,傅民.北京话词语[M].北京:北京大学出版社,2001.

高歌东.汉语惯用语大辞典[M].天津教育出版社,1995.

国家汉语水平考试委员会办公室考试中心.汉语水平词汇与汉字等级大纲:修订本[M].北京:经济科学出版社,2001.

国家语言文字工作委员会汉字处.现代汉语常用字表[M].北京:语文出版社,1988.

国家语言资源监测与研究中心.中国语言生活状况报告(2005)下编[M].北京:商务印书馆,2006.

国家语言资源监测与研究中心.中国语言生活状况报告(2006)下编[M].北京:商务印书馆,2007.

汉语大字典编辑委员会.汉语大字典[M].成都:四川辞书出版社,1995.

汉语大词典编辑委员会.汉语大词典[M].上海:汉语大词典出版社,1991.

鲁健骥,吕文华.商务馆学汉语词典[M].北京:商务印书馆,2006.

李行健主编.现代汉语规范词典[M].北京:外语教学与研究出版社,2004.

梅家驹.同义词词林[M].上海:上海辞书出版社,1983.

施光亨.汉语口语词词典[M].北京:商务印书馆,2012.

许宝华,宫田一郎.汉语方言大词典[M].北京:中华书局,1999.

徐玉敏.当代汉语学习词典:初级本[M].北京:北京语言文化大学出版社,2005.

徐志诚.现代汉语口语词典[M].沈阳:辽宁人民出版社,1991.

张艳华.现代汉语常用口语词典[M].济南:济南出版社,1995.

中国社会科学院语言研究所词典编辑室.现代汉语词典[M].北京:商务印书馆,2005.

中国社会科学院语言研究所词典编辑室.现代汉语词典[M].北京:商务印书馆,2012.

周洪波.新华新词语词典[M].北京:商务印书馆,2003.

王德春.新惯用语词典[M].上海:上海辞书出版社,1996.

(二)论文与著作类

白春仁,汪嘉斐,周圣,等.俄语语体研究[M].北京:外语教学与研究出版社,1999.

白云.两种版本《现代汉语词典》对异形词整理之比较研究——兼及对异形词规范问题的一些思考[J].内蒙古大学学报,

2007(3).

北京语言大学汉语水平考试中心"HSK改进工作"项目组.汉语水平考试(HSK)改进方案[J].世界汉语教学,2007(2).

卞晓琼.中高级对外汉语教材语体分布情况的考察[D].北京:首都师范大学.2011.

曹炜.现代汉语口语词和书面语词的差异初探[J].语言教学与研究,2003(6).

曹炜,龚穗丰.试论现代汉语词汇的形成[J].语文建设通讯,2003(76).

曹毓方.中高级水平汉语学习者书面语体偏误研究[D].上海:华东师范大学,2015.

曹祝兵.汉语口语和书面语分裂原因之探讨[J].苏州大学学报,2010(5).

陈国.汉语轻音的历史探讨[J].中国语文,1960(3).

陈光磊.中国惯用语[M].上海:上海文艺出版社,1991.

陈建民.北京口语里的同义重复现象[C]//语言文字应用研究论文集(Ⅰ).北京:语文出版社,1995.

陈建民.汉语口语[M].北京:北京出版社,1984.

陈章太.北方话词汇的初步考察[C]//语言文字应用研究论文集(Ⅰ).北京:语文出版社,1995.

程雨民.英语语体学[M].上海:上海外语教育出版社,1989.

崔复爰.现代汉语构词法例解[M].济南:山东人民出版社,1957.

崔荣昌,王华.从基本词汇看北京话同普通话和汉语诸方言的关系[J].语文建设,1999(2).

杜义宁.基于新HSK一到三级听力文本材料的语体词分析[D],安徽:安徽师范大学,2014.

范朝康.《三朝北盟会编》口语词选释[J].贵州大学学报(社会科学版),2000(2).

方光焘.方光焘语言学论文集[C].北京:商务印书馆.1997.

冯胜利.汉语的韵律、词法与句法[M].北京:北京大学出版社,1997.

冯胜利.论汉语书面正式语体的特征与教学[J].世界汉语教学,2006(4).

冯胜利.汉语书面语初编[M].北京:北京语言大学出版社,2006.

冯胜利.汉语书面语的历史与现状[M].北京:北京大学出版社,2013.

冯志伟.中国语料库研究的历史与现状[J].Journal of Chinese Language and Computing,2002,12(1).

符淮青.现代汉语词汇[M].北京:北京大学出版社,1985.

符淮青.构词法研究的一些问题[C]//李如龙,苏新春.词汇学理论与实践.北京:商务印书馆,2001.

高歌东.广播语体修辞学[M].天津:天津教育出版社,2005.

葛本仪.汉语的造词与构词[J].文史哲,1985(4).

顾阳,沈阳.汉语合成复合词的构造过程[J].中国语文,2001(2).

郭洋洋.初级汉语口语课堂教学输入与输出现状分析[D].乌鲁木齐:新疆师范大学,2013.

关丽君.口语词汇与书面语词汇教学研究[J].云南师范大学学报(对外汉语教学与研究版),2004,2(3).

桂诗春.基于语料库的英语语言学语体分析[M].外语教学与研究出版社,2009.

郭锡良.汉语历代口语和书面语的关系[C]//郭锡良.汉语史

论集.北京:商务印书馆,1997.

贺俊岚.对外汉语口语词典的收词、释义、示例研究[D].广州:暨南大学,2008.

侯敏.2010年度新词语解读[J].语言文字应用,2011(4).

胡明扬.北京话初探[M].北京:商务印书馆,1999.

胡明扬.说"词语"[J].语言文字应用,1999(3).

胡明扬.《词汇学词典学研究一得集》序[J].汉语学习,2003(5).

胡显耀.基于语料库的汉语翻译小说词语特征研究[J].2007(5).

胡显耀.基于语料库的汉语翻译语体特征多维分析[J].外语教学与研究,2010(6).

化振红.从《洛阳伽蓝记》看中古书面语中的口语词[J].中南大学学报(社会科学版),2004(4).

黄昌宁,李娟子.语料库语言学[M].北京:商务印书馆,2002.

黄伯荣,廖序东.《现代汉语》[M].北京:高等教育出版社,1997.

黄海峰.汉语普通话轻声词语的音高探析[D].昆明:云南师范大学,2005.

汲传波、刘芳芳.留学生汉语书面语中的口语化倾向研究[J].语言教学与研究,2015(1).

贾彦德.语义学导论[M].北京:北京大学出版社,1986.

靳光瑾,肖航,富丽等.现代汉语语料库建设及深加工[J].语言文字应用,2005(2).

金慧宁.河北人怎样学习普通话[M].北京:语文出版社,1989.

李红印.《汉语水平词汇与汉字等级大纲》收"语"分析[J].语言文字应用,2005(4).

李泉.基于语体的对外汉语教学语法体系建构[J].汉语学习,2003(3).

李泉.面向对外汉语教学的语体研究范围和内容[J].汉语学习,2004(2).

李荣.旧小说里的轻声字例释[J].中国语文,1987(6).

李如龙.论音义相生[J].暨南学报(哲学社会科学),1997(3).

李如龙.口语词汇计量研究[M].厦门:厦门大学出版社,2001.

李如龙.汉语词汇衍生的方式及其流变[J].河北师范大学学报(哲学社会科学版),2002(5).

李如龙.汉语应用研究[M].北京:中国传媒大学出版社,2004.

李如龙.关注汉语口语词汇与书面语词汇的研究[J].陕西师范大学学报(哲学社会科学版),2007(2).

李莎.轻声的形成和运用[D].福州:福建师范大学,2002.

李树荫.实用口语学[M].北京:中国国际广播出版社,1990.

李熙宗.关于语体的定义问题[J].复旦学报(社会科学版),2005(3).

李晓琪.对外汉语口语教学研究[C].北京:商务印书馆,2006.

李佐丰,赵均,张武江,等.广播电视语体研究回顾[J].现代传播,2007(1).

林焘.探讨北京话轻音性质的初步实验[C]//语言学论丛(第10辑),北京:商务印书馆,1983.

刘伯奎.演讲成功之路[M].安徽:安徽人民出版社,1990.

刘浩修.汉语成语考释词典[M].北京:商务印书馆,1989.

刘连元,陈敏,龚彦如.北方话基本词汇数据库的研制[J].语言文字应用.1992(2).

刘叔新.固定语及其类别[C]//语言研究论丛(第二辑),天津:天津人民出版社,1982.

刘叔新.汉语复合词内部形式的特点与类别[J].中国语文,1985(3).

刘叔新.复合词结构的词汇属性——兼论语法学、词汇学同构词法的关系[J].中国语文,1990(4).

刘叔新.汉语描写词汇学(重排本)[M].北京:商务印书馆,2005.

刘叔新.词汇研究[M].北京:外语教学与研究出版社,2006.

刘晓梅.当代汉语新词语造词法的考察[J].暨南大学华文学院学报,2003(4).

刘珣.对外汉语教育学科初探[M].北京:外语教学与研究出版社,2005.

刘珣.对外汉语教学概论[M].北京:北京语言大学出版社,1997.

刘艺.口语词语的界定及《现代汉语词典》(第5版)口语词语的量化分析[J].汉语学习,2010(1).

刘永凯.老子与孔子语言观之比较[J].孔子研究,2001(4).

鲁允中.轻声和儿化[M].北京:商务印书馆,2001.

陆志韦.北京话单音词词汇[M].北京:人民出版社,1951.

陆志韦等.汉语的构词法:修订本[M].香港:中华书局,1975.

罗杰瑞.汉语概说[M].北京:语文出版社,1995.

吕叔湘.文言和白话[M]//吕叔湘.吕叔湘语文论集.北京:商务印书馆,1983.

吕叔湘.魏晋南北朝小说词语汇释·序[M]//吕叔湘.吕叔湘文集(第四卷).北京:商务印书馆,1992.

吕叔湘.吕叔湘文集:第5卷[M].北京:商务印书馆,1993.

吕艳辉.基于语料库的现代汉语准口语计量研究[D].济南:山东大学,2005.

钱乃荣.现代汉语研究论稿[M].上海:学林出版社,2006.

钱曾怡.论儿化[J].中国语言学报,1995(5).

秦崇海,元杂剧里的中原口语词简释[J],周口师范高等专科学校学报,2001.

任学良.汉语造词法[M].北京:中国社会科学出版社,1981.

施光亨.汉语口语词释例[J].语言文字应用,1997(4).

石安石.语义论[M].北京:商务印书馆,1993.

石汝杰、鲁国尧.关于《汉语方言大词典》的通用口语词[J].方言,2000(3).

宋婧婧.略论对外汉语口语词教学[J].湖北第二师范学院学报[J].2008(7).

苏新春,顾江萍.确定"口语词"的难点与对策——对《现汉》取消"口"标注的思考[J].辞书研究,2004(2).

孙常叙.汉语词汇:重排本[M].北京:商务印书馆,2006.

孙良明.汉语构词法中几个问题的商榷[J].中国语文,1959(1).

田良臣.语文科口语课程的多维思考[D].上海:华东师范大学,2006.

谭达人.造词法和构词法的两个问题——和任学良先生商榷[J].逻辑与语言学习,1989(6).

陶红印.试论语体分类的语法学意义[J].当代语言学,1999(3).

陶红印.口语研究的若干理论和实践问题[J].语言科学,2004(1).

万里.汉语口语表达学教程[M].北京:北京师范大学出版社,1990.

王东海.汉语同义语素编码的参数和规则[J].中国语文,2002(2).

王芳智.汉语口语学[M].太原:山西教育出版社,1990.

王福生.对外汉语教学活动中口语和书面语词汇等级的划界问题[C]//赵金铭主编.汉语口语与书面语教学.北京:北京大学出版社,2002.

王福祥.现代俄语口语学概论[M].北京:外语教学与研究出版社,2001.

王力.汉语史稿[M].北京:中华书局,1980.

王惠.词义 词长 词频——《现代汉语词典》(第5版)多义词计量分析[J].中国语文,2009(2).

王惠.日常口语中的基本词汇[J].中国语文,2011(5).

王庆云.从《老乞大》、《朴通事》和《白姓官话》看古代国外汉语教材的口语化特征[C]//赵金铭主编.汉语口语与书面语教学.北京:北京大学出版社,2002.

王若江.对汉语口语课的反思[J].汉语学习,1999(2).

温端政,周荐.二十世纪的汉语俗语研究[M].太原:书海出版社,1999.

吴国忠.方言口语词用字的规范问题[J].北方论丛,1996(2).

吴应辉.国际汉语教学学科建设及汉语国际传播研究探讨[J].语言文字应用,2010(3).

吴茗.现代汉语常用语素项属性研究[D].北京:中国传媒大学,2008.

吴越.中高级对外汉语口语教材中口语语体情况考察与分析[D].北京:北京语言大学,2007.

谢智香.论现代汉语口语词的特点[J].西南石油大学学报(社会科学版),2011(3).

徐翁宇.俄语口语语法概论[M].上海:上海教育出版社,1990.

徐翁宇,赵葆云.口语词典的构想[J].现代外语,1995(4).

徐时仪.汉语白话发展史[M].北京:北京大学出版社,2007.

尹惠贞.现代汉语口语词汇研究[D].北京:北京语言大学,2006.

杨金华.浅议新《现汉》"〈口〉"标注的取消[J].辞书研究,1998(3).

姚亚平.公共关系语言艺术[M].广州:科学普及出版社广州分社,1990.

余文青.对汉语作为第二语言学习者口语词汇和笔语词汇的调查[J].世界汉语教学,2002(4).

袁晖.论语体划分的原则[J].江淮论坛,1990(4).

曾毅平.语体理论在对外汉语教学中的应用[J].修辞学习,2009(5).

曾毅平.对外汉语中级阅读教材的语体分布[J].华文教学与研究,2012(2).

张伯江.语体差异和语法规律[J].修辞学习,2007(2).

张继华.常用口语语汇[M].北京:北京燕山出版社,1988.

张金霞.颜师古在口语词研究上的贡献[J].徐州师范大学学报(哲学社会科学版),2004(5).

张美兰.《语言自迩集》中的清末北京话口语词及其贡献[J].北京社会科学,2007(5).

张融化、曾仲珊.中国古代语文教育史[M].成都:四川教育出版社,2000.

张颂.朗读学[M].北京:北京广播学院出版社,1999.

张铁文.成语的数量及产生年代[J].语文建设.1999(5).

张廷香.基于语料库的3—6岁汉语儿童词汇研究[D].济南:山东大学,2010.

张文忠.《口语与应用语言学》导读[M]//Michael McCarthy.

Spoken Language and Applied Linguistics.北京:世界图书出版公司北京公司,2006:17.

张莹.基于语体的对外汉语中高级听力教学模式初构[D].上海:华东师范大学,2005.

张永言.词汇学简论[M].武汉:华中工学院出版社,1982.

张玉柱.口语研究与口语教学刍议[J].外语研究,1994(3).

张志毅,张庆云.词汇语义学[M].北京:商务印书馆,2005.

张中行.文言与白话[M].哈尔滨:黑龙江人民出版社,1997.

赵金铭,张博,程娟.关于修订《(汉语)水平词汇等级大纲》的若干意见[J].世界汉语教学,2003(3).

赵金铭主编.汉语口语与书面语教学[C].北京:北京大学出版社,2002.

赵林森,郭启明.口语表达训练教材[M].北京:语文出版社,1989.

赵元任.汉语口语语法[M].北京:商务印书馆,1979.

周民权.20世纪俄语口语学研究[J].中国俄语教学,2007(4).

周国光.词汇体系和耗散结构[J].汉语学习,1989(5).

周荐.汉语词汇结构论[M].上海:上海辞书出版社,2004.

周荐.词汇学词典学研究[C].北京:商务印书馆,2004.

周一民.北京口语语法:词法卷[M].北京:语文出版社,1998.

周芸、张婧.泰国学生汉语谈话语体能力习得调查[J],云南师范大学学报,2010(3).

朱德熙.语法讲义[M].北京:商务印书馆,1982.

朱德熙.现代书面汉语里的虚化动词和名动词[J].北京大学学报,1985(5).

朱宏一.《现代汉语词典》第5版轻声处理评析[J].中国语文,2008(6).

朱志平.汉语双音复合词属性研究[M].北京:北京大学出版社,2005.

二、外文文献及其译著

(一)词典类

Chao, Yuen Ren & Lien Sheng Yang. Concise Dictionary of Spoken Chinese [M]. Cambridge: Pub. for the Harvard-Yenching Institute by Harvard Univ. Press, 1947.

Chao, Yuen Ren Lien Sheng Yang. Concise Dictionary of Spoken Chinese[M]. Cambridge MA: Harvard-Yenching Institute, Harvard University Press, 1961.

David Collier(compiled). Chinese English Translation Assistance Group(eds.)Chinese-English Dictionary of Colloquial Terms Used in Modern Chinese Literature[M]. New Haven: Far Eastern Pubilicaitons, Yale University, 1979.

Hemeling, K.(Karl). English-Chinese Dictionary of the Standard Chinese Spoken Language and Handbook for Translator, Including Scientific, Technical, Modern and Documentary Terms [M]. Shanghai: Statistical Department of the Inspectorate General of Customs, 1916.

Hornby, Albert Sydney; Wehmeier, Sally(chief editor). Oxford Advanced Learner's Dictionary(6th)[M]. Oxford, England: Oxford University Press, 2000.

Po-fei Huang. IFEL Vocabulary of Spoken Chinese[M]. New Haven: Institute of Far Eastern Languages, 1954.

Institute of Far Eastern Languages, Yale University. Dictionary of Spoken Chinese[M]. New Haven: Yale University Press,

1966.

T. Y. Tien. A Dictionary of Colloquial Terms and Expressions in Chinese Vernacular Fictions［M］. Taibei Shi：Xinwen Fengchu Bangongsi,1985.

(二)著作与论文类

Baker, P. Using Corpora in Discourse Analysis［M］. London：Continuum,2006.

Biber, D. Variation across Speech and Writing［M］. Cambridge：CUP,1988/1991.

Bloomfield. Language. 语言论(袁家骅、赵世开、甘世福译)［M］. 北京：商务印书馆,1980.

Canale, M. & Swain M. Theoretical Bases of Communicative Approaches to Second Language Teaching and Testing［J］. Applied Linguistics,1980(1).

Engber, C. A. The Relationship of Lexical Proficiency to the Quality of L2 Compositions［J］. Journal of Second Language Writing,1995(4).

Evelyn Hatch & Cheryl Brown. Vocabulary, Semantics and Language Education［M］. 北京：外语教学与研究出版社,2001.

Halliday, M. A. K., McIntosh, A. & Strevens, P. The Linguistic Science and Language Teaching［M］. London：Longmans,1964.

Halliday. Language, Context and Text［M］. Australia：Deakin University,1985.

Halliday, M. A. K. Spoken and Written Language［M］. Oxford University Press,1989.

Halliday, M. A. K. An Introduction to Functional Grammar [M]. Beijing: Foreign Language Teaching and Research Press, 2000.

Hammond, J., A. Burns., H. Joyce., D. Brosnar. & L. Gerot. English for Social Purposes: A Hand Book for Teachers of Adult Literacy[M]. Sydney: National Center for English Language Teaching and Research, 1995.

Hymes, D. On communicative competence [C]// C. Brumfit & K. Johnson (eds.), The Communicative Approach to Language Teaching. 上海:上海外语教育出版社, 2000.

Johnson, K & H. Johnson. Encyclopedic Dictionary of Applied Linguistics: A Handbook for Language Teaching [M]. Beijing: Beijing Foreign Language Teaching and Research Press, 2001.

Laufer, B. What Percentage of Text Lexis Is Essential for Comprehension? [C]// C. Lauren and M. Nordman (eds). Special Language: From Humans Thinking To Thinking Machines. Multilingual Matters, 1989.

Leech, Geoffery N. & Jan Svartvik. A Communicative Grammar of English(2nd)[M]. London; New York: Longman, 1994.

Lewis, M. The Approach: The State of ELT and a Way Forward [M]. Hove, UK: Language Teaching Publications, 1993.

McCarthy, M. What Constitutes a Basic Vocabulary for Spoken Communication? [J]. Studies in English Language and Literature, 1999(1).

Michael McCarthy. Spoken Language & Applied Linguistics [M]. 北京:世界图书出版公司, 2006.

Pawley, A., & F. Syder. Two Puzzles for Linguistic Theory: Native-like Selection and Native-like Fluency [C]//In Schmidt, J. R. R. (Ed.), Language and Communication. London: Longman, 1983.

Poulisse, N; Bongaert, T. First Language Use in Second Language Production [J]. Applied Linguistics, 1994(15).

Rebecca Hughes. Teaching and Researching Speaking [M]. 北京: 外语教学与研究出版社, 2005.

Rod Ellis. Understanding Second Language Acquisition [M]. 上海: 上海外语教育出版社, 1999.

Saussure, F. Course in General Linguistics (Translated by W. Baskin) [M]. New York, London: Megraw-Hill Paperbacks, 1959.

Selinker, L. Interlanguage [J]. International Review of Applied Linguistics, 1972(10).

Ure, J. Lexical density and register differentiation [C]// G. E. Perren and J. L. M. Trim (eds.). Applications of linguistics: Selected papers of the second International Congress of Applied Linguistics. Cambridge: CUP, 1971.

附录一 典型单双音节口语词

挨个儿	差事	打的	得	福分	过年	活脱儿	就算
挨肩	缠磨	打盹	灯亮儿	富实	哈喇	火	舅舅
挨宰	长虫	打发儿	灯泡	该死	哈腰	饥荒	舅妈
扒拉	唱片儿	打嗝儿	提溜	改嘴	害臊	机子	舅嫂
把	押	打伙儿	地面	干巴	寒腿	鸡子儿	舅子
把角儿	嗔着	打价	地儿	矸子	汉民	犄角	局子
把口儿	成年	打鸣儿	点拨	赶	汗褂儿	犄角	撅[1]
把势	成天	打蔫儿	点补	赶明儿	行当	几儿	撅[2]
爸	成宿	打胎	电棒	赶趟儿	好气儿	加塞	俊俏
爸爸	成总儿	打铁	垫脚	干掉	号头	家当	开锅
白班	秤砣	打挺	靛颏儿	干吗	黑帖	家伙	开怀儿
白搭	吃喝	打杂	调门儿	港	黑信	家什	看摊儿
白玩儿	吃食	打总儿	掉点儿	告吹	横竖	家子	坎儿
板报	吃香	大伙儿	爹	哥们儿	后爹	价码	砍价
半拉	池子	大牢	顶缸	哥儿	后妈	架势	扛
梆硬	尺寸	大片儿	顶嘴	哥们儿	后娘	监牢	壳
棒	冲	大票	动换	虼蚤	后	见方	可以
包圆儿	冲	大婶儿	动火	硌	后尾儿	见天	可着
北边	抽抽儿	大叔	动窝	根子	厚实	虹	克服
背气	抽搭	大爷	兜底	公家	呼噜	糨子	坑子
被卧	抽筋	大油	兜兜	佝偻	呼扇	胶皮	空钟
本本	出饭	待	斗眼	够劲	虎牙	矫情	抠搜
奔命	出数儿	大夫	豆角儿	够味	唬	铰	口子
崩	厨子	待见	嘟噜	估堆儿	花销	搅和	夸嘴

现代汉语口语词研究

绷	雏儿	担待	独	估摸	滑溜	教门	块
绷脸	串皮	蛋清	对眼	姑妈	画片儿	接火	块儿
绷	串气	当间	对眼	姑娘	话音	接头	款子
锄儿	串秧	当口儿	多会	姑爷	坏蛋	街坊	拉倒
锄子	串游	当儿	摁钉儿	姑子	换个儿	节下	拉稀
毙	吹	当子	摁扣儿	轱辘	慌神儿	姐们	邋遢
变法儿	春上	当头	儿马	骨朵儿	皇历	姐	辣子
憋屈	戳子	荡悠	耳性	鼓弄	黄	姐们儿	来得1
病包儿	呲	叨叨	二婚	顾脸	黄花	借光	来得2
拨拉	刺挠	叨登	发懒	拐子	黄片儿	今儿	来劲
伯伯	刺痒	叨唠	发愣	怪	剞	筋	来事
脖颈儿	粗拉	叨念	发蒙	官司	豁嘴	紧着	来着
不光	醋心	倒嚼	反叛	光溜	活便	进款	赖
不济	撺掇	倒腾	肥实	归着	活茬	妗子	懒虫
不许	撺弄	道道儿	吩咐	归整	活法	劲头	郎猫
藏猫儿	脆生	道行	份儿	归置	活泛	京戏	浪头
草	存项	得	风光	闺女	活该	镜子	老道
草底儿	打表	的	疯长	鬼	活扣儿	究根儿	老公1
蹅	打春	德行	缝子	辊子	活门	揪心	老公2
老娘	猛劲儿	盘缠	人品	属相	戏台	洋车	在教
老婆	蠓虫	盘费	仁义	数落	下剩	洋火	糟糕
老是	棉猴儿	刨	认头	水灵	吓唬	洋钱	怎
老外	面糊	跑车	软和	顺当	先	养活	铮亮
老子	面子	跑肚	软梯	思摸	现钱	痒痒	扎
愣	明儿	跑腿	仨	死活	现下	样片儿	渣子
离辙	摸黑儿	泡汤	撒谎	死劲儿	乡下	样子	闸
礼拜	摸门儿	泡子	撒尿	死扣儿	想头	约	诈唬
链子	摸头	陪送	桑葚儿	死性	相片儿	腰子	炸
聊	魔征	配对	丧气	屣	小菜	咬群	宅子
聊天儿	默片	盆子	嫂子	屣包	小抄	疟子	蘸火
料子	磨叨	批	筛糠	送死	小孩	药劲儿	长相
撂	模子	霹雷	色	送信儿	小看	爷儿	着

附录一 典型单双音节口语词

林子	拿糖	屁股	山根	俗话	小妞儿	爷们儿	找头
临了	哪儿	偏劳	伤耗	尿	小跑	爷爷	照片儿
领道	那个	偏疼	烧心	虽说	小儿	一早	折
领头	那会儿	篇子	伸腿	岁数	小人儿	衣裳	这阵儿
溜边	那儿	片警儿	身量	台子	小月	姨妈	着呢
溜达	那阵	骗腿儿	身条	抬杠	小账	姨	砧子
瘤子	纳闷儿	聘	身子	淘神	小子	胰子	疹子
娄子	奶毛	破烂	神道	藤子	些个	应声	镇压
漏子	奶奶	潽	神经	踢蹬	斜楞	鹦哥	挣命
论说	奶水	起小儿	神聊	踢腾	血	蝇子	知会
罗锅	奶头	签子	婶子	蹄子	泻肚	影片儿	中间
螺丝	奶子	前	升班	鲗	解	硬朗	钟点
妈	男人	枪子儿	生养	贴谱	信皮儿	悠	钟头
妈妈	脑袋	腔子	失闪	听喝	信瓤	有门儿	蛛蛛
抹脸	脑瓜	雀子	师娘	停	星星	有盼	爪儿
忙乎	脑门儿	敲	石子儿	挺	兄弟	有谱儿	爪子
忙活	脑子	桥洞	实在	铜子儿	玄	有喜	转悠
毛	闹心	瞧见	使绊儿	捅咕	玄乎	榆钱	赚
毛活	闹贼	勤快	使坏	头婚	旋	圆全	赚头
毛票	能耐	呫	使唤	头脑	学舌	圆实	庄子
茅房	腻烦	清早	势头	头头	寻摸	辕子	装蒜
铆劲儿	年根	曲蟮	是个儿	图书	牙碜	哕	状子
帽花	年下	屈心	是味儿	腿子	牙轮	月头儿	坠子
没词儿	娘儿	焌	是样儿	裉套	牙子	月牙	准头
没跑儿	娘们	全乎	收拾	完蛋	压根儿	云彩	走道
没谱儿	鸟儿	嚷嚷	熟	玩命	严实	匀兑	走运
没辙	牛气	嚷	手戳	玩完儿	言声	匀和	揍
没治	扭搭	饶	手工	玩意	言语	匀溜	租子
门道	女人	饶头	叔叔	腕	颜色	咂	攥
蒙药	挪窝	人才	熟烫	戏法	檐子	再不	嘴乖
嘬	昨儿	撮	座儿	尼昆	瓴		

附录二　调查问卷

姓名(Name)_____　　国籍(Nationality)_____
就读院校(Enrolled University)_____
班级(Class)_____　　HSK水平(HSK Level)_____
年龄(Age)_____　　性别(Gender)_____
学习汉语时间(Years for learning Chinese)_____
来中国时间(Years spent in China)_____
与家人交流时主要使用的语言(The language or dialect you mainly use while communicating with your family members)
_____
是否有家庭成员常用汉语(Do any of your family members speak Chinese frequently?)
_____

你好！非常感谢你能抽出时间参加本次问卷调查，问卷调查分为三部分，为了保证本调查的有效性，请您在分类过程中不要参考任何词典。

Hello! You are really appreciated to spare some time to take part in this survey. And the survey questionnaire is accordingly divided into three parts. In order to safeguard the effectiveness of this survey, you'd better not refer to any dictionary in the following process of classification making.

一、请您选择相应的选项。

Please read the following questions and choose a proper answer A, B, C or D.

1. 你会经常遇到语体使用问题吗？（   ）

Do you often encounter with the problems concerned about linguistic style usage of Chinese words? (For example, in what context shall a Chinese word be used formally or informally, in a spoken form or a written form?)

  A.经常 often；   B.有时 sometimes；

  C.偶尔 occasionally； D.从不 never

2. 在做 HSK 练习时，哪一语体类型的词汇容易理解？（   ）

When answering the HSK questions, which style do you find easier to understand?

  A.口语体 spoken； B.书面语体 written；

  C.通用语体 common； D.不确定 other

3. 在日常生活中，哪一语体类型的词汇容易理解？（   ）

Which style do you find easier to understand in daily life?

  A.口语体 spoken； B.书面语体 written；

  C.通用体 common； D.不确定 other

4. 你经常用汉语词典查询词汇的语体色彩？（   ）

Do you often use Chinese dictionaries to make certain of the different linguistic style usage of Chinese vocabulary?

  A.经常 often；   B.有时 sometimes；

  C.偶尔 occasionally； D.从不 never

5. 在日常生活中，你有过语体词误用的情况吗？（   ）

Have you ever mis－used the style/usage of Chinese

vocabulary in daily life?

　　A.经常 often；　　　　　B.有时 sometimes；
　　C.偶尔 occasionally；　　D.从不 never

二、词语分类(口语词画○,书面语词画△,通用语词画✕)

Sort out these words according to their style (spoken○, written△, or common✕)

口语词（Spoken words are the most frequently used in spoken language, rarely used in written language.）

书面语词（Written words are more formal words mainly used in the written language, rarely used in spoken language.）

通用语词（Common words are used in both spoken and written languages）

gāoxìng 高兴	dōngxi 东西	kànjiàn 看见	shuōhuà 说话	bàba 爸爸
miǎntiǎn 腼腆	jǐyǔ 给予	nǎr 哪儿	jiàohuì 教诲	lìlín 莅临
hǎochī 好吃	kèfú 克服	nǔlì 努力	lǎogōng 老公	lǎowài 老外
xiǎojiě 小姐	sāhuǎng 撒谎	bǐsài 比赛	shūshu 叔叔	jiànkāng 健康

续表

shēngchén 生辰	huánjìng 环境	méiguānxì 没关系	yáotiǎo 窈窕	mǎnyì 满意
niánqīng 年轻	gōngqián 工钱	zháojí 着急	piàoliàng 漂亮	qīzi 妻子
ānjìng 安静	kāfēi 咖啡	shēngrì 生日	chéngjì 成绩	wèi 喂
hàipà 害怕	juéde 觉得	āyí 阿姨	língtīng 聆听	nín 您

三、选词填空（请在您选择的词上打√）Choose the right word in the blanks.

1. 这个小姑娘长得真（窈窕 yáotiǎo /漂亮 piàoliàng），大家都忍不住多看几眼。

This little girl is really beautiful, and everyone can't help taking a look at her for some time.

2. 中国著名的古典小说《红楼梦》深受读者（青睐 qīnglài/看得起 kàndéqǐ）。

The famous classical Chinese novel *Dream of Red Mansions* appeals to the modern reader.

3. 她生性（腼腆 miǎntiǎn /不好意思），在生人面前一说话就脸红。

She is a shy girl, and whenever she speaks in face of strangers, she blushes.

4. 今天是爸爸的(生辰 shēngchén/生日 shēngrì)，我给他准备了一个大蛋糕。

Today is Father's birthday. I have prepared a big birthday cake for him.

5. 我们去饭店吃饭时，迎宾小姐常常会说："欢迎(莅临 lìlín/光临 guānglín)"。

Usually when we arrive at a restaurant, the usherette greets us with "Welcome".

非常感谢您的大力支持和帮助！

Thank you very much for your help and cooperation!

附录三 所有词典均收的口语词目

挨个儿	行当	节下	男人	信皮儿
白搭	好气儿	紧着	脑袋	兄弟
半拉	好样儿的	就算	闹肚子	玄乎
包圆儿	黑灯瞎火	舅子	能耐	压根儿
崩	黑咕隆咚	局子^1	年下	言声儿
不光	后爹	可着	娘儿们	言语
不是玩儿的	后妈	哭鼻子	女人 nǚ·ren	洋钱
藏猫儿	后脑勺儿	拉倒	泡汤	养活
差事	后娘	拉肚子	枪子儿	痒痒
抽搭	厚实	拉稀	瞧不起	约(yāo)
吹	呼扇	赖^2	瞧得起	腰子
呲	滑溜	老娘	瞧见	爷儿
撺掇	坏蛋	老婆	勤快	爷爷
脆生	换个儿	老爷子	清早	一辈子
大伙儿	慌神儿	愣	饶	衣裳
大师傅	黄^2(动)	哩哩啦啦	身子骨儿	有门儿
大师傅	活泛	溜达	数落	匀和
当间儿	活该	娄子	抬杠^1	扎^3
倒腾	活受罪	买卖人	天底下	扎耳朵
得^1(dé)	饥荒	毛^3	挺^1	炸

275

现代汉语口语词研究

得(děi)	鸡子儿	毛票	头头儿	着(zháo)
提溜	犄角	茅房	完蛋	折(zhē)
发愣	加塞儿	铆劲儿	玩儿命	知会
发蒙	家伙	没词儿	玩儿完	中不溜儿
肥实	家什	没跑儿	吓唬	转悠
改嘴	架势	没谱儿	现钱	赚头
赶明儿	见天	没辙	小姨子	装蒜
干吗	糨子	没治	小月	准头
疙疙瘩瘩	搅和	摸黑	些个	攥
估摸	街坊	那会儿	新媳妇儿	嘴皮子
怪[1]	街面儿上	奶子		嘬
哈腰				
害臊				

附录四 单双音节单义口语词分级表（对外汉语教学用）

词目	《现代汉语常用词表》排序	口语语料出现频次	口语语料排序	频率参数值	附属参数均值	均值	拟定分级	词性
挨个儿	42370			1	2.33	1.67	二级	副
挨肩儿	46979			1	2.00	1.50	二级	动
挨宰				0	2.33	1.17	二级	动
把角儿				0	2.33	1.17	二级	名
把口儿	45800			1	2.33	1.67	二级	名
爸	3326	207	678	3	2.67	2.83	一级	名
爸爸	1575	524	275	3	2.33	2.67	一级	名
白班	45497	1	22152	3	2.33	2.67	一级	名
白搭	29080	3	13823	3	2.33	2.67	一级	动
板报	27672	10	7067	3	2.33	2.67	一级	名
半拉				0	2.33	1.17	二级	数量词
梆硬	52138			1	2.33	1.67	二级	形
背气				0	2.33	1.17	二级	动
被卧				0	2.33	1.17	二级	名
本本				0	2.33	1.17	二级	名
奔命	39240			1	2.33	1.67	二级	动
绷脸	53600			1	2.00	1.50	二级	动
镚儿				0	1.67	0.83	三级	名

续表

词目	《现代汉语常用词表》排序	口语语料出现频次	口语语料排序	频率参数值	附属参数均值	均值	拟定分级	词性
锛子				0	1.67	0.83	三级	名
变法儿				0	2.33	1.17	二级	动
憋屈	43597			1	2.00	1.50	二级	形
病包儿	48629			1	2.33	1.67	二级	名
拨拉	32866			1	2.33	1.67	二级	动
伯伯	11934	18	4827	3	2.33	2.67	一级	名
脖颈儿				0	2.33	1.17	二级	名
不济	17862			2	2.33	2.17	一级	形
藏猫儿				0	2.33	1.17	二级	动
草底儿	51288			1	2.33	1.67	二级	名
蹅				0	1.67	0.83	三级	动
差事	12837	1	22693	3	2.33	2.67	一级	形
缠磨	46118			1	2.33	1.67	二级	动
长虫	37855			1	2.00	1.50	二级	名
唱片儿				0	2.33	1.17	二级	名
抻	29383	4	12085	3	2.67	2.83	一级	动
嗔着				0	2.33	1.17	二级	动
成天	10334	11	6702	3	2.33	2.67	一级	副
成宿	55603			1	1.67	1.33	二级	副
秤砣	37331	3	14056	3	2.33	2.67	一级	名
吃喝儿				0	2.33	1.17	二级	名
吃食	17130			2	2.33	2.17	一级	名
吃香	23473	5	10726	3	2.33	2.67	一级	形
抽搭	42151			1	2.33	1.67	二级	动
抽筋	29300	2	17219	3	2.33	2.67	一级	动
出饭				0	2.00	1.00	三级	形

附录四 单双音节单义口语词分级表(对外汉语教学用)

续表

词目	《现代汉语常用词表》排序	口语语料出现频次	口语语料排序	频率参数值	附属参数均值	均值	拟定分级	词性
出数儿				0	2.33	1.17	二级	形
厨子	12545	1	22960	3	2.33	2.67	一级	名
雏儿	41892			1	1.67	1.33	二级	名
串皮				0	2.00	1.00	三级	动
串气				0	1.67	0.83	三级	动
串秧儿				0	2.00	1.00	三级	动
串游	52177			1	2.33	1.67	二级	动
春上				0	2.33	1.17	二级	名
戳子	45529			1	2.00	1.50	二级	名
呲		4	12132	3	2.67	2.83	一级	动
刺挠				0	2.33	1.17	二级	形
刺痒	48289			1	2.33	1.67	二级	形
粗拉				0	2.33	1.17	二级	形
醋心				0	2.33	1.17	二级	动
撺掇	33620	2	17331	3	2.33	2.67	一级	动
撺弄				0	2.33	1.17	二级	动
存项				0	2.33	1.17	二级	名
打表				0	2.33	1.17	二级	动
打春	54732			1	1.67	1.33	二级	名
打的	7402				2.33	2.33	一级	动
打盹儿	21189			2	2.33	2.17	一级	动
打伙儿	48677			1	2.33	1.67	二级	动
打价				0	2.33	1.17	二级	动
打鸣儿	38244			1	2.00	1.50	二级	动
打胎	32982			1	2.00	1.50	二级	动
打铁	23575	2	17360	3	2.00	2.50	一级	动

续表

词目	《现代汉语常用词表》排序	口语语料出现频次	口语语料排序	频率参数值	附属参数均值	均值	拟定分级	词性
打挺儿	41669			1	2.33	1.67	二级	动
打杂儿	26439			1	2.33	1.67	二级	动
打总儿				0	2.33	1.17	二级	副
大伙儿	7262	15	5483	3	2.33	2.67	一级	代
大牢	33739			1	2.33	1.67	二级	名
大片儿				0	2.33	1.17	二级	名
大票	39479			1	2.33	1.67	二级	名
大婶儿	11099			2	2.33	2.17	一级	名
大叔	9631	6	9711	3	2.33	2.67	一级	名
大油	46416			1	2.00	1.50	二级	名
待	4627	70	1812	3	2.33	2.67	一级	动
大夫	24162	62	2005	3	2.33	2.67	一级	名
待见				0	2.33	1.17	二级	动
蛋清	46708	1	23303	3	2.33	2.67	一级	名
当间儿	51327			1	2.33	1.67	二级	名
当口儿	25550			1	2.33	1.67	二级	名
当子	53675			1	2.33	1.67	二级	名
当头	17554	1	23311	3	2.33	2.67	一级	名
叨叨	17967	2	17447	3	2.33	2.67	一级	动
叨唠	28529	12	6327	3	2.00	2.50	一级	动
叨念	39896			1	2.33	1.67	二级	动
倒嚼	52672			1	2.00	1.50	二级	动
道行	34028			1	2.33	1.67	二级	名
德行	20853	2	17465	3	2.33	2.67	一级	名
灯亮儿	20269			2	2.33	2.17	一级	名
灯泡	13713	1	23402	3	2.33	2.67	一级	名

续表

词目	《现代汉语常用词表》排序	口语语料出现频次	口语语料排序	频率参数值	附属参数均值	均值	拟定分级	词性
提溜		5	11523	3	2.33	2.67	一级	动
地儿	27688	27	3685	3	2.33	2.67	一级	名
点拨	31144	2	17507	3	2.33	2.67	一级	动
点补				0	2.33	1.17	二级	动
电棒				0	2.33	1.17	二级	名
垫脚				0	2.00	1.00	三级	名
靛颏儿				0	1.00	0.50	三级	名
掉点儿	54756			1	2.33	1.67	二级	动
爹	3203	15	5492	3	2.67	2.83	一级	名
顶缸				0	2.33	1.17	二级	动
顶嘴	35805	1	23563	3	2.33	2.67	一级	动
动换				0	2.33	1.17	二级	动
动火	43397			1	2.33	1.67	二级	动
动窝	44111			1	2.33	1.67	二级	动
兜底	37875			1	2.00	1.50	二级	名
兜兜	43864			1	2.33	1.67	二级	名
斗眼				0	2.33	1.17	二级	名
豆角儿	26116			1	2.33	1.67	二级	名
多会儿	39069			1	2.33	1.67	二级	代
摁钉儿				0	2.33	1.17	二级	名
摁扣儿				0	2.33	1.17	二级	名
儿马	42172			1	2.00	1.50	二级	名
耳性				0	2.33	1.17	二级	名
二婚	49418			1	2.33	1.67	二级	动
发懒	55651			1	2.33	1.67	二级	动
发愣	19244			2	2.00	2.00	二级	动

续表

词目	《现代汉语常用词表》排序	口语语料出现频次	口语语料排序	频率参数值	附属参数均值	均值	拟定分级	词性
发蒙	47974			1	2.33	1.67	二级	动
反叛	21107	1	23869	3	2.33	2.67	一级	名
吩咐	5401	1	24004	3	2.33	2.67	一级	动
份儿	10809	11	6756	3	2.33	2.67	一级	名
风光	4830	18	4856	3	2.33	2.67	一级	形
缝子	37351	1	24068	3	2.33	2.67	一级	名
福分	26744	2	17797	3	2.33	2.67	一级	名
富实				0	2.33	1.17	二级	形
该死	10086			2	2.33	2.17	一级	动
改嘴	51802			1	2.33	1.67	二级	动
矸子				0	1.00	0.50	三级	名
赶明儿	29630	4	12355	3	2.33	2.67	一级	副
赶趟儿	52230			1	2.33	1.67	二级	动
干掉	29740			1	2.33	1.67	二级	动
干吗	6908	117	1128	3	2.33	2.67	一级	代
告吹	39916			1	2.33	1.67	二级	动
哥们儿	15814	5	10920	3	2.33	2.67	一级	名
虼蚤				0	1.33	0.67	三级	名
硌	23264	2	17889	3	2.67	2.83	一级	动
公家	10959	1	24384	3	2.33	2.67	一级	名
佝偻				0	1.67	0.83	三级	动
够劲儿	47996			1	2.33	1.67	二级	形
够味儿	39510			1	2.33	1.67	二级	形
估堆儿				0	2.33	1.17	二级	动
估摸	25130			1	2.33	1.67	二级	动
姑妈	13175			2	2.33	2.17	一级	名

附录四 单双音节单义口语词分级表(对外汉语教学用)

续表

词目	《现代汉语常用词表》排序	口语语料出现频次	口语语料排序	频率参数值	附属参数均值	均值	拟定分级	词性
姑爷	17528			2	2.33	2.17	一级	名
姑子	41941			1	2.33	1.67	二级	名
骨朵儿	39918			1	2.33	1.67	二级	名
鼓弄	52240			1	2.33	1.67	二级	动
顾脸				0	2.33	1.17	二级	动
官司	7287	29	3508	3	2.33	2.67	一级	名
光溜	50190	1	24559	3	2.33	2.67	一级	形
归着				0	2.33	1.17	二级	动
归整				0	2.33	1.17	二级	动
归置	48356			1	2.33	1.67	二级	动
辊子				0	2.33	1.17	二级	名
过年	4411	66	1906	3	2.33	2.67	一级	名
害臊	22405	1	24692	3	2.00	2.50	一级	形
寒腿	55252			1	2.33	1.67	二级	名
汉民	41947			1	2.33	1.67	二级	名
汗褟儿				0	2.00	1.00	三级	名
好气儿				0	2.33	1.17	二级	名
号头	47691			1	2.33	1.67	二级	名
黑帖				0	2.33	1.17	二级	名
黑信				0	2.00	1.00	三级	名
横竖	18293			2	2.33	2.17	一级	副
后爹	48368			1	2.33	1.67	二级	名
后妈	39711	2	18141	3	2.33	2.67	一级	名
后娘	35061			1	2.33	1.67	二级	名
后儿	46769			1	2.33	1.67	二级	名
后尾儿	47373			1	2.33	1.67	二级	名

续表

词目	《现代汉语常用词表》排序	口语语料出现频次	口语语料排序	频率参数值	附属参数均值	均值	拟定分级	词性
呼噜	34318			1	2.33	1.67	二级	名
虎牙	34789			1	2.33	1.67	二级	名
唬	11923			2	2.67	2.33	一级	动
滑溜	30173			1	2.33	1.67	二级	形
画片儿				0	2.33	1.17	二级	名
坏蛋	17040	3	14649	3	2.33	2.67	一级	名
换个儿	13714			2	2.33	2.17	一级	动
慌神儿				0	2.33	1.17	二级	动
皇历	43677			1	2.00	1.50	二级	名
黄片儿				0	2.33	1.17	二级	名
活茬				0	2.00	1.00	三级	名
活法	26337	4	12504	3	2.33	2.67	一级	名
活扣	55706			1	2.33	1.67	二级	名
活门	55281			1	2.00	1.50	二级	名
活脱儿				0	2.33	1.17	二级	副
鸡子儿				0	2.33	1.17	二级	名
几儿				0	2.33	1.17	二级	代
加塞儿	45907			1	2.33	1.67	二级	动
家当	18206	5	11067	3	2.33	2.67	一级	名
家什	24569	4	12537	3	2.33	2.67	一级	名
家子				0	2.33	1.17	二级	名
价码	27377	1	25389	3	2.33	2.67	一级	名
监牢	26614			1	2.33	1.67	二级	名
见方	21434	1	25460	3	2.33	2.67	一级	名
见天	37908	1	25463	3	2.33	2.67	一级	副
糨子		1	25509	3	1.00	2.00	二级	名

附录四 单双音节单义口语词分级表(对外汉语教学用)

续表

词目	《现代汉语常用词表》排序	口语语料出现频次	口语语料排序	频率参数值	附属参数均值	均值	拟定分级	词性
胶皮	26899	1	25529	3	2.33	2.67	一级	名
矫情	27119	1	25539	3	2.00	2.50	一级	形
街坊	13535	22	4259	3	2.33	2.67	一级	名
节下				0	2.33	1.17	二级	名
姐儿		5	11105	3	2.33	2.67	一级	名
今儿		13	6053	3	2.33	2.67	一级	名
紧着	53300			1	2.33	1.67	二级	动
进款	40389			1	2.33	1.67	二级	名
京戏	18086	2	18539	3	2.33	2.67	一级	名
究根儿	55319			1	2.33	1.67	二级	动
揪心	19813	2	18567	3	2.33	2.67	一级	形
就算	6794	66	1910	3	2.33	2.67	一级	连
舅舅	6196	33	3189	3	2.33	2.67	一级	名
舅妈	17694	1	25811	3	2.33	2.67	一级	名
舅嫂				0	2.33	1.17	二级	名
舅子	45019			1	2.33	1.67	二级	名
俊俏	22013			2	2.00	2.00	二级	形
开锅	41043			1	2.33	1.67	二级	动
开怀儿				0	2.00	1.00	三级	动
看摊				0	2.33	1.17	二级	动
砍价	41971			1	2.33	1.67	二级	动
可着	55333			1	2.33	1.67	二级	介
坑子				0	2.33	1.17	二级	名
空钟				0	2.33	1.17	二级	名
夸嘴				0	2.33	1.17	二级	动
款子	17721			2	2.33	2.17	一级	名

续表

词目	《现代汉语常用词表》排序	口语语料出现频次	口语语料排序	频率参数值	附属参数均值	均值	拟定分级	词性
拉倒	18252	4	12694	3	2.33	2.67	一级	动
拉稀	36664			1	2.33	1.67	二级	动
邋遢	28029	3	14973	3	1.67	2.33	一级	形
辣子	26464			1	2.33	1.67	二级	名
来事	54354			1	2.33	1.67	二级	动
来着	23873	29	3522	3	2.33	2.67	一级	助
懒虫	46230			1	2.33	1.67	二级	名
郎猫				0	2.00	1.00	三级	名
老道	26543			1	1.67	1.33	二级	名
老公	15858	73	1757	3	2.33	2.67	一级	名
老婆	3255	83	1579	3	2.33	2.67	一级	名
老是	8332	66	1911	3	2.33	2.67	一级	副
离辙				0	2.00	1.00	三级	动
聊天儿				0	2.00	1.00	三级	动
林子	10936	11	6849	3	2.33	2.67	一级	名
临了	30072	1	26344	3	2.33	2.67	一级	副
领道				0	2.33	1.17	二级	动
领头	19032			2	2.33	2.17	一级	动
溜达	23118	5	11208	3	2.33	2.67	一级	动
瘤子	37930			1	2.00	1.50	二级	名
娄子		1	26415	3	2.00	2.50	一级	名
罗锅	19960			2	2.33	2.17	一级	动
螺丝	24710			2	2.33	2.17	一级	动
抹脸	54872			1	2.33	1.67	二级	动
忙乎	26826			1	2.33	1.67	二级	动
忙活	18535	13	6089	3	2.33	2.67	一级	动

附录四 单双音节单义口语词分级表(对外汉语教学用)

续表

词目	《现代汉语常用词表》排序	口语语料出现频次	口语语料排序	频率参数值	附属参数均值	均值	拟定分级	词性
毛活	54388			1	2.33	1.67	二级	名
毛票	42256			1	2.33	1.67	二级	名
茅房	29970	1	26609	3	2.33	2.67	一级	名
铆劲儿	54875			1	2.00	1.50	二级	动
帽花				0	2.33	1.17	二级	名
没词儿	44178			1	2.33	1.67	二级	动
没跑儿				0	2.33	1.17	二级	动
没谱儿	47132			1	2.33	1.67	二级	动
没辙	29340	10	7287	3	2.33	2.67	一级	动
门道	44756	3	15152	3	2.33	2.67	一级	名
蒙药	54394			1	2.33	1.67	二级	名
蠓虫儿				0	1.00	0.50	三级	名
棉猴儿	54395			1	2.00	1.50	二级	名
面糊	45643			1	2.33	1.67	二级	形
摸黑儿	37744			1	2.33	1.67	二级	动
摸门儿	54400			1	2.33	1.67	二级	动
摸头	43237			1	2.33	1.67	二级	动
魔怔				0	2.33	1.17	二级	形
默片儿				0	1.67	0.83	三级	名
模子	28204	1	26816	3	2.33	2.67	一级	名
拿糖				0	1.67	0.83	三级	动
哪儿	2517	240	595	3	2.33	2.67	一级	代
那会儿	14068	122	1090	3	2.33	2.67	一级	代
那阵儿	20286			2	2.33	2.17	一级	代
纳闷儿	14105			2	2.00	2.00	二级	动
奶毛				0	2.00	1.00	三级	名

续表

词目	《现代汉语常用词表》排序	口语语料出现频次	口语语料排序	频率参数值	附属参数均值	均值	拟定分级	词性
奶水	27132	2	19165	3	2.33	2.67	一级	名
脑瓜儿	47777			1	2.33	1.67	二级	名
脑门儿	32022			1	2.33	1.67	二级	名
闹贼				0	2.33	1.17	二级	动
年根	41754			1	2.33	1.67	二级	名
年下	22417			2	2.33	2.17	一级	名
娘儿				0	2.33	1.17	二级	名
鸟儿		2	19213	3	2.33	2.67	一级	名
牛气	37575	1	27204	3	2.33	2.67	一级	形
扭搭				0	2.33	1.17	二级	动
挪窝儿	43477			1	2.33	1.67	二级	动
盘缠	32789	2	19265	3	2.33	2.67	一级	名
盘费	48820			1	2.33	1.67	二级	名
跑肚	50673			1	2.33	1.67	二级	动
跑腿儿	27134			1	2.33	1.67	二级	动
泡汤	32411	1	27306	3	2.33	2.67	一级	动
泡子	42267			1	2.33	1.67	二级	名
盆子	20175	4	12891	3	2.33	2.67	一级	名
霹雷	49907			1	2.00	1.50	二级	名
偏劳	48085			1	2.33	1.67	二级	动
偏疼				0	2.33	1.17	二级	动
篇子				0	2.33	1.17	二级	名
片警儿				0	2.33	1.17	二级	名
骗腿儿				0	2.33	1.17	二级	动
潜				0	2.33	1.17	二级	动
起小儿				0	2.33	1.17	二级	副

附录四 单双音节单义口语词分级表(对外汉语教学用)

续表

词目	《现代汉语常用词表》排序	口语语料出现频次	口语语料排序	频率参数值	附属参数均值	均值	拟定分级	词性
前儿				0	2.33	1.17	二级	名
枪子儿	28123			1	2.00	1.50	二级	名
雀子	48834			1	2.33	1.67	二级	名
桥洞	33554			1	2.33	1.67	二级	名
瞧见	11845	3	15391	3	2.33	2.67	一级	动
勤快	20827	7	9204	3	2.33	2.67	一级	形
清早	14457	1	27738	3	2.33	2.67	一级	名
曲蟮				0	2.00	1.00	三级	名
屈心	53908			1	2.33	1.67	二级	形
全乎				0	2.33	1.17	二级	形
饶头				0	2.33	1.17	二级	名
仁义	14815			2	2.33	2.17	一级	形
认头	51115			1	2.33	1.67	二级	动
软和	39151			1	2.33	1.67	二级	形
软梯	49213			1	2.33	1.67	二级	名
仨	17948	19	4738	3	2.33	2.67	一级	数量词
撒谎	12570	5	11397	3	2.33	2.67	一级	动
撒尿	20666	10	7347	3	2.33	2.67	一级	动
桑葚儿				0	1.00	0.50	三级	名
丧气	21866			2	2.33	2.17	一级	形
嫂子	5655	30	3442	3	2.33	2.67	一级	名
筛糠	34373			1	2.33	1.67	二级	动
山根				0	2.33	1.17	二级	名
身量	22124			2	2.33	2.17	一级	名
身条儿	44807			1	2.33	1.67	二级	名
神聊	47814			1	2.33	1.67	二级	动

续表

词目	《现代汉语常用词表》排序	口语语料出现频次	口语语料排序	频率参数值	附属参数均值	均值	拟定分级	词性
婶子	18038			2	2.33	2.17	一级	名
升班	49948	2	19750	3	2.33	2.67	一级	动
生养	23609	3	15580	3	2.33	2.67	一级	动
失闪				0	2.33	1.17	二级	名
师娘	38970			1	2.33	1.67	二级	名
石子儿	49586			1	2.33	1.67	二级	名
实在	5532	200	696	3	2.33	2.67	一级	形
使绊儿	51134			1	2.00	1.50	二级	动
使坏	39162			1	2.33	1.67	二级	动
势头	3197	4	13100	3	2.33	2.67	一级	名
是个儿				0	2.33	1.17	二级	动
是样儿				0	2.33	1.17	二级	形
手戳	48871			1	2.00	1.50	二级	名
熟烫				0	2.33	1.17	二级	形
属相	40010	2	21247	3	2.33	2.67	一级	名
顺当	30209			1	2.33	1.67	二级	形
思摸				0	2.33	1.17	二级	动
死扣儿	52442			1	2.33	1.67	二级	名
死性	53950			1	2.33	1.67	二级	形
送死	26484			1	2.33	1.67	二级	动
送信儿	37982			1	2.33	1.67	二级	动
俗话	20416	3	15720	3	2.33	2.67	一级	名
虽说	5193	56	2185	3	2.33	2.67	一级	连
岁数	12811	60	2081	3	2.33	2.67	一级	名
淘神	54505			1	2.33	1.67	二级	动
藤子	47191			1	2.00	1.50	二级	名

附录四 单双音节单义口语词分级表(对外汉语教学用)

续表

词目	《现代汉语常用词表》排序	口语语料出现频次	口语语料排序	频率参数值	附属参数均值	均值	拟定分级	词性
踢腾	48891			1	2.33	1.67	二级	动
贴谱				0	2.33	1.17	二级	形
听喝				0	2.33	1.17	二级	动
铜子儿	17053			2	2.33	2.17	一级	名
头婚				0	2.33	1.17	二级	动
头头儿	13313			2	2.33	2.17	一级	名
图书	3215	8	8570	3	2.33	2.67	一级	名
腿子	24296			2	2.33	2.17	一级	名
完蛋	22516	4	13248	3	2.33	2.67	一级	动
玩儿命	43768	2	20213	3	2.33	2.67	一级	动
玩儿完	53461			1	2.33	1.67	二级	动
腕儿	43528			1	2.00	1.50	二级	名
戏法	27241			1	2.33	1.67	二级	名
戏台	12717			2	2.33	2.17	一级	名
下剩				0	2.33	1.17	二级	动
吓唬	14864	5	11622	3	2.33	2.67	一级	动
现钱	22705	2	20416	3	2.33	2.67	一级	名
现下	43535			1	2.33	1.67	二级	名
乡下	5133	9	7973	3	2.33	2.67	一级	名
相片儿				0	2.33	1.17	二级	名
小抄儿	54542			1	2.33	1.67	二级	名
小看	14144	3	16018	3	2.33	2.67	一级	动
小妞儿	18071			2	2.33	2.17	一级	名
小跑	19103	3	16020	3	2.33	2.67	一级	动
小月	38178			1	2.33	1.67	二级	动
小账				0	2.33	1.17	二级	名

续表

词目	《现代汉语常用词表》排序	口语语料出现频次	口语语料排序	频率参数值	附属参数均值	均值	拟定分级	词性
些个	52498			1	2.33	1.67	二级	量
斜楞				0	2.33	1.17	二级	动
血	1578	77	1687	3	2.67	2.83	一级	名
泻肚	51620			1	2.33	1.67	二级	动
信皮儿	50384			1	2.33	1.67	二级	名
信瓤儿				0	2.00	1.00	三级	名
星星	7737	33	3223	3	2.33	2.67	一级	名
玄乎	39627			1	2.00	1.50	二级	形
寻摸	54569			1	2.33	1.67	二级	动
牙轮	52070			1	2.33	1.50	二级	名
压根儿	18352	3	16112	3	2.33	2.67	一级	副
言声儿				0	2.33	1.17	二级	动
言语	7834	4	13434	3	2.33	2.67	一级	动
颜色	5808	60	2085	3	2.33	2.67	一级	名
檐子				0	2.00	1.00	三级	名
洋车	16833			2	1.67	1.83	二级	名
洋火	29584	2	20706	3	1.67	2.33	一级	名
洋钱	21652			2	1.67	1.83	二级	名
痒痒	18073	6	10427	3	2.33	2.67	一级	形
样片儿				0	2.33	1.17	二级	名
约	320	83	1586	3	3.00	3.00	一级	动
腰子	38589			1	2.33	1.67	二级	名
疟子	52530			1	1.67	1.33	二级	名
药劲				0	2.33	1.17	二级	名
爷儿	43552			1	2.33	1.67	二级	名
爷儿们				0	2.33	1.17	二级	名
一早	8088	8	8652	3	2.33	2.67	一级	名

附录四 单双音节单义口语词分级表(对外汉语教学用)

续表

词目	《现代汉语常用词表》排序	口语语料出现频次	口语语料排序	频率参数值	附属参数均值	均值	拟定分级	词性
衣裳	6121	9	8012	3	2.33	2.67	一级	名
姨妈	11505	9	8014	3	2.33	2.67	一级	名
姨儿				0	2.33	1.17	二级	名
应声	18859			2	2.33	2.17	一级	动
鹦哥	37276			1	1.67	1.33	二级	名
蝇子	48215			1	2.33	1.67	二级	名
影片儿				0	2.33	1.17	二级	名
有门儿	50040			1	2.33	1.67	二级	动
有盼儿				0	2.33	1.17	二级	动
有谱儿	45766			1	2.33	1.67	二级	动
有喜	36569	2	20924	3	2.33	2.67	一级	动
榆钱	42603			1	2.00	1.50	二级	名
圆全				0	2.33	1.17	二级	形
圆实	55544			1	2.33	1.67	二级	形
辕子				0	1.67	0.83	三级	名
月牙				0	2.33	1.17	二级	名
云彩	16047	2	21003	3	2.33	2.67	一级	名
匀兑				0	2.00	1.00	三级	动
匀溜				0	2.33	1.17	二级	形
咂儿				0	1.67	0.83	三级	名
再不		26	3870	3	2.33	2.67	一级	连
糟糕	10421	14	5926	3	2.33	2.67	一级	形
怎	3015	5	11808	3	2.67	2.83	一级	代
锃亮	24542	1	31004	3	2.33	2.67	一级	形
渣子	31935	6	10492	3	2.33	2.67	一级	名
诈唬	53067			1	2.00	1.50	二级	动
宅子	19414			2	2.33	2.17	一级	名

续表

词目	《现代汉语常用词表》排序	口语语料出现频次	口语语料排序	频率参数值	附属参数均值	均值	拟定分级	词性
蘸火				0	1.67	0.83	三级	动
长相	15750	11	6697	3	2.33	2.67	一级	名
找头	50442			1	2.33	1.67	二级	名
照片儿				0	2.33	1.17	二级	名
这阵儿				0	2.33	1.17	二级	代
着呢	10267	19	4807	3	2.33	2.67	一级	助
砧子	33472			1	1.67	1.33	二级	名
疹子	44585	1	31145	3	2.00	2.50	一级	名
知会	42361			1	2.33	1.67	二级	动
中间儿				0	2.33	1.17	二级	名
钟头	8248	10	7515	3	2.33	2.67	一级	名
蛛蛛				0	2.00	1.00	三级	名
爪子	20641	2	21256	3	2.33	2.67	一级	名
赚头	33076			1	2.33	1.67	二级	名
庄子	9680			3	2.33	2.67	一级	名
装蒜	40504			1	2.33	1.67	二级	动
状子	32465			1	2.00	1.50	二级	名
准头	41863			1	2.33	1.67	二级	名
走道儿	24262			2	2.33	2.17	一级	动
走运	27337			1	2.33	1.67	二级	形
租子	47908			1	1.67	1.33	二级	名
攥	10004	8	8754	3	2.67	2.83	一级	动
嘴乖				0	2.33	1.17	二级	形
嘬	26434	3	14085	3	2.67	2.83	一级	动
昨儿				0	2.33	1.17	二级	名
撮子				0	2.00	1.00	三级	量
戽戽				0	1.67	0.83	三级	名

后 记

读博伊始,导师李如龙教授就指导我确定了研究选题——现代汉语口语词研究。李先生具有深厚的传统语言学功底,对汉语口语与书面语的强分歧性思考良久,而几十年扎根于方言区调查的经历,又使他对方言区人们掌握口语的困难与困惑深有感触,希望能将语言本体研究与教学应用紧密结合。

然而,以现代汉语口语词为研究对象,着实需要勇气。一来此选题相对传统,在各类新兴的论题中并不占优势;二来口语研究的语料有赖于长期的积累,机器处理语料后还要进行长时间的人工干预;三来口语的使用情况复杂,界定、搜集语料与调查,任何环节均需严谨论证。这恐怕也是口语研究备受关注、最终却成果寥寥的原因之一。有学友曾告诉我,她也曾尝试写作这一课题,落到实处却发现难免眼高手低、最终作罢。故而自1984年陈建民先生出版《汉语口语》之后,此类研究就颇为少见。

作为一个"无名小卒",我难以组成团队进行研究,仅搜集、处理语料就花费了一两年的时间。博士毕业以后,我开始在厦门从事国内外学生的教学工作,教学实践令我进一步理解了李先生选题的初衷:汉语口语与书面语的分歧、汉语口语的复杂性以及口语研究的现实意义等等,都使这一研究之路荆棘与鲜花并存。于是,我又在原博士论文的基础上,增加了语体比较指标建构的内容,并注意搜集留学生的语体习得偏误、展开系列调查,最终得以成就此书——《现代汉语口语词研究》。

双十年华，是女性一生中最美的时光。硕博到工作，恰恰落在这段时光中。最终，捧着这一本汇聚彼时经历与精力形成的小书，我的内心竟然平静无比，唯有感恩。

首先要感谢的自当是我的导师李如龙教授，他著作等身、成果斐然，对学术高峰的无尽攀登本乎于对研究深深的热爱。我资质不足，但先生待我总是鼓励多过斥责。除了上课、讲座之外，日常生活甚至同门聚餐时，他都在思考当代语言问题，灵感也总在不经意间迸发，给予我诸多启示。此外，老师与师母对我的生活也相当关心，与他们交谈时，总会询问家里好不好，孩子健不健康，简单的家长里短，贴心温暖。

此外我还有另一层幸运，在地球另一端的夏威夷大学，姚道中教授给把令人艳羡的访学机会给了我这样一个无名小卒。虽然他的课程内容与本书并无直接关联，那段经历却开阔了我的学术视野，培养了我的教学能力。这本小书即将付梓之时，姚老师却已仙逝，但他修身、治学与待人的姿态却令我难忘，姚老师千古！

书稿的主体是在夏威夷大学完成的，衷心感谢夏威夷大学图书馆的中文专家姚张光天老师，她负责购买的中国资料给予我无法用言语形容的帮助，也为其他所有在美从事中国研究的人士带来了福音。

我的求学之路相当顺遂，总有德才兼备的老师引导。尤其是我的硕士生导师厦门大学卢伟教授，他总鞭策学生通读原著并谨守实事求是的学风，令我至今受益匪浅。衷心感谢海外教育学院张桃老师为本书的结构调整与细节修改提出的宝贵意见；感谢厦大中文系的苏新春教授等诸多老师，他们激发了我对语言学的兴趣，为我开启了学术研究之门；感谢传媒大学的于根元、李大勤教授开题时提出的宝贵意见，感谢侯敏教授对论文语料的支持。从他们身上，我领略到了大家的深厚功底与学者风范。

感谢我的同门特别是师姐吴茗,对我永无止境的问题总报以超级的耐心。

感谢我的领导、同事,你们开阔了我的视野,也见证了我的成长。本书极个别小节的部分内容已发表于相关期刊,但内容并不系统,感谢厦门理工学院的学术专著出版基金的支持,使这本小书得以完整出版。

成就书稿的每一步,都与他人无私的帮助,息息相关。

感谢我的家人,尤其是小棉袄兮兮。"巧笑倩兮,美目盼兮",你的笑容令我安心;陪伴你成长的经历,弥足珍贵。

最后,向我的父母致以无以言表的谢意。女儿二十二载寒窗,父母从青丝到白发、从近视变为老花,尤其是母亲的生养之恩,她那么美的女性由从不将就到从不讲究,个中滋味恐只有为人父母者方能体会。将近二十年前,《黑郁金香》中的一句话令我难以忘怀,人生的最好礼物是孩子、花朵和书本(恕我不记得原话);亲爱的爸爸妈妈,这本小书,是孩子送给你们的礼物。你们的恩情我无以为报,唯有像你们一样,追求有意思的人生,懂得看到每片乌云背后的阳光——

"面朝大海,春暖花开,从今天起,做一个幸福的人!"(海子,1989)

宋婧婧

2015 年 10 月 8 日于厦门